창의적 **콘셉트**와 파워풀 **라이팅**

Creative Concept and Powerful Writing

창의적 **콘셉트**와 파워풀 **라이팅**

초판1쇄 인쇄 2021년 2월 1일
초판1쇄 발행 2021년 2월 8일

지 은 이 류진한
펴 낸 이 신일희
펴 낸 곳 계명대학교 출판부
출판등록: 제347-1998-1호(1970. 9. 1)
주소: 대구광역시 달서구 달구벌대로 1095
대표전화: 053-580-6233 팩스: 053-580-6235
홈페이지: www.kmupress.com

ISBN 979-11-6516-061-6 93320
값 20,000원

창의적 **콘셉트**와 파워풀 **라이팅**

Creative Concept and Powerful Writing

류 진 한

계명대학교 출판부

머리글

"현장은 이론의 궁극적 가치이고 목적이다."

책을 쓰면서 현장의 중요성을 언급하는 것이 아이러니한가? 동서고금을 막론하고 인류가 책을 쓰고 읽는 이유는 시간적으로 수직선상에 있는 과거와 현재와 미래 그리고 공간적으로 수평선상에 놓인 다른 지역이나 국가의 경험을 타산지석으로 넘나드는 데 있다. 즉, 그 지식과 지혜를 본인의 삶이나 사회에 반영하고자 하는 욕구의 실현이다. 여기서의 '삶'은 바로 각 전공 분야에서의 '현장'을 의미한다. 특히, 광고나 PR 그리고 다양한 문화 콘텐츠를 생산하는 창의적인 영역이야말로 이론을 바탕으로 한 현장에서의 실천이나 실행 그리고 집행 없이는 존재가치를 찾기 어려운 비즈니스 분야다. 이 책은 광고이론과 광고실무 관점에서 정리되었으나, 용어의 차이만 있을 뿐 대부분의 내용이 다양한 문화콘텐츠 분야에 적용이 가능하리라고 본다. 또한, 오리엔테이션의 단계에서부터 마케팅, 광고기획, 아이데이션, 카피라이팅, 프레젠테이션에 이르는 전반적인 부분을 '창의성'이라는 화두로 묶었다는 데 의의가 있다.

“창의적 콘셉트가 파워풀 라이팅을 이끈다.”

일반적으로 창의성은 글쓰기나 비주얼에 국한한 부분이고, 콘셉트 도출과 같은 기획 분야에서는 많이 언급되고 있지 않은 것이 사실이다. 하지만 거꾸로 생각하면 그러한 고정관념이 강력한 비주얼이나 글쓰기의 경쟁력을 더욱 끌어 올리지 못하는 근본적인 원인이 되고 있었음을 인지하는 전문가들은 아쉽게도 많지 않다. 크리에이터가 창의적이어야 하는 것은 당연한 논리다. 그러나 이제는 창의적인 크리에이터 한 사람의 힘으로 캠페인의 효과를 기대하기는 어려운 시대에 살고 있다. 크리에이터의 창의성을 의무적으로 기대하기 이전에 창의적인 마케터나 전략가의 능동적인 노력과 차별화된 시각이 필요하다. 모두가 보고 인지하는 시장의 현상이나 제품이 가지고 있는 장단점을 새로운 관점과 시각으로 바라보고 해석하는 능력이 필요하다. 창의적인 관점으로 시장을 바라보고 창의적인 전략이 바탕이 된 콘셉트를 넘겨받은 크리에이터의 크리에이티브는 그렇지 않은 크리에이티브보다 얼마나 더 창의적이고 강력할까? 상상만 해도 즐겁고 행복하지 않은가?

“창의적으로 생각하고 파워풀하게 표현하라.”

창의성을 통해 전략과 표현에서 뛰어난 역량을 지닌 명실상부한 ‘융합인재’를 양성하는 것이 본 교재와 강좌의 비전이고 목표다. 창의성은 서로의 방법과 내용을 공유하고 융합할수록 증폭적인 힘을 발휘한다. 시대가 원하는 크리에이터는 지금까지는 없었던 새로운 방법으로 소비자로 하여금 365일 기업 · 브랜드 · 제품 · 서비스와 만나게 하는 창의적이고 총체적인 ‘문제 발견자’인 동시에 ‘문제 해결자’가 되어야 한다. 그리고 전략 부분인 콘셉트가 창의적일수록 글쓰기의 효과는 증폭적인 힘을 발휘한다. 궁극적으로, 교재를 통해서 ‘창의적인 콘셉트’와 ‘힘 있는 글쓰기’의 긍정적인 시너지를 실현하고자 한다. 창의적인 전략을 사고하고 수립할 수 있는 능력, 도출된 전략을 효과적이고 임팩트 있게 표현하는 글쓰기 능력, 이를 통한 ‘창의성 있는 융합인재’ 양성을 기대한다.

차 례

Chapter

01

창의성은 무엇이고 왜 필요한가?

Chapter 01

창의성은 무엇이고, 왜 필요한가?

"우리나라 아이들은 365일 불안에 떨며 열심히 삽질하는 방법을 배워 작은 구멍을 파요. 그런데 앞선 나라의 아이들은 자유롭게 놀면서 남과 다르게 생각하는 힘을 길러요. 그 창의력으로 굴삭기처럼 새로운 기계를 만들어 깊고 빠르게 땅을 일구죠."

– 김경희(William & Mary, prof) –

1. 창의성, 그리고 빅 아이디어

영국의 광고회사 BBH(Bartle Bogle Hegarty)의 창업자이자 현역 최고의 크리에이터 존 헤가티(John Hegarty)는 저서 《지그할 때 재그하라》에서 창의성을 '자아의 표현'이라고 표현했다. 이것은 '우리 모두는 창의적이다'라는 그의 믿음에서 시작한 정의다.

창의성은 피카소나 에디슨이나 모차르트나 아인슈타인이나 백남준이나 클림트 같은 예술적 과학적 성과를 지닌 천재들의 전유물이 아니다. 창의성은 우리의 일상 속에서 어려운 것을 쉽게 바꾸고, 불편한 것을 편하게 만들고자 하는 다양한 생각의 실천이다. 따라서 창의성은 광고나 영화나 음악을 만드는 사람들의 전문적인 작업에서만 필요한 것이 아니라 면접관의 갑작스런 질문에 순발력 있는 답변이 필요할 때, 옷을 고르거나 헤어스타일을 바꾸고 싶을 때, 갑자기 길을 잃었을 때, 여자 친구나 남자 친구의 생일 선물을 고를 때 그리고 인생의 가장 중요한 고백의 키워드를 준비하면서도 매우 필요하고 유용한 준비물이다.

마이클 미칼코(Michael Michalko)는 저서 《창의적 자유인》에서 '관점(perspective)을 바꿈으로써 자신의 생각의 가능성을 확장하면 과거에는 볼 수 없었던 것을 볼 수 있게 된다. 이것이 바로 창의적 관점에 대한 요약이다.'라고 창의성과 관점에 관하여 언급하고 있다.

아이디어(idea)의 개념은 그리스 철학자 플라톤(Platon)에서 비롯된다. 플라톤이 강조한 아이디어(idea)는 '이데아(idea)'라고 불리는 것인데, '보다' 또는 '알다'라는 뜻을 가진 '아이디인(idein)'에서 파생된 '이데아(idea)'의 개념은 원래 보이는 것, 모양, 모습, 물건의 형식이나 종류를 뜻하는 것이었다. 그러나 플라톤이 이데아를 육안의 눈이 아닌 영혼의 눈으로 볼 수 있는 형상이며, 끊임없이 변하는 감각세계의 사물과는 구별되어야 한다고 하면서 새로운 의미를 부여한 것이다. 플라톤은 인간의 마음(mind)과 육체(body)는 다른 것으로 만들어졌으며, 이 중에서는 마음이 중요하고, 마음을 구성하는 아이디어야말로 실제를 위한 참다운 기초라고 규정했다. 그러나 우리가 일상적으로 이야기하는 아이디어는 '문득 머리에 떠오르는 좋은 생각' 또는 '어떤 문제를 해결하거나 상황을 개선하기 위한 새롭고 신선한 발상'을 이야기한다.

> "아이디어는 기존의 낡은 요소들의 새로운 배합에서 나오는 것이며,
> 사물들 간의 상관관계를 볼 수 있어야 탄생되는 것이다."
>
> – 제임스 웹 영(J. W. Young), JWT 회장 –

> "아이디어는 기초 없이 머리에 떠오르는 것이 아니라 기존의 여러 가지 생각을 바탕으로 그것을 결합시키는 데서 나온다. 즉, 창의성이란 기존 발상, 테크닉, 재료들을 섞어서 새로 융합하는 데서 탄생하는 것이다."
>
> – 아서 쾨슬러(A. Koestler) –

> "이 세상에 없던 것을 창조하는 이는 하나님뿐이다. 아이디어는 우리가 알고 있는 두 가지 잘 짝지어지지 않은 일반적인 사항을 독자적인 매개로 결합하여 제3의 새로운 무엇으로 만드는 것이다."
>
> – 루이스 언스트(L. Ernst) –

광고의 관점에서 보는 아이디어 또는 창의성은 기존에 존재하는 관점이나 생각, 경험 등을 바탕으로 서로를 결합시키고 발전시킨 '새로운 창출의 결과물'을 말하는 것이다. 즉, 아이디어는 '무(無)'에서 태어나는 것이 아니라, 기존에 존재하는 '유(有)'에서 태어나는 '새로운 유(有)'인 것이다. 또한 광고에서 이러한 아이디어가 필요한 부분은 비단 크리에이티브 부분에서뿐만 아니라, 광고의 마케팅을 바라보고 해석하는 일이나, 경쟁력 있는 콘셉트를 도출하는 관점에서 꼭 필요한 부분이라고 강조하고 싶다.

2. 창의성은 왜 필요한가?

인류에게 창의성이 필요해진 시초는 두 가지로 요약하여 정리할 수 있다. 그 하나는 '불편함(discomfort)으로부터의 탈출'이고, 다른 하나는 '경쟁(competition) 구도의 탄생'이다.

인간은 불편하거나 불행할 때 보다 편리하거나 행복해질 수 있는 방법을 스스로 적극적으로 그리고 본능적으로 찾기 마련이다. 멀리 있는 청중들에게까지 본인의 메시지를 전달하기 위해 메가폰이 필요했고, 전쟁에서 적의 창을 막기 위해 방패가 필요했다. 먼 거리를 힘을 적게 들이고 빠르게 이동하기 위해 말을 타기 시작했고, 더 멀리 더 빨리 이동하기 위해 자동차와 비행기를 발명했다. 추운 곳에서는 추위를 막는 방법을, 더운 곳에서는 더위를 피하는 방법을 찾는 일들은 아마도 인간을 행복하게 하는 일이었을 것이다. 드론(drone)이 물건과 사람을 이동시키는 세상, 스마트폰 하나로 검색과 쇼핑과 구매와 결재가 가능한 세상, 파파고(papago)가 세계 각국의 언어에서 오는 소통의 불편함을 편리하게 해소해주는 세상에서 우리가 살 수 있는 시작은 '불편함으로부터 벗어나고자 하는 욕구'가 '창의적 아이디어의 필요'를 강력하게 자극했기 때문이다. 이렇듯 창의성은 개인이나 사회가 가지고 있는 능력, 방법, 결과를 한 단계 업그레이드시키는 역할을 반복적이고 지속적으로 해 왔다. 그리고 현대의 인간은 아직도 수많은 불편함 때문에 수많은 창의성을 필요로 하고 있다.

그럼에도 불구하고 만약 이 지구상에 아직까지 아담(Adam)과 이브(Eve)라는 두 사람만 살고 있다면 창의성이라고 하는 것이 지금처럼 크게 필요하거나 발달하지 않았을 것이다. 다소의 불편함을 개선하기 위한 창의성은 필요하지만, 상대적으로 더 좋아지거나 발전하고자 하는 '경쟁적 창의성'의 필요가 부재하기 때문이다. 지구상에 휴대폰을 만드는 회사가 하나이고, 컴퓨터를 만드는 회사가 하나이고, 자동차를 만드는 회사가 하나이고, 대학이 하나라면 그래서 경쟁의 필요성이 없다면 창의적 사고의 필요성이 지금처럼 화두가 되지는 않았을 것이다. 우리는 취업을 위해 자신의 경쟁력을 배가시킬 뿐 아니라 동료들보다 더 창의적인 사고와 행동으로 자신의 스펙을 개발하고 자기소개서와 면접을 준비해야 한다. 취업을 하여 원하는 기업에서 원하던 업무를 하더라도 선후배들보다 경쟁적 우위를 차지하기 위해 노력해야 한다. 그리고 그 창의적인 노력들은 창업을 하거나 프리랜서로 일을 하더라도 이제는 선택의 요소가 아닌 '생존을 위한 필수 덕목'이 되어버린 시대에 우리는 살고 있다.

인류에게 창의성은 '불편함(discomfort)'에서 탈출을 돕고, '경쟁(competition) 구도'에서 상대적 경쟁력을 소유하도록 하는 필수품이다.

3. 빅 아이디어의 출발

창의적인 아이디어는 '관점의 전환'에서 출발한다고 볼 수 있다. 지금까지의 고정관념을 벗어나 새로운 시각으로 사물이나 현상을 바라보는 것이 창의적 아이디어의 출발이다. 따라서 때로는 어떤 현상이나 방법을 익숙하게 잘 아는 사람들보다는 그 사물이나 현상을 처음 접하는 사람들이 창의적일 수 있는 이유가 이 때문이다. 이른바 무지에서 출발하는 '발상의 전환'인 셈이다.

개베이(J. J. Gabay)는 일반적으로 아이디어들은 다음의 7가지 요소에서 출발한다고 설명하고 있다.

① 특정한 경험(specific experience)
② 그 경험에 대한 심사숙고(thought about that experience)
③ 다른 경험, 아마도 직접 연관되지 않은 구체적 사실(other experience-material facts, perhaps not directly related)

④ 그 모든 경험들의 통합(consolidation of all the experiences)
⑤ 원래 경험과 연관된 새로운 생각이나 통찰(fresh opinion or insight relating to the original experience)
⑥ 완전히 새로운 경험을 더하기 위한 계획의 고안(the formulation of a plan to implement a completely new experience)
⑦ 계획된 고안에 따른 전적으로 새로운 경험 혹은 구체적인 사실(the materialization of that plan and so completely new experience or material fact)

인간의 두뇌는 겉으로 보기에는 비슷한 두 개의 반구로 나뉘어져 있지만 기능적으로는 전혀 다른 일을 하고 있음을 현대의학은 밝혔다. 왼쪽 뇌는 논리적이고 실제적인 사실 분석을, 오른쪽 뇌는 언어 등의 상징적 표상을 감정적으로 이해하고 표현하는 역할을 한다. 좀 더 구체적으로 들어가 보면, 왼쪽 뇌는 직접적 · 논리적 · 순차적 · 실제적 · 분석적 · 이성적 사고를 통해 분석하고 추리하고 체계적인 계획을 세우는 역할을 한다. 반면, 오른쪽 뇌는 상징적 · 비합리적 · 총체적 · 직관적 · 창조적 · 감성적 사고를 통해 정보나 감정을 입수하고 처리한다. 우리가 소위 '유레카(eureka)'라고 이야기하는 빅 아이디어는 좌뇌와 우뇌의 기능이 창조적으로 결합하여 탄생한다.

우리 뇌가 좌우 반구로 되어 있고 둘 사이는 몇 개의 신경다발로 연결되어 있다는 것은 신경해부학이 싹튼 19세기 말부터 잘 알려져 있었고, 좌우 뇌의 기능이 다르다는 것 역시 이 시기에 밝혀졌다. 1861년 이미 프랑스의 신경해부학자인 폴 브로카(Paul Broca)와 독일의 카를 베르니케(Karl Wernicke)는 언어의 이해와 생성을 담당하는 부위가 좌뇌에 위치한다는 것을 발견하였다. 1960년대 들어서 난치성 간질환자에게

뇌량(corpus callosum)을 잘라 좌우 뇌를 분리하는 시술을 실시했는데, 이들은 간질로부터는 해방되었으나 특이한 증상을 보이곤 했다고 한다. 노벨 의학상 수상자인 로저 스페리(Roger Sperry)는 제자 마이클 가자니가(Michael Gazzaniga)와 함께 이런 환자들을 집중적으로 연구했는데, 실험에 의하면 좌우 뇌가 분리된 환자의 오른쪽 시야에만 물체를 보여주면 쉽게 이름을 댈 수 있지만, 왼쪽 시야에만 보여주면 그것이 무엇에 쓰는 물건인지를 잘 알면서도 이름을 대지 못했다고 한다. 오른쪽 시야에 비춰진 영상은 왼쪽 뇌로 해석되고, 왼쪽에 보인 영상은 오른쪽 뇌로 해석되는데 결국 동일한 시각 자극에 대해 좌우 뇌가 다른 식으로 처리한다는 증거가 된 것이다. 수년에 걸친 실험을 통해 이들이 내린 결론은 좌우 뇌는 독자적인 의식을 갖고 있다고 해도 될 정도로 기능이 분리되어 있으며, 일반인의 경우 좌뇌가 우뇌의 기능을 압도하기 때문에 이런 사실을 느끼지 못한다는 것이다. 이후 언어 기능이 좌뇌에 국한되어 있다는 부인할 수 없는 사실로부터 좌뇌는 언어적, 우뇌는 공간적이라는 구분이 대중은 물론 학자들의 마음속에도 굳어져 버린 것이다.

사람들의 자유로운 상상력은 무미건조하고 재미없는 이러한 신경해부학적 사실로부터 좌뇌형 인간은 꼼꼼하고 유머감각 없는 월급쟁이들이고, 우뇌형 인간은 예술가 기질이 넘치는 자유로운 영혼이라는 현대의 신화를 만들어냈다. 또한 누구나 원래는 우뇌가 관장하는 종합적 · 직관적 · 예술적 재능을 갖고 있지만, 현대 사회가 너무나 언어적 · 분석적 · 논리적 사고를 강요하기 때문에 점점 더 우뇌의 기능이 억압되어버리고, 사회도 점점 삭막하고 틀에 박힌 모습으로 변해간다는 문명 비판적인 시각도 제기되었다. 대니얼 핑크(Daniel Pink)라는 미래학자는 《새로운 미래가 온다(A whole new mind)》라는 책에서 21세기의 인재는 바로 우뇌형 인간이라는 과감한 주장을 내놓기도 했다.

뇌의 구조와 역할을 좌우로 나누는 많은 연구에도 불구하고 훨씬 더 많은 과학자 집단은 이와 같은 좌뇌-우뇌 구분에 대해 회의적이다. 우선 그들은 특정한 뇌 기능이 어느 한쪽에 국한되어 있다는 개념 자체를 거부한다. 어떤 뇌 기능도 정도 차이는 있을지언정 좌우 뇌의 공고한 협동에 의해 이루어진다는 논리이다. 사람의 타고난 성향이나 기질에 따라 소위 좌뇌형 기능과 우뇌형 기능이 편중되게 발달할 수 있고, 그 시대의 교육 내용이나 사회 구조가 한쪽의 뇌 기능을 강조할 수는 있으나, 뇌의 역할에 명확하게 이분법적이고 경쟁적 관계를 설정해놓는다면 우리 모두가 마치 한 몸통에 머리가 두 개 달린 샴쌍둥이의 모습과 같아지지 않을까? 좌뇌의 기능이라는 언어만 해도 단어와 문법은 좌뇌가 담당하지만 뉘앙스와 억양을 구분하는 것은 우뇌의 일이다. 두 기능이 서로 보완되지 않으면 말 한 마디와 문장 하나도 제대로 구사할 수 없게 된다.

광고 아이디어와 카피라이팅을 공부하면서 뇌 구조의 이야기를 이렇게 길게 한 이유는 무엇일까? 광고 크리에이티브와 카피라이팅은 좌뇌와 우뇌의 편향된 역할이나 대립을 통해 이루어지는 작업이 아니다. 이것이 데이비드 오길비(Ogilvy. D)가 광고는 과학이고 이성적이어야 한다고 주장하면서 언급한 'what to say?'나 빌 번벅(B. Bernbach)이 광고는 예술이고 감성적이어야 한다고 주장하면서 언급한 'how to say?'가 어느 한쪽만으로 완벽할 수 없는 이유이다.

그렇다면, 우리가 이야기하는 '빅 아이디어(Big Idea)'라는 것은 무엇이고 어떻게 탄생될 수 있는가? 프레드 단치히(F. Danzig)는 "광고의 트렌드가 자주 바뀌지만 한 가지 영원히 변하지 않는 것은 빅 아이디어가 광고를 움직이는 핵심적인 존재다. 빅 아이디어는 광고 크리에이티브의 가장 큰 힘이며, 그 힘이 광고 산업을 실제로 움직이는 실체다."라고 했다. 프레드의 주장에 전적으로 공감하고 동의한다. 광고가 명확한 마케팅을 필요로 하고, 전략적인 기획을 필요로 하는 궁극적인 이유는 창의적인 아이디어. 즉 창의적이고 경쟁력 있는 '빅 아이디어' 도출을 위한 과정이기 때문이다. 즉, 논리를 위한 빅 아이디어가 아닌, 빅 아이디어를 위한 논리가 필요함은 자명한 일이다.

> "빅 아이디어가 있어야 소비자의 주목을 끌고 광고주의 제품을 사게 만들 수 있습니다. 광고에 빅 아이디어가 없으면 한밤중에 배가 지나가듯 소비자 눈앞을 그냥 지나쳐 갈 뿐입니다.
> 오늘날 현실을 보건데, 100개의 캠페인 중에서 빅 아이디어가 있는 캠페인이 1개 이상이 되는지 의심스럽습니다."
>
> – 데이비드 오길비(Ogilvy, D, 1983) –

1) 3N, 빅 아이디어(Big Idea)를 만드는 크리에이티브 철학

빅 아이디어(Big Idea)를 발견하고 창출해 내는 방법은 이미 많은 학자나 광고인들이 다양한 이론과 자신만의 기술을 통해 주장해 오고 있다. 본 장에서는 필자가 21년간의 현업 경험을 바탕으로 압축한 3가지의 크리에이티브 철학 '3N'을 소개하고자 한다.

① Not Only – "관점은 절대로 유일하지 않다."

광고인들이 종종 범하는 매우 위험한 착각이 하나 있다. 아이디어는 다양할 수 있지만, 전략이나 콘셉트는 유일하다고 생각하는 것이다. 우리는 일반적으로 광고의 기획이나 콘셉트는 방향을 제시하는 일이고, 아이디어나 크리에이티브는 방법을 찾아내는 것으로 알고 있다. 그러나 문제를 해결할 수 있는 방향이 꼭 하나밖에 없을까? 아재개그로 풀자면, 지구는 둥글기 때문에 어떤 방향으로 가더라도 지속적으로 가다보면 결국 그 방향에서 만나게 된다. 꼭 목표지점에 빨리 도착하는 것이 최선의 방법일까? 이것은 정답이 아니다. 입장과 관점에 따라 매우 다르다. 설날이나 추석과 같은 명절 귀향길을 생각해보자. 꽉 막힌 고속도로에 두 사람이 타고 있다. 운전석에는 결혼하고 처음으로 고향에 명절을 보내러 가는 신랑, 조수석에는 결혼하고 처음으로 시댁에 명절을 지내러 가는 신부... 신부인 며느리도 아들인 신랑처럼 꽉 막힌 고속도로가 빨리 뻥 뚫려주기를 바라는 것은 정말 소비자 관점이 아닌 것이다.

> "A4 한 장도 관점을 바꾸면 면(面)이 되고, 선(線)이 되고, 구(球)가 된다."

광고주 관점이 다르고 소비자 관점이 다르다. 사장 관점이 다르고 사원 관점이 다르다. 자사 관점이 다르고 경쟁사 관점이 다르다. 구매자 관점이 다르고 사용자 관점이 다르다. 어제 관점이 다르고 오늘 관점이 다르고 내일 관점이 다르다. 관점은 유일하지 않기 때문에 관점을 달리하면 광고의 기획이나 콘셉트도 다양하고 창의적일 수 있다.

② Non Stop – "아이디어, 끝은 없고 쉼은 있다."

빅 아이디어를 창출하는 아이데이션(ideation) 작업에 쉼표(,)는 있을 수 있어도, 마침표(.)는 있을 수 없다. 이것이 21년 동안 광고를 제작해온 철학이고 실천 강령이다. 광고를 전공하는 학생들이나 현업의 주니어들에게 안타까운 점이 바로 이 부분이다. 광고 콘셉트를 결정하거나 크리에이티브 아이디어를 내는 회의에서 초반에 좋은 아이디어(Good

Idea, 사실은 'Not Bad')가 나오면, 그 아이디어에 꽂혀 매몰되고 마는 현상이다. 누구나 좋은 아이디어를 낼 수는 있다. 그리고 좋은 아이디어가 회의 초반에 우연히 나올 수도 있다. 그러나 그 아이디어가 이번 프로젝트에 필요한 최선의 최고의 아이디어인가?

"아이디어를 이기는 유일한 아이디어는 더 좋은 아이디어다."

광고회사가 야근을 숨 쉬듯이 하는 근본적인 이유가 여기에 있다. 아이디어라고 하는 것은 수학이나 과학 공식처럼 정답을 찾는 작업이 아니기 때문이다. 광고는 정답(right answer)이 아닌 해답(good solution)을 찾는 작업이고, 그 해답은 하나가 아니라 여러 가지이고, 더 좋은 해답은 더 생각하면 무궁무진하기 때문이다.

③ New Way – "새로운 길은 전혀 다른 길이다."

더 좋은 아이디어를 찾는 작업과 더 좋은 아이디어가 주는 문제해결의 힘을 단 한 번이라도 맛본 사람이라면 바로 1분 전까지 팀원들이 입에 거품을 물고 격찬했던 아이디어와 지금 새로 도출된 아이디어의 차이가 단순히 한두 계단 상승된 차이가 아니라는 것을 경험했을 것이다.

"더 좋은 아이디어가 만든 새로운 길은 전혀 다른 길이다."

아이디어의 힘이란 이런 것이다. 새로운 발견의 힘이란 이런 것이다. 불(fire)이 없었던 시대의 생활과 불의 혜택을 누리는 생활의 모습은 좋아진 것이 아니라 달라진 것이다. 전기가 없었던 시대의 생활과 전기가 있는 생활의 모습은 좋아진 것이 아니라 달라진 것이다. 스마트폰이 없었던 시대의 생활과 스마트폰이 있는 생활의 모습은 단순히 스마트해진 것이 아니라 완전히 달라진 것이다. 광고의 아이디어도 그렇다. 어제까지는 유일했다고 생각했던 콘셉트나 방금 전까지 마침표를 찍으려 했던 아이디어가 다른 길 또는 더 좋은 아이디어를 만나 전혀 다른 새로운 길이 열리는 경험은 누구나 할 수 있다.

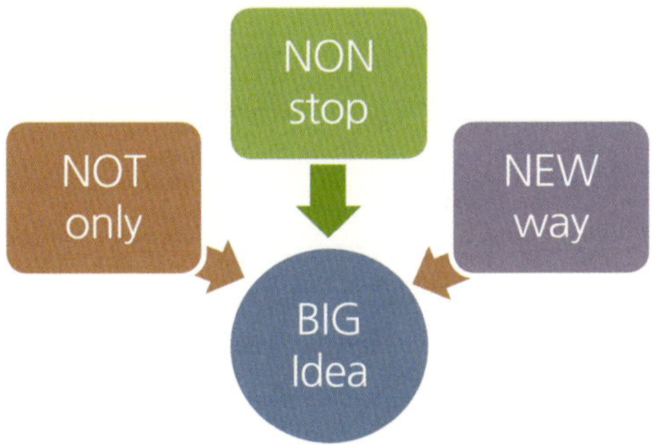

(그림 1) 빅 아이디어 도출 철학 '3N'

2) 창의성에 필요한 도구들

① 상상(imagine)

창의성을 발휘하는 시초이자 핵심은 '상상의 기술'이라고 할 수 있다. 상상은 기발한 아이디어의 원천이 되는 기술로 창의적 사고의 핵심으로 파악되고 있다(공선표, 《생각 창조의 기술》). 《생각의 탄생》의 저자 로버트 루트번스타인(Robert Root-Bernstein)은 자신이 받아들이는 다양한 감각적 자극들을 섞고 융합하는 방법을 통해 상상력을 배양할 수 있다고 했다. 상상의 기술을 위해 우리가 익혀야 할 생각의 도구로는 유추, 추상화, 감정이입, 변형의 기술 등이 포함된다.

② 통합(combine)

'통합의 기술'은 지식과 지식, 전공과 전공 그리고 다양한 분야의 노하우를 응용하고 융합하는 기술이다. 최근의 대학에서 융합전공이나 융합학과가 등장하는 것도 이의 일환이라 할 수 있다. 우리는 자신의 전공이나 전문 분야의 지식을 활용하는 데에는 익숙하지만, 자신의 분야에 다른 분야의 지식을 응용하거나 통합하는 능력은 부족한 것이 사실이다. 그러나 창의성이 주목을 받는 사회에서는 자신의 전공분야뿐 아니라 다양한 응용기술과 통합기술의 습득과 능력이 필수 덕목으로 떠오르고 있다. 이를 'T자형 인재'라고 일컫는데, 자신의 분야는 깊이 있게 잘 알지만 다른 분야에는 문외한인 'I자형 인재'에 반해 'T자형 인재'는 자신의 전공분야에 깊이 있게 능통하면서도 사회 전반에 대한 다양한 교양을 지녔으며, 또한 다방면의 지식을 융합하고 통합할 수 있는 능력을 지닌 인재를 말한다.

③ 모방(copy)

창의성 작업은 무(無)에서 유(有)를 창조하는 것이 아니라 유(有)에서 새로운 유(有)를 발견하고 조합하는 과정이다. 이 과정에서 때로는 새로운 산물의 본보기가 될 만한 아이디어의 기초가 있기 마련인데, 이것이 바로 '모방의 산물'이다. 어떤 사물이나 현상에 대한 관찰을 통해서 비슷하지만 한 단계 업그레이드된 사물이나 현상을 만들어 내는 것이다.

④ 실현(execution)

'실현' 또는 '실천'은 그 아이디어가 단순히 머릿속 생각에 그칠 것인가? 아니면, '현실 가능'한 아이디어로 승화하는가의 문제이다. 아무리 좋은 아이디어라도 현실 가능하지 않거나 실생활에서 필요로 하지 않는 아이디어라면 무용지물이다. 이 부분이 광고나 창의성을 공부하는 학생이나 현업의 주니어들이 창의성을 이해하는 데 가장 착각하고 실수하는 부분이다. 창의적인 아이디어는 단순히 기발하고 독특한 아이디어가 아니라 이전보다 더 좋은 생활을 만드는 아이디어를 의미한다.

3) 창의적 사고의 11 가지 실천 원칙

① 계획적으로 독서하라

유레카는 하늘에서 떨어지는 행운이 아니라 기존의 지식에서 파생되는 부화의 산물이다. 풀을 뜯지 않는 소가 젖을 낼 수 없듯이, 기본적인 지식과 경험이 많아야 좋은 아이디어를 만들어 낼 수 있다

② 아이디어를 얻기 위한 방법을 찾아라

아이디어를 얻는 자신만의 방법을 터득하는 일은 매우 중요하다. 하나의 지식을 검색하더라도 사람마다 자판 앞에 앉아 치는 '키워드'가 다르다. 사실, 그 '첫 번째 키워드'가 크리에이터의 최종 결과물에 상당한 영향을 미친다. 독서, 대화, 검색, 방문 그리고 아이디어가 잘 나왔던 경험의 기억 등을 자신만의 매뉴얼로 만드는 작업이 필요하다.

③ 틈새영역에서 아이디어를 발견하라

남들보다 '잘하는 것'도 중요하지만, 남들과 '다르게 하는 것'이 중요하다. 내가 남들과 다르게 할 수 있는 영역을 '틈새영역'라고 한다. 어떻게 하면 '틈새영역'을 찾아 낼 수 있을까? 첫째는 테마와 테마, 이슈와 이슈를 연결시키는 방법이다. 나의 전공과 세상이 필요로 하는 테마나 이슈를 연결하여 지금까지 없었던 새로운 테마나 이슈를 만들어 내는 작업

이다. 둘째는 사람과 사람을 연결시키는 방법을 찾는 일이다. 요즘은 네트워킹의 시대이다. 자신이 모든 것을 해결해야 한다는 고정관념보다는 주변의 인재들을 적절하게 연결하는 플랫폼의 역할이 강력한 힘을 발휘한다. 셋째는 지금까지 다른 사람들이 관심 갖지 않았던 분야에서 필요성을 찾아내는 일이다. 가장 잘 하는 사람은 한 명에 불과하지만 다르게 하는 사람은 많아도 가치가 있다.

④ 문제의식을 가지고 끊임없이 질문하라

창조적인 아이디어는 상황이나 현상에 끊임없이 질문을 던지는 것에서 시작된다. 고객이나 광고주에 관하여 잘 알고 있다고 생각하지 말고, 끊임없이 새로운 질문을 던지고 받아라. 질문은 '5W1H'로 하는 것이 기본인데, 이것이 질문의 구체성을 담보해주기 때문이다. (사실, 개인적으로는 'Why?'에 대한 성찰이 문제 해결의 가장 근본적인 부분을 인식하게 해 주는 질문이라고 생각한다. 이에 대한 부분은 교재의 제5장 〈'why?'에 대한 성찰〉에서 구체적으로 다루기로 한다.)

⑤ 생각하는 방법을 다양화하라

아이디어 개발의 단계에서는 '깊은 생각'보다는 '넓은 생각'이 필요하다. 정확하게 말하면, 처음에는 넓은 '수평적 사고'에서 시작하여 마무리 단계에서는 깊은 '수직적 사고'를 하는 것이다. 지루하지 않은 방법으로 다양한 테마로 접근하는 방법을 활용해 보자. 명상하기, 영화보기, 운동하기, 산책하기, 독서하기, 음악듣기, 대화하기, 식사하기, 요리하기 심지어 아무 생각도 하지 않는 멍 때리기조차도 자신만의 생각하는 방법이 될 수 있다.

⑥ 관찰을 위해 필요한 교육방법을 찾아라

관찰(observation)에도 방법이 필요하다. 관찰은 그냥 보는 행동이 아니기 때문이다. 사실 이 부분은 초중고의 교육과정에서부터 준비가 되고 익숙해져야 하는데 교육 선진국에 비하면 다소 부족한 부분이다. 사물이나 현상을 관찰하고, 관찰의 의견을 서로 자유롭게 나누는 교육을 진행할 필요가 있다. 뜨는 해를 바라보며 창작된 시가 모두 다르듯, 서로의 의견은 다른 것이 당연하다. 제품을 관찰하고, 소비자의 태도를 관찰하고, 시장의 움직임을 관찰하는 일을 게을리 하지 말자.

⑦ 자신이 사용할 생각의 도구를 만들어라

수많은 학자나 전문가들이 제시한 수많은 아이디어 발상의 방법과 힌트들 가운데 자신이 활용해서 좋은 결과를 얻어내고 있는 방법을 파악하여 자신만의 '생각의 도구'로 지속적으로 활용하라. 마인드 맵(Mind Map)을 그려서 사용해도 좋고, 자신만의 아이디어 생성 프로세스를 정하는 것도 좋은 방법이다. 위에 언급한 6가지 가운데 몇 가지를 가지고 실험을 해 보는 것도 방법이다.

⑧ 일과 놀이를 접목시켜라

'잘하는 일을 해야 하는가?' 아니면 '좋아하는 일을 해야 하는가?'를 가지고 면담을 신청하는 학생들이 종종 있다. 이에 대해서는 교수마다 의견이 분분하여 은근 교육관의 뜨거운 감자로 부상하기도 한다. 개인적으로는 '좋아하는 일'을 추천한다. 반대의 의견을 가진 분들의 논리는 잘하는 일을 하다보면 좋아진다는데, 좋아하는 일도 좋아서 하다보면 잘하게 된다는 데칼코마니 같은 논리를 펴거나, 잘하고 못하고를 논하기 전에 '행복'의 관점에서 보면 잘하지 못하더라도 좋아하는 일을 하면서 사는 인생을 추천하기 때문이다. 개인적으로는 현업에서 일했던 21년 동안 힘들었던 기억은 있어도 즐겁지 않았던 기억은 많지 않다. 하고 싶어서 하는 일이라는 생각에 변함이 없었기 때문이다. 아이디어를 창출하는 일, 치열하게 회의하는 일, 다양한 파트너들과 협업하는 일, 프레젠테이션을 준비하고 실행하는 일을 일이라고 생각하지 말고 놀이라고 생각하길 바란다.

⑨ 입체적(다면적)으로 생각하라

광고는 관점의 싸움이라고 생각한다면, 입체적 사고, 다면적 사고는 분명히 당신의 경쟁력이다. 이론이나 과거의 사례들에서 아니라고 말하는 것들에도 관심을 가져라. 이미 정리된 정의에서 벗어나 다른 관점에서 정의해보라. 모두가 옳다고 하는 길도 한 번 쯤은 의심해 보라. 그리고 다른 길을 모색해보라. 심지어 자신이 옳다고 판단되는 길이나 방법에도 다른 길은 없는지 대안을 생각해보라. 모든 사고와 아이디어와 판단을 입체적이고 다면적으로 하는 습관을 가져라. 이러한 습관은 꼭 지금의 프로젝트에 직접적인 효과를 발휘하지 않더라도 본인의 남다른 내공과 경쟁력으로 든든하게 자리 잡을 것이다.

⑩ 창조과정을 새롭게 마스터하라

일반적으로 우리는 떠오르는 아이디어를 기억하거나 메모하고, 그 아이디어들을 시간을 내서 정리하고, 정리된 아이디어를 이슈나 프로젝트에 맞게 적용하거나 발전시키고, 최종적으로 활용여부를 평가한다. 이 과정의 세부적인 방법을 자신에 맞게 구성하고 마스터하라. 본인에게 아이디어가 잘 떠오르는 시간과 장소는 어디인지? 자신만의 아이디어를 기록하거나 저장하는 방법은 무엇인지? 저장된 아이디어들을 어떻게 정리하고 활용하는지? 정리된 아이디어들을 발전시키는 본인만의 방법은 있는지? 그리고 그 아이디어들이 광고로 현실화되었을 때의 모습을 상상할 수 있는지에 대한 방법을 마스터하여 자신만의 무기로 장착하라.

⑪ 논리적으로 생각하고 표현하라

지금까지는 감성적이고 창의적으로 생각했다면, 이를 평가하고 설득의 방법을 찾는 과정에는 논리적인 사고가 필요하다. 이는 프레젠테이션이나 광고물을 이성적으로 논리적으로 풀어나가라는 말과는 다른 말이다. 그 판단의 논리성을 말하는 것이다. 때로는 최종 경쟁 단계의 리뷰 자리에 지금까지 해당 프로젝트에 관여하지 않았던 새로운 인원을 투입하여 의견을 들어보는 것도 유익한 방법이다.(공선표의 《생각 창조의 기술》)

4) 창의적 사고를 방해하는 9가지 걸림돌

① 정답 – "하나의 답을 강요하지 마라."

창의적인 사고를 방해하는 가장 큰 걸림돌은 문제와 정답이 정형화된 직선적 사고다. 즉, 문제의 답이 하나라고 생각하는 순간 더 이상의 답을 찾으려는 노력을 멈추는 것이다. 창의성은 정답을 찾는 작업이 아니라 해답을 찾는 방법이다. 따라서 접근하는 방식과 관점을 열어두면 여러 가지의 훌륭한 해답을 만날 수 있다.

② 논리 – "체계화된 논리에서 벗어나라."

창조적 사고과정에는 발상단계(germinal phase)와 실용단계(practical phase)가 있는데, 발상단계는 소프트한 사고가 필요하고, 실용단계는 논리적인 사고가 필요하다. 즉, 발상의 단계에서는 딱딱한 논리적 사고보다는 다소 비논리적이더라도 다양한 의견이나 아이디어, 은유적이며, 공상적이고, 모호한 아이디어를 수용하고 포용해야 창의적 사고의 폭을 넓힐 수 있다.

③ 패턴 – "일정한 패턴을 파괴하라."

일정한 규칙이나 반복되는 패턴은 미래를 예측하는 데 도움을 주기도 하지만 새롭고 더 나은 미래를 여는 데는 방해요소가 되기도 한다. 창의적 사고를 실현하기 위해서는 기존의 규칙이나 패턴에서 과감하게 벗어나 새로운 물결에 과감하게 접근할 필요가 있다. 즉, 오늘의 패턴은 정체되고 정형화된 것이 아니라 내일의 패턴을 만들어 가는 과정일 뿐이다.

④ 실용 – "발상 단계에서는 실용성에 얽매이지 마라."

상상력을 자극하기 위해서는 '만약에 이럴 경우 어떻게 될까(what if?)'라는 의문과 호기심을 끊임없이 제기해 보는 습관이 필요하다. 실생활에 필요하지 않은 아이디어나 실행이 불가능한 아이디어는 무용지물이지만 아이디어의 발상 단계에서부터 실용의 개념을 염두에 두고 사고한다면 발상의 폭과 전개에 걸림돌이 될 수밖에 없음을 명심하라.

⑤ 실수 – "실수에 대한 부담을 갖지 마라."

실수나 실패는 창의적인 아이디어를 만들어내는 기초가 된다. 실수를 줄이려는 노력이나 실수 자체를 인정하지 않는 문화 속에서는 새로운 기회에 대한 도전이 있을 수 없다. 실수가 두려워서 새로운 아이디어에 대한 도전을 회피하는 것보다는 새로운 아이디어에 도전하다가 실수하는 것이 창의적 사고에 도움이 된다. 창의성이란 실수에서 비롯되는 새로운 의미와 가치를 발견하는 것이기 때문이다.

⑥ 업무 – "일과 놀이를 구분하지 마라."

창의적 발상의 과정에는 '일'과 '놀이'라는 두 가지 측면이 있다. 그리고 대부분의 경우 일이라고 생각하면서 책상 앞에 앉았을 때보다 아무 생각 없이 산책을 하거나, 운동을 하거나, 화장실에 앉아 있을 때 좋은 아이디어가 떠오르는 경험을 종종 하게 된다. 옛말에 '일할 때 일하고 놀 때 놀아라!'라는 말이 있는데, 이 말을 요즘 전문성에 엮어 수정한다면 '일을 놀이처럼 하거나 놀이를 일처럼 하라!'로 바꿀 수 있다. 특히, 창의적인 작업을 하는 프로의 경우 대부분 자신의 일이나 업무를 누구보다 즐기는 모습을 공통되게 볼 수 있다.

⑦ 전문성 – "때로는 전문가보다는 비전문가에게서 아이디어를 얻어라."

'선무당이 사람 잡는다'는 말이 있듯이 때로는 기발한 아이디어가 광고 전문가가 아닌 일반 소비자나 광고를 전혀 모르는 사람에게서 비롯되기도 한다. 숙련된 전문가의 도움이나 자문을 받으면 아이디어의 생성이나 구성 과정이 수월해지는 것은 사실이다. 그러나 반대로 고정관념에서 벗어나지 못하거나 정형화될 가능성도 배제하지 못한다. 연구에 의하면 해당 이슈에 대하여 전혀 지식이 없는 것도 아이디어 발상에 저해가 되지만, 그 분야에 너무 깊은 전문지식을 가지고 있는 것도 정형화나 고정관념의 우려에서 벗어나지 못하는 경우가 많다는 결과를 도출하기도 했다. 자신의 아이디어를 비전문가에게 보여주는 일을 두려워하거나 의미 없다고 생각하지 말길 바란다.

⑧ 집단성 – "다수의 의견과 다른 방향에서 사고하라."

우리는 일반적으로 다수가 생각하거나 행동하는 방향이 옳을 것이라는 선입견을 가지고 있다. 그리고 이러한 판단이나 행동은 대부분의 경우 옳을 수 있다. 또한 확률적으로 큰 위험을 감수하지 않아도 되는 장점이 있다. 그러나 그것이 창의적인 작업인 경우는 이야기가 다를 수 있다. 대부분의 사람들이 생각하는 아이디어, 남들이 다 사용하는 방법, 이미 경험이나 이론으로 정례화되고 정형화된 방향으로 판단하고 행동하는 것은 대중적일 수는 있지만 창의적이지 않기 때문이다. 물론 무조건 대중이 가는 방향과 다른 방향을 선택하여 위험을 감수하라는 말은 아니다. 창의성의 기본은 '모두가 본 것들 속에서 아무도 보지 못한 것을 발견해 내는 것'이다. 그리고 '남들과 다를 뿐 아니라 남들보다 더 좋은 방법을 찾아내는 것'이다. 이런 관점에서 집단성은 창의적 작업에서 너무 친하게 지내서는 안 되는 친구이다.

⑨ 비(非)일상 – "일상에서 창조의 씨앗을 심어라."

창조적인 사고는 고차원의 전문성이나 지식수준을 지닌 특별한 사람들의 소유물이라는 생각이 우리들의 창의성을 저해한다. 누구나 일상 속에서 창의적인 생각을 할 수 있고 이를 통해 많은 변화를 경험할 수 있다. 자신과 가까운 일상에서 창의적인 생각을 시작하라. 자신의 일상의 전문가는 자신이기 때문에 일상의 문제를 창의적으로 해결할 수 있는 가장 적임자는 바로 크리에이터 당신이다.

5) 빅 아이디어를 판정하는 5가지 기준

① 처음 봤을 때 아이디어가 당신을 사로잡았는가?

② 그 아이디어를 당신이 제안했으면 좋겠다는 생각이 들었는가?

③ 아이디어가 독창적이고 독특한가?

④ 광고 전략에 잘 부합되는가?

⑤ 30년간 사용될 수 있을만한 아이디어인가?

창의성은 'Best'보다는 'Unique'를 우선한다. 따라서 일상 속에서 또는 광고의 아이디어를 준비하면서 처음부터 최고의 아이디어(best idea)를 찾기 위해 노력하기보다는 지금까지 다른 사람들이 관심 갖지 못했던 새로운(new) 아이디어, 처음(first) 아이디어, 다른(different) 아이디어, 유일한(unique) 아이디어를 찾는 일에 몰두하자.

창의성의 기본적인 가치와 필요성은 인간의 생활을 편리하고 행복하게 만드는 일이다. 작은 창의적인 노력과 사고와 실천들이 모여 사회와 국가와 인류를 바꾸는 빅 아이디어(Big Idea)로 발전하는 것이다. 아마도 아인슈타인도 처음의 어떤 모호한 관심이나 발견에서부터 본인이 인류의 생활에 큰 변화를 선물할 엄청난 아이디어를 발견했다고 생각하지 않았을 것이다.

Question & Solution

Chapter 02

마케팅,
그리고 광고 조사

Chapter 02

마케팅, 그리고 광고 조사

혹시, '창의성(creativity)'이나 '아이디어(idea)'라고 하는 단어를 광고물의 제작과정이나 크리에이터들에게만 필요한 덕목이라고 생각해오지는 않았는가? 이는 창의성이나 아이디어가 가지고 있는 기능과 역할에 대한 편협한 이해이고, 광고에 대한 구시대적 해석이다.

1. 마케팅이 창의적이어야 하는 이유?

창의성은 더 이상 크리에이티브에 국한하는 전략이나 도구가 아니다. 창의적인 콘셉트를 도출하기 위해 우선적으로 다루어야 하는 부분이 마케팅에 관한 부분이고 전략과 전술에 관한 부분이다. 본 장에서는 광고 마케팅과 광고기획에 관련한 기본적인 이론을 언급하고, 이를 통해 창의적인 콘셉트를 도출하는 데 도움을 주는 다양한 방법들을 찾아보기로 한다.

마케팅을 다루는 수많은 이론과 책들을 하나의 단어로 압축하자면 '인식'이다. 마케팅은 생산자와 소비자 사이에서 활발하게 살아서 움직이는 경제활동이다. 개인 및 조직의 경제적 목표를 창출하기 위해 아이디어, 상품, 용역의 개념을 정립하고, 가격을 결정하며, 유통 및 프로모션을 계획하고 실행하는 과정이다. 얼핏 보면 이 과정은 매우 수치적이고 객관적일 것 같지만 사실 시장이라고 하는 것은 생산자와 소비자의 관계로 형성되는 것이기 때문에 결국 마케팅은 인간과 인간의 관계이고, 시장이라는 특정한 공간에서 이루어지는 일종의 커뮤니케이션이다. 그런 면에서 보면, 마케팅은 '사실'이라기보다는 그 사실을 보는 '인식'일 가능성이 높다.

- 마케팅은 인식이다
- 인식은 사실이 아니다
- 마케팅은 사실이 아니다

따라서 창의성의 관점에서 보면 시장을 보는 관점조차도 사실을 파악하고 정리하는 수준의 작업이기보다는 이를 통해 숨어 있는 내용과 의미를 파악해내려는 의지와 노력이 필요하다.

지금까지 마케팅에 관련한 쉽고 어려운 수많은 책과 이론을 접하면서, 광고의 창의적 전략과 크리에이티브에 가장 쉽고 가깝게 접목되는 책 중에 하나가 알 리스(Al Ries)와 잭 트라우트(Jack Trout)가 집필한 《마케팅 불변의 법칙(THE 22 IMMUTABLE LAWS OF MARKETING)》이다. 본 장에서는 저자가 제시한 22개의 법칙을 간단하게 요약하여 소개하고, 필자의 의견을 덧붙임으로써 광고의 전략과 전술에 창의적 밑거름이 되고자 한다.

THE 1 리더십의 법칙(The Law of Leadership)

"더 좋기보다는 최초가 되는 편이 낫다."

마케팅의 기본은 당신이 최초가 될 수 있는 영역을 만들어내는 것이다. 소비자의 기억 속에 최초의 브랜드로 들어가라. 어떤 영역이든 시장을 주도하는 리더 브랜드는 예외 없이 소비자의 마음속에 가장 먼저 자리 잡은 브랜드(속성)이다. 최초의 브랜드가 시장에서 리더의 위상을 유지할 수 있는 이유 중에 하나는 그 브랜드가 해당 제품군을 대변하는 '보통명사'로 자리 잡을 수 있는 기회를 잡았기 때문이다. 제록스(Xerox), 크리넥스(Kleenex), 스카치테이프(Scotch Tape) 등이 그 예이다.

THE 2 영역의 법칙(The Law of Category)

"최초가 될 수 있는 새로운 영역을 개척하라."

소비자의 기억 속에 '최초'로 인식되지 못했다고 하더라도 실망할 필요는 없다. 자신이 최초가 될 수 있는 새로운 영역을 개척하라. IBM이 컴퓨터 시장에서 대대적인 성공을 거두자 버로즈(Burroughs), 컨트롤데이터(Control Data), 제너럴일렉트릭(General Electric), 허니웰(Honeywell), NCR, RCA, 스페리(Sperry) 등의 브랜드들이 줄줄이 시장에 뛰어 들었다. 당시 업계에서는 이들을 '백설공주와 일곱 난쟁이(Snow White and the Seven Dwarfs)'라고 불렀다. 과연 어떤 난쟁이가 세계에서 두 번째로 큰 컴퓨터 회사가 되었을까? '일곱 난쟁이' 중에는 없다. 1970년대와 1980년대 IBM 다음으로 성공을 거둔 컴퓨터 회사는 DEC(Digital Equipment Corporation)였다. IBM은 최초의 컴퓨터였고, DEC는 최초의 미니컴퓨터였던 것이다. DEC는 1998년 컴팩(Compaq)에 인수되었고, 이후 컴팩은 휴렛패커드와 합병하여 '휴렛패커드(Hewlett-Packard)' 브랜드로 제품을 생산하였다.

THE 3 기억의 법칙(The Law of Mind)

"시장의 최초보다는 기억의 최초가 되는 편이 낫다."

포지셔닝(positioning) 전략의 관점에서 보면, 시장에서 최초의 자리를 차지하는 것보다 중요한 것은 소비자의 마음속에서 최초의 자리를 차지하는 것이다. 마케팅은 제품의 싸움이 아니라 인식의 싸움이기 때문이다. 소비자가 알지 못하는 시장에서의 최초가 무슨 의미가 있겠는가? 소비자의 인식 속에서 '최초'의 자리를 차지하기 위한 방법은 여러 가지가 있을 수 있다. 애플(apple)은 그 엄청난 문제를 '단순하고 기억하기 쉬운 이름'으로 해결했다. 시장 형성 초기에 5 종류의 퍼스널 컴퓨터가 시장에 선을 보였다. 애플(Apple), 코모도어 펫(Commodore Pet), IMSAI8080, MITS알테어(Altair)8800, 라디오쉑(Ridio Shack) TRS-80이 그 브랜드들이다. 당신이라면, 어떤 브랜드를 기억하겠는가?

THE 4 인식의 법칙(The Law of Perception)

"마케팅은 제품의 싸움이 아니라 인식의 싸움이다."

대부분의 마케팅 담당자들은 조사를 통해 '사실(fact)'을 캐내는 일에 집착하지만, 시장에 객관적이고 절대적인 사실이란 존재하지 않는다. 시장에는 소비자의 마음속에 자리 잡고 있는 '인식(perception)'이 존재할 뿐이다. 모든 것은 상대적이다. A라는 소비자가 좋다고 하는 것이 B라는 소비자가 보기에는 싫을 수도 있다. 대부분의 사람들은 자신의 인식이 옳다고 하지만 그렇지 않다. 당신은 다수결을 믿는가? 때로는 다수의 인식이 옳지 않은 경우도 많다. 큰 차를 선호하는 미국인들에게 작고 경제적인 일본차는 어떻게 인식될까? 그 반대의 경우도 마찬가지다. 대부분의 소비자들은 자신들이 처한 상황에서 자신이 믿고 싶은 것을 믿는다. 심지어, 자신의 직접적인 인식을 가동하지 않고 다른 사람이 인식한 내용을 기반으로 구매를 결정하는 경우도 있는데 이것이 바로 '간접인식'을 토대로 하는 '모르는 사람이 없는 원칙(everybody know)'이라는 것이다. 독일이 미국보다 더 좋은 품질의 자동차를 만든다는 사실을 모르는 사람은 없다. 본인이 직접 제품을 구매하거나 사용해 본 경험 없이도 독일 제품을 구매하면서 좋은 품질의 제품을 구매하고 있다고 확신한다. 심지어 본인이 구매한 자동차에서 실질적인 결함이 경험되어도 단순히 '운이 없음'으로 치부하기도 한다. 이것이 인식의 힘이고, 인식의 위험이다.

THE 5 집중의 법칙(The Law of Focus)

"소비자의 기억 속에 하나의 단어를 심고 그것을 소유하라."

하나의 단어나 개념에 집중하면 마케팅에 성공할 수 있다. 많은 내용의 전달에 욕심을 낸다고 소비자가 많은 정보를 모두 기억해 주지 않기 때문이다. 이것은 전통적인 광고 전략인 USP(Unique Selling Proposition)나 SMP(Single Minded Proposition)와 다르지 않다. IBM은 '컴퓨터'라는 단어를 소유했고, 하인즈는 '케첩'이라는 단어를 소유했다. 그리고 볼보는 '안전'이라는 단어를 확보했다. 당신의 제품은 어떤 단어를 소유하고 있는가? 가장 효과적인 단어는 단순하고 효용 지향적인 단어이다. 마케팅의 핵심은 초점을 좁혀 분출되는 힘을 강화하는 것이다. 모든 것에 욕심을 내다가는 아무것도 얻을 수 없다.

THE 6 독점의 법칙(The Law of Exclusivity)

"소비자의 마음속에 심은 단어를 두 회사가 공유할 수 없다."

아무리 중요하고 욕심이 나는 키워드나 콘셉트라고 하더라도 경쟁사와 같은 단어나 이미지를 공유하는 것은 효과적이지 않다. 당신이 후발 주자라면 더욱 그렇다. 이것이 광고 슬로건 창작에서 경쟁사의 슬로건이나 광고의 분위기를 파악해야 하는 이유이다. 일반적으로 노트북이나 스마트폰을 구매하는 가장 중요한 고려요인은 무엇인가? 성능, 가격, 디자인, 무게, 화면크기, 배터리 사용시간, A/S 등일 것이다. 그렇다고 모든 컴퓨터나 스마트폰이 성능이나 가격을 콘셉트로 광고하고 있지는 않다.

THE 7 사다리의 법칙(The Law of Ladder)

"사다리의 어느 높이를 딛고 있느냐에 따라 전략은 달라진다."

소비자가 제품을 구매할 때는 마음속에 나름의 '서열 사다리'가 있기 마련이다. '라면' 하면 생각나는 브랜드를 순서대로 생각해보라. '진통제' 하면 떠오르는 브랜드를 순서대로 생각해 보라. 오늘 먹고 싶은 점심 메뉴를 순서대로 생각해 보라. 특별한 사정이 생기지 않는 한 1위 브랜드가 2위 브랜드보다, 그리고 2위 브랜드가 3위 브랜드보다 구매될 확률이 높다. 이론에 의하면 소비자들은 '마음의 사다리' 속에 최대 7개의 브랜드 정도를 대안으로 지정하고 기억(제7의 법칙)한다고 한다.

THE 8 이원성의 법칙(The Law of Duality)

"장기적으로 보면, 모든 시장은 두 마리 말이 달리는 경기다."

오랜 시간을 두고 관찰해 보면 시장에서의 싸움은 '거물들의 2파전'인 경우가 대부분이다. 콜라는 '코카'와 '펩시'가 싸운다. 스마트폰은 '애플'과 '삼성'이 싸운다. 라면은 '농심'과 '삼양'이 싸운다. 햄버거는 '맥도날드'와 '버거킹'이 싸운다. 중국집에서는 '짜장'과 '짬뽕'이 싸운다. 특히, 2위와 3위 브랜드의 치열한 다툼에서 2위 자리를 차지하는 것은 시장 점유율과 상관없이 매우 의미 있는 일이다. 그리고 상승세를 타고 있는 산업군일수록 장기적으로 3위의 자리를 지키기는 쉽지 않은 일이다. 3,4,5위의 자리를 노리는 신흥 기업이나 제품들이 우후죽순으로 탄생할 것이 불 보듯 뻔하기 때문이다. 성공적인 마케팅은 제일 높은 두 곳의 사다리 자리를 차지하는 일에 집중한다. 경쟁이 치열한 세계 시장에서 1위와 2위를 차지하지 못한 브랜드들은 제자리걸음을 면치 못하거나 문을 닫는 경우가 허다하다.

THE 9 반대의 법칙(The Law of Opposite)

"위 자리를 목표로 한다면, 전략은 리더 브랜드에 의해 결정된다."

씨름이나 레슬링을 하는 선수가 상대의 힘을 역이용하는 것처럼, 마케팅에서도 리더의 힘이나 강점을 전략적으로 역이용한다면 역전의 기회는 없지 않다. 당신이 사다리의 두 번째 자리를 차지하고 싶거나 이를 기반으로 역전의 기회를 노리고 있다면, 리더 기업이나 제품의 강점을 약점으로 추락시킬 방법을 치밀하게 준비하라. 리더의 핵심을 주도면밀하게 파악하여 소비자에게 그 반대의 것을 적극적으로 제시하라. 당신이 신생 브랜드라면 더더욱 그 메시지의 상대를 리더 브랜드로 삼을 필요가 있다. 당신의 브랜드를 '리더의 대안'으로 인식시켜야 한다. 어떤 제품의 영역도 두 부류의 소비자는 존재한다. 증명된 리더의 제품을 구매하고 싶어 하는 소비자와 리더의 제품을 사고 싶어 하지 않는 소비자다.

THE 10 분할의 법칙(The Law of Division)

"시간이 지나면 영역은 나뉘어 둘 또는 그 이상이 된다."

시장은 마치 세포 분열하는 아메바(amoeba)처럼 그 영역을 지속적으로 확장해 나간다. 자동차 시장을 보면 크게 국산차와 수입차로 나뉘고, 크기나 배기량에 따라 소형과 중형과 대형차로 나뉘고, 가격에 따라 저가와 중가와 고가로 나뉘고, 연료에 따라 가솔린과 디젤과 LPG 차량 그리고 전기 차량과 수소 차량으로 나뉘고, 용도에 따라 세단과 스포츠카와 레저차량으로 나뉜다. 오래된 이야기지만, 텔레비전 방송사만 봐도 예전에는 KBS, MBC, SBS가 전부였던 시절이 있었다. 요즘은 TV를 켜면 매체의 유형은 고사하고 도무지 방송사를 구분해 낼 수가 없다. 영역 내의 각 부분들은 매우 독립적이고 고유한 객체이다. 맥주의 종류는 얼마나 많고, 커피의 종류는 또 얼마나 많은가? 그리고 각각 나름의 존재 이유와 역할을 충분히 가지고 있다. 결국 '각자도생(各自圖生)' 개별 콘텐츠의 싸움이 되는 것이다.

THE 11 조망의 법칙(The Law of Perspective)

"마케팅 효과는 오랜 시간에 걸쳐 발효된다."

단기적인 효과와 장기적인 효과를 착각하거나 동일시해서는 안 된다. 할인 행사는 회사의 매출을 상승시키는가? 하락시키는가? '할인', '쿠폰', '세일'이라는 이름의 행사가 특정 시점에만 제품을 구매하도록 유도하고 있지는 않는가? 이것은 장기적인 시간에 앞서 미리 티켓을 구매해 놓은 항공권 할인 구매와는 좀 다른 경우이다. 가격을 올렸다 내렸다 하는 일관성 없는 가격 정책은 단기적으로는 이익을 가져다주지만, 장기적으로는 손실을 불러오는 경우가 많다. 물론, 계륵(鷄肋)이다. 중요한 것은 단기적인 처방은 대부분 장기적인 성장에 기여하기 어렵다는 것이다.

THE 12 라인 확장의 법칙(The Law of Extension)

"회사 내부에는 브랜드 자산을 확장시키려는 거역하기 힘든 압력이 존재한다."

일반적으로 기업들은 처음에는 수익성이 높은 하나의 제품에 초점을 맞추어 제품을 개발하고 마케팅 활동을 한다. 그러나가 장사가 되기 시작하면 단단하던 집중력은 점점 다양한 '라인확장'으로의 유혹을 떨치지 못하고 분산되고 만다. 기업이 제품의 라인을 확장할 수 있는 방법은 우주의 별 만큼이나 많다. 아주 특별한 필요와 경쟁력의 기반이 되는 경우를 제외한다면 효과를 거둘 가능성은 희박하다. 어떤 영역이든, 대부분의 리더 브랜드들은 무절제한 라인확장을 시도하지 않은 브랜드들이다.

THE 13 희생의 법칙(The Law of Sacrifice)

"무언가를 얻기 위해서는 무언가를 포기해야 한다."

'희생의 법칙'은 '라인 확장의 법칙'과 상반되는 법칙이다. 기업이나 브랜드가 마케팅에서 성공하고자 한다면 다른 중요한 무언가를 포기해야만 한다. 그 대상은 제품 라인, 표적 시장, 부단한 변화이다. 첫 번째는 '제품 라인'이다. 성공하고 싶다면 제품 라인을 확장할 것이 아니라 축소해야 한다. 마케팅의 세계에는 '만능가'와 '전문가'가 있다. 마케팅의 전쟁터에서는 '전문가'가 대부분 승리를 거둔다. 두 번째는 '표적시장'이다. 가장 대표적인 성공사례가 펩시의 '희생'이다. 1950년대 후반 코카콜라의 매출은 펩시의 5배를 웃돌았다. 이때 펩시의 전략은 10대 시장를 제외한 모든 고객을 버린 것이다. 마이클 잭슨(Michael Jackson), 라이오넬 리치(Lionel Richie) 등의 스타를 영입해 10대 시장을 집중적으로 공략하여 한 세대가 지나기 전에 펩시는 미국 전체 시장에서 코카에 불과 10% 정도 뒤지는 매출을 기록하였다. 이러한 성공 사례는 담배 브랜드에서도 찾을 수 있다. '말보로(Malboro)'가 그 예이다. 담배를 피우는 대부분의 소비자가 남자이던 시절, 담배 제조업자들은 그 시장을 넓히기 위해 너나없이 "우리는 남자를 확보했다. 이제 가서 여자들도 붙잡아야 한다."라며 여성 소비자들이 등장하는 광고들을 집행하기 시작했다. 이때, 필립모리스(Philip Morris)는 남자 고객에게 집중하였을 뿐 아니라, '카우보이'로 남성 이미지를 극대화 한 '말보로(Malboro)'를 탄생시켰다. 오늘날 말보로는 전 세계에서 가장 많이 판매되는 담배 브랜드이다. 세 번째는 '부단한 변화'이다. 예산이 바뀌고, 담당자가 바뀌고, 에이전시가 바뀔 때마다 바뀌고 달라지는 광고 전략으로는 성공하는 브랜드를 만들 수 없다. 광고대행사가 바뀌면 가장 먼저 '브랜드 슬로건'부터 바꾸는 카피라이터는 반성해야 한다.

THE 14 속성의 법칙(The Law of Attributes)

"어떤 속성이든 반대되면서 효과적인 또 다른 속성이 존재한다."

코카콜라가 '원조'라는 속성 때문에 기성세대들의 사랑을 받는다면, 펩시콜라는 '도전'이라는 속성으로 신세대들의 사랑을 받는다. 허츠가 '규모에서의 No.1'을 선점했다면, 에이비스는 'No.2의 노력'을 메시지의 속성으로 소구했다. 큰 조직은 안정적이지만 변화에 느리고, 작은 조직은 유동적이지만 변화에 민첩하게 대응한다. 즉, 리더 브랜드나 선발 브랜드가 강력한 속성을 선점했다고 해서 후발 브랜드가 무기로 삼을 만한 속성이 없는 것이 아니다. 마케팅은 인식이고 관점의 싸움이라는 견지에서 보면 '반대되면서도 효과적인 속성'은 어떤 제품이나 상황에서도 찾을 수 있다. 껌은 치아를 썩게 만드는 주범이었지만 자일리톨(Xylitol)은 '자기 전에 씹는 껌'이고 '충치를 예방하는 껌'으로 소구하고 있다.

THE 15 정직의 법칙(The Law of Candor)

"스스로 부정적인 면을 인정하면 소비자는 긍정적인 평가를 내릴 것이다."

소비자의 마음을 여는 효과적인 방법 가운데 하나는 자신의 잘못을 솔직하고 겸손하게 인정하고, 그 부족함을 '긍정의 기반'으로 활용하는 것이다. 그 메시지가 소비자들에게 공감을 얻는다면 이보다 좋은 접근방법은 없다. "에이비스는 2등밖에 안 되는 렌터카 회사입니다"라는 메시지로 시장을 흔든 에이비스 렌터카의 'No.2 캠페인'은 전설적이다. 자신의 회사가 2등에 불과하다는 것을 정직하게 인정하고, 그렇기 때문에 1

등 브랜드보다 더 열심히 일할 수밖에 없다는 것을 거부할 수 없는 논리와 감성으로 전개한 캠페인이다. 소비자의 마음이 열리면 그 공간에 당신의 메시지를 입성시키는 일은 매우 수월해진다. 그러나 잊지 말아야 할 것은, 자신을 부정한 이후에는 재빨리 긍정의 자리로 전이시켜야 한다는 것이다. '정직한 부정'의 목적은 단순한 사과가 아니라, 소비자를 설득할 '진실한 혜택'을 마음속에 넣는 것이기 때문이다.

THE 16 단일의 법칙(The Law of Singularity)

"어쨌든, 단일 행동만이 실제적인 효과를 창출한다."

마케팅의 역사는 '오직 하나'의 대담한 공격만이 실효를 거둘 수 있다고 증명하고 있다. 군사전략가이자 작가인 리델 하트(B. H. Liddell Hart)는 이러한 대담한 공격 방법을 가리켜 '최소 예상선(the line of least expectation)'이라고 부른다. 독일이 점령하고 있던 프랑스령 노르망디 해안은 조류의 변화가 심하고 바람이 많은 해안이라 이곳을 통해 연합군이 공격을 감행하리라고는 상상도 못했던 곳이다. 마케팅의 경우도 마찬가지다. 대개의 경우 경쟁 브랜드의 치명적인 약점이 존재하는 곳은 있기 마련이고, 바로 그곳이 돌격대의 전력을 집중시켜야 하는 초점이다. 한니발(Hannibal)은 모두가 등정이 불가능하다고 여겼던 알프스를 넘었고, 히틀러(Hitler)는 기갑부대로 하여금 프랑스군들이 결코 탱크가 넘을 수 없는 곳으로 판단했던 아르덴을 지나 진군했다. 이렇듯 시장에서 경쟁력을 가질 수 있는 단일한 아이디어나 콘셉트를 찾기 위해 지금 시장에서 무슨 일이 일어나고 있는지를 면밀히 살펴야 한다. 회의실 책상에서만 어슬렁거리는 마케터는 성공할 수 없다.

THE 17 예측 불가의 법칙(The Law of Unpredictability)

"경쟁자의 계획을 예측할 수 없다면 미래를 예측할 수 없다."

대부분의 마케팅 기획은 미래에 대한 예측을 위해 실시된다. 그러나 모든 마케터들이 조사나 기획을 통해 시장의 미래를 예측할 수 있다면 얼마나 좋겠는가? 예측의 실패는 곧바로 캠페인의 실패와 경제적인 타격으로 되돌아온다. 사업계획서를 내면 경영자는 조사나 동향 등의 자료를 통한 믿을 만한 자료들을 요구한다. 그런데 생각해보자. 과거의 자료를 통해 미래를 정확하게 예측할 수 있는가? 미루어 짐작할 뿐이고, 그 짐작의 소스조차도 다른 경쟁사에게도 모두 오픈된 자료일 가능성이 많지 않은가? 가장 좋은 방법은 부단하게 변하는 트렌드에 몸을 싣는 것이다. 변화를 적극적으로 활용할 뿐 아니라, 변화의 물결에 몸과 마음과 관심을 모두 맡기는 것이다. 마치 엄청나게 밀려오는 파도에 즐기는 서퍼들처럼…. 우리가 유일하게 예측할 수 있는 것은 '시장은 항상 변한다'는 진리다.

THE 18 성공의 법칙(The Law of Success)

"대부분의 경우, 성공은 자만을 낳고, 자만은 실패를 낳는다."

자만은 마케팅의 적이다. 성공하는 마케팅에 필요한 덕목은 냉정한 객관성이다. 성공은 대부분 무분별한 확장을 초래하는 결정적인 요인으로 작용한다. 성공한 브랜드의 이름을 붙이면 다른 제품들도 쉽게 성공할 수 있다고 착각하는 것이다. 그러나 현실은 냉정하게 그 반대인 경우가 많다. 성공의 핵심은 제품의 브랜드가 아니라, 그 제품이나 서비스 자체이고 당신이 지금까지 옳고 냉정한 방향으로 마케팅 활동을 전개해 왔기 때문이다. 회사가 성장하여 규모가 커진다 하더라도 고객과의 거리를 좁히고 전쟁터 같은 마케팅 현장에서 눈을 떼지 말아야 한다. 이런 면에서, 작은 규모 회사는 큰 규모의 기업보다 소비자와 마케팅 현장을 대하는 거리와 온도가 가깝고 뜨겁다. 이것이 강소기업이 빠르게 성장하는 이유이다.

THE 19 실패의 법칙(The Law of Failure)

"실패는 예상되고 또 받아들여져야 한다."

3M의 대표 제품인 포스트잇(post it)이 초강력 접착제 개발 프로젝트의 실패작이었다는 것을 이제는 모두 알 것이다. 어느 곳에나 강력하게 붙는 접착제품을 개발하다가 굳어서 이내 떨어지고 마는 실패작, 그 실패작이 붙였다 떼었다를 자유자재로 할 수 있는 '포스트 잇'이라는 발명품을 일궈낸 것이다. 3M에는 제품의 최종적인 성공 이전에 그 신제품이나 도전의 성공으로부터 혜택을 받게 될 사람을 공개적으로 인정하는 '챔피언 시스템(Champion System)'을 운영한다. 실패에 대한 질책이 두려운 조직이라면 어떤 조직원이 새로운 도전을 감행하겠는가?

THE 20 과장의 법칙(The Law of Hype)

"상황은 언론에 나타난 것과 반대인 경우가 많다."

상황이 잘 풀려 나갈 때는 '과장'은 필요 없다. 대부분의 '과장'은 상황이 여의치 않을 때 행해진다. 나는 언제부터인가 신문을 뒤에서부터 읽는 재미있는 습관이 생겼다. 농담 반 진담 반이지만, 언론에서 1면을 할

애해서 떠드는 기사의 내용을 순진하게 믿었던 시절은 이미 오래 전이다. 신문의 1면 기사는 잊어라. 굳이 언론에서 미래의 단서를 찾고 싶다면 뒷면에 실린 과장되지 않은 작고 시시한 기사를 주목하라. 개혁이나 변화는 9시 뉴스를 통해 어느 날 갑자기 시끌벅적하게 오는 것이 아니라, 자연스럽게, 과장 없이, 모두가 보이는 곳으로 오는 것이다.

THE 21 가속의 법칙(The Law of Acceleration)

"성공적인 마케팅은 유행이 아니라 트렌드를 기반으로 한다."

유행이 바다의 파도라면 트렌드는 바다 속의 조류다. 유행은 변화가 빠르고 눈에 잘 보이지만 트렌드는 표면적으로는 잘 보이지 않지만 거대하고 장기적이다. 우리가 기업PR과 같은 광고에서 유행어나 유행하는 드라마에 출연하는 연예인을 모델로 활용하지 않는 것은 이 때문이다. 시대를 풍미하던 유행어도 한 계절만 지나면 낯이 뜨거울 정도로 사용하기가 민망한 경우를 경험한 적이 있을 것이다. 드라마나 영화의 주인공도 해가 바뀌면 그냥 배우일 뿐이다. 우리가 빅모델이나 대배우라고 일컫는 분들은 대부분 무절제한 출연을 자제하는 연기자들이다. 마케팅에서 가장 훌륭하고 가장 많은 수익을 올리는 방법은 유행을 잊고 장기적인 트렌드에 올라타는 것이다.

THE 22 재원의 법칙(The Law of Resources)

"충분한 자금 없이 아이디어는 실행에 옮겨질 수 없다."

광고 캠페인의 아이디어는 자동차의 성능이고, 광고의 재원(광고비)은 자동차의 연료와 같다. 아무리 훌륭한 아이디어라도 그 아이디어를 제작하고 집행할 재원이 없다면 무용지물이다. 전적으로 공감하지는 않지만, 알 리스(Al Ries)와 잭 트라우트(Jack Trout)는 평범한 아이디어에 수백만 달러가 확보된 광고가 훌륭한 아이디어만 확보된 경우보다 성공할 가능성이 높다고 언급하고 있다. 2019년 미국 최대의 스포츠축제인 NFL슈퍼볼의 공식 맥주 스폰서인 버드와이저는 TV광고 30초에 525만 달러(약 58억 8000만 원)를 투자했다. 기본적으로 재원이 뒷받침되지 못하는 아이디어는 힘을 발휘할 수가 없다. 돈은 마케팅 세상을 돌아가게 만든다. 오늘, 성공하고 싶다면 당신은 '마케팅 바퀴'를 굴리는 데 필요한 돈을 찾아내야 한다.

2. 광고조사에 대한 일반적인 이해

광고에서 일반적으로 조사(research)라고 하면 실무 차원의 문제를 해결하기 위한 객관적이고 체계적인 자료의 수집과 분석을 의미한다. 즉, 매우 수치적이고 실질적인 작업으로만 생각하기 쉬우나 결국 이 조사라는 작업이 궁극적으로 창의적인 아이디어의 발상과 빅 아이디어를 창출해 내기 위한 과정이라는 관점에서 보면 광고 기획자는 물론 광고 크리에이터들에게 새로운 통찰력과 경쟁력 있는 솔루션을 제공하는 매우 중요한 단초를 주는 '관점 전환의 포인트'가 될 수 있는 것이다. 이희복(2014)은 《광고론》에서 이경자 외(2008)의 《현대사회와 광고》를 인용하여 조사의 네 가지 특성을 다음과 같이 정리하였다.

첫째, 광고조사는 광고와 관련된 '실제적인 문제해결'을 위한 것이다.

광고 기획, 광고물 제작, 매체 집행 등 광고의 전 과정에서 수많은 과제가 등장한다. 누구에게 광고를 해야 하는지, 무엇을 알릴 것인지, 어떻게 알릴 것인지, 어떤 매체를 활용할 것인지에 대한 물음에 답을 얻기 위해 조사를 실시한다.

둘째, 광고조사는 객관적이고 체계적인 자료의 수집과 분석을 가능하게 한다. 과학적이고 합리적인 문제해결을 위해서 판단의 근거자료를 모으고 이를 정확하게 해석해야 한다. 주장의 근거가 다른 사람이 공감할 수 있고, 객관적이며 체계적이어야 하는데 이를 위해서 광고조사를 통해 광고 전문가들과 공감대를 형성하고 이후 정리된 내용으로 광고주를 설득할 수 있어야 한다.

셋째, 조사는 복잡한 통계분석이라는 편견을 버려야 한다. 광고조사는 어렵고 난해한 작업이 아니라 생생한 소비자 정보를 중심으로 하는 발견과 해석의 작업이다. 따라서 양적 조사뿐 아니라, 소비자의 의견을 심층적으로 분석하는 질적 조사 역시 중요하게 다루어져야 한다.

넷째, 광고와 관련하는 마케팅 조사 영역을 포함한다. 광고조사는 일반적으로 광고전략 수립을 위한 조사, 광고효과조사, 광고매체조사 등 광고활동과 관련한 조사들을 의미하지만 실제로 광고회사에서 실시하는 조사는 제품과 프로젝트에 따라 이보다 훨씬 광범위하다.

이러한 광범위한 광고조사는 바르고 합리적인 의사결정을 하는 데 도움을 줄 뿐 아니라, 광고 캠페인의 초기 단계에서 창의적인 콘셉트를 도출하는 데 역할을 해야 한다.

광고조사는 일반적으로 목적 · 시점 · 대상 등 기준에 따라 매우 다양하게 실시된다.

〈표 1〉 일반적인 조사의 유형과 기준

기 준	유 형	내 용
기본 목적	탐색조사	본격적인 조사에 앞서 실시하는 탐색적 조사
	기술조사	현상을 정확하게 파악하기 위한 조사
	인과조사	변수들 간의 인과관계를 규명하기 위한 조사
자료 성격	1차 조사	이전에는 없던 새로운 1차 자료를 수집하는 조사
	2차 조사	기존의 2차 자료를 수집하고 분석하는 조사
조사 횟수	횡단조사	특정 문제에 관하여 1회 실시하는 조사
	종단조사	동일한 조사를 일정 시간을 두고 반복하여 실시하는 조사
조사 시점	사전조사	특정 사건이나 활동의 발생 전에 실시하는 조사
	사후조사	특정 사건이나 활동의 발생 후에 실시하는 조사
조사 방법	양적조사	다수를 대상으로 유의미한 통계 수치를 발견하기 위한 조사
	질적조사	소수를 대상으로 심층적 동기나 의견을 발견하기 위한 조사
조사 규모	전수조사	모집단 전체를 대상으로 실시하는 조사
	표본조사	모집단 일부를 대상으로 실시하는 조사
조사 내용	소비자조사, 전문가조사, 판매원조사, O/L 조사, 패널조사 등	

① 탐색조사와 기술조사, 그리고 인과조사

기본적인 조사 목적에 따라 탐색조사는 문제의 규명, 새로운 아이디어나 생각의 발견을 목적으로 실시한다. 향후 정확한 조사를 위한 예비조사의 성격을 갖는데 기존의 문헌을 살피거나 전문가의 의견을 들어보는 것 등이 여기에 속한다. 기술조사는 현상에 대한 정확한 파악을 목적으로 한다. 실험조사를 제외한 개별면접 설문조사, 전화조사 등 대부분의 양적 조사를 기술조사라고 할 수 있다. 일반적으로 실험조사방법으로 이루어지며 표본집단의 동질성 확보가 중요하다.

② 1차 조사와 2차 조사

1차 조사(primary research)는 특정한 광고의 문제를 해결하기 위해 이전에 없던 새로운 자료를 수집하는 것을 말하고, 이를 통해 얻어진 자료를 1차 자료라고 한다. 2차 조사(secondary research)는 다른 사람에 의해 이미 수집되거나 공표된 자료를 수집 분석하는 것을 말하고, 이를 통해 얻은 자료를 2차 자료라고 한다.

③ 횡단조사와 종단조사

횡단조사는 특정 이슈가 발생했을 때 일회성으로 실시하는 것으로 대부분의 광고조사는 횡단조사이다. 종단조사는 동일한 조사를 일정 시간을 두고 반복해서 실시하는 조사다. 이 경우 조사대상자들을 패널(panel)이라 부른다.

④ 사전조사와 사후조사

특정 시점을 중심으로 조사시점의 전후로 구분한다. 광고 캠페인을 집행하기 전과 후를 비교하여 조사하는 캠페인 효과조사의 경우가 대표적이다.

⑤ 양적조사와 질적조사

양적조사는 일반적으로 정량조사(quantitative research)라고 하며 다수로부터 양적인 통계자료를 얻기 위한 조사를 말한다. 이 경우 신뢰도와 타당도가 매우 중요하며, 일반화를 위한 세심한 주의가 필요하다. 반면 질적조사는 정성조사(qualitative research)라 불리며 심층적인 동기와 의견 등을 얻기 위한 조사다. 두 조사는 관심사에 따라 서로 다른 특징을 갖는데 양적조사는 서베이 · 실험조사 · 관찰조사가 있으며,

질적조사는 초점집단면접(FGI, focus group interview), 개별 심층면접, 투사법 등이 있다.

⑥ 전수조사와 표본조사

전수조사는 모집단 전체를 대상으로 실시하는 조사이고, 표본조사는 모집단을 대표할 수 있는 일부, 즉 표본을 추출하여 조사를 실시하고 그 결과로 모집단을 추정하는 조사를 말한다.

시장은 광고의 아이디어를 찾는 보물창고이기도 하지만, 아이디어를 만들어 주는 요술램프이기도 하다. 빌 번벅(B. Bernbach)은 “마법은 제품 안에 있다”고 했다. 나는 “빅 아이디어는 시장 안에 있다”고 본다. 참치 광고를 담당하는 카피라이터는 마케터나 기획자가 주는 조사결과나 다 정리된 기획서를 기다릴 것이 아니라, 마트나 시장에 나가 자사 또는 타사의 참치를 구매하는 소비자의 행동을 살펴봐야 한다. 왜, 우리 제품을 사는지? 또는 왜, 우리 제품을 구매하지 않는지? 그 태도와 행동에서 빅 아이디어는 비롯된다.

- 소극적인 크리에이터: 마케터나 기획자의 기획서를 기다린다.
- 적극적인 크리에이터: 마트나 시장에 나가 소비자를 직접 만난다.

광고조사는 실질적인 문제를 해결하기 위해 실시되지만, 그 실질적인 문제가 무엇인지를 파악하는 것은 전적으로 인식의 문제이다. 광고조사는 급변하는 시장의 변화를 시시각각으로 파악하는 매의 눈을 가져야 하지만, 그 변화의 파도 밑을 흐르는 더 큰 의미와 가치를 파악하는 것은 관점의 문제다. 모두가 문제라고 생각하는 것을 조사를 통해 확인하는 것도 의미가 없지는 않지만, 조사를 통해 모두가 문제라고 인식하기 이

전에 문제를 발견하고, 남들보다 한 발 앞서서 또는 남들과 다른 해결책을 찾기 위한 돌파구를 만드는 일에 좀 더 욕심을 내야할 것이다.

- 확인하는 조사: 이미 모두가 문제하고 인식한 문제들을 확인한다.
- 발견하는 조사: 모두가 문제를 인식하기 전에 문제를 발견하고 해결한다.

Question & Solution

Chapter

03

광고의 기획과 전략

Chapter 03

광고의 기획과 전략

광고기획은 "무엇을 말할 것인가"에 대한 부분이다.
궁극적으로 광고가 가야할 방향.
즉, 콘셉트를 도출하기 위한 일련의 방법과 과정이다.
광고 콘셉트는 명확해야 하지만, 창의적이지 않을 필요는 없다.

광고기획은 "무엇을 말할 것인가(what to say?)"에 대한 부분이다. 궁극적으로는 광고가 가야 할 방향을 제시하고, 세부적으로는 콘셉트(concept)를 도출하기 위한 일련의 방법과 과정을 제시하는 것이다. 콘셉트는 명확해야 하지만, 콘셉트가 창의적이지 않을 필요는 없다. 즉, 명확하면서도 창의적인 방향을 제시하는 콘셉트라면 그 광고의 기획과 전략이 창의적인 광고 제작물을 만들어 내는 데 얼마나 수월한 길을 제시하겠는가? 이것이 바로 광고의 기획과 전략도 창의적이야 하는 명확한 이유이다.

광고기획은 일반적으로 상황분석, 기본전략, 크리에이티브전략, 매체전략의 단계로 구성된다. 광고기획은 STP로 설명되는 상황분석(segmentation)을 통해 목표공중(target)을 설정하고 포지셔닝

(positioning)하는 과정이다. 광고기획은 기본적으로 마케팅적 접근이 필요하고, 그 접근이 이성적이고 과학적이어야 함은 부정할 수 없다. 다만, 이성과 감성의 조화, 과학과 예술의 시너지를 이룬다면 광고의 힘이 배가된다는 사실도 잊지 말아야 한다.

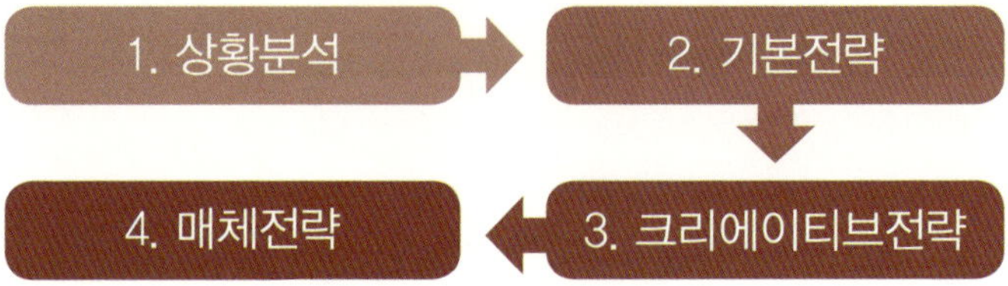

(그림 2) 광고기획의 4단계

1. 상황분석

상황분석(situation analysis)은 시장과 문제에 대한 확인이며, 해결 방법을 찾기 위한 배경을 알아보는 과정이다. 즉, 기업이나 브랜드나 제품이 처해 있는 현재의 위치를 정확하게 파악하여 앞으로 나아가야 하는 방향을 잡기 위한 기초 작업인 셈이다.

1) 환경분석

환경분석은 미시적 환경분석과 거시적 환경분석으로 구분할 수 있다. 미시적 환경이란 제품 자체로부터 거래처, 유통, 고객, 경쟁사, 일반 대중에 이르는 기업 활동에 영향을 주는 다양한 주체를 구성하는 요소들을 말한다. 이들은 기업의 활동 범위 안에서 유기적인 관계를 맺으며 영향을 주고받는다. 하나의 기업이 영업 또는 광고활동을 영위하기 위해서는 대표에서 사원에 이르기까지, 그리고 각 부서 간의 각각의 업무와 유기적인 협조가 이루어져야 한다. 또한 제품의 생산과 유통을 위해서는 거래처와의 원만한 관계 유지도 중요한 요소 가운데 하나다. 유통은 제품을 최종 구매자에게 전달하기 위한 통로의 역할을 한다. 고객은 기업활동의 궁극적인 커뮤니케이션 대상으로 기업이나 광고가 고객가치와 고객만족을 위해 마케팅 활동을 한다는 것을 감안하면 그 중요성은 더 이상 강조할 필요가 없다. 또한, 성공적인 광고 캠페인을 위해서는 경쟁사의 움직임을 예의주시하고 경쟁력있는 대응 전략을 수립하는 일이 우선되어야 한다. 이는 선택이 아니라 필수다.

반면에 거시적 환경은 기업활동에 영향을 주는 제반 여건으로 인구통계적, 경제적, 자연적 환경, 법률 및 규제 등이 포함된다. 거시적 환경은 미시적 환경과는 달리 기업 스스로 개선하거나 관리해 나가기가 쉽지 않은 환경 요소이다. 거시적 환경의 가장 대표적인 예는 인구통계적 환경의 변화이다. 국가별로 사회별로 인구통계적 변화는 기업과 제품의 성패를 가르는 기본적인 환경이라고 볼 수 있다.

- 인구의 감소
- 출산의 감소
- 혼인율 감소
- 인구의 고령화
- 1인 가구의 증가

한편, 가족 구성원의 형태도 빠른 변화를 보이고 있다. 다세대 가족에서 다문화 가족으로, 핵가족에서 1인가구의 증가로 변화하고 있다. 이러한 현상들은 향후 기업의 생산 활동에 크게 영향을 미칠 것이다. 경제 환경의 변화도 광고나 소비에 지대한 영향을 미친다. 세계의 경제 환경은 개별 국가들의 경제 환경에 영향을 미치고, 국가의 경제 지표 역시 사회 전반의 소비와 경제 활동에 지대한 영향을 미칠 것이다. 물론 가계 소득의 증감이 개별 가정의 소비에 영향을 미치는 것은 두말할 필요도 없다.

최근 지구 환경의 변화는 기업과 제품과 소비에 어떤 영향을 주는가? 환경 변화로 인한 자연 재해는 소비와 광고에 어떤 영향을 주는가? 환경적, 경제적, 군사적 세계정세는 한 국가의 한 기업이나 제품의 판매와 소비에 영향을 주는가? 그리고 각종 법률과 정책과 규제는 어떤 제품들에게 어떤 영향을 주는가?

거시적인 시장 환경의 변화를 우리가 막거나 거스를 수는 없어도 시장의 변화를 폭넓게 인지하고 파악하여 대처하는 것은 기업의 경제 활동에 꼭 필요한 요소임에는 틀림없다.

2) 시장분석

시장의 규모, 성장률, 수익성 등의 추이를 살펴 흐름을 파악하는 일은 광고기획의 기본인 상황분석에서 매우 중요한 일이다. 또한 시장이 라이프 사이클 곡선의 어느 위치에 놓여 있는지, 그리고 경쟁기업이나 경쟁제품을 명확히 하고 분석하는 일은 시장분석에서 매우 중요하다. 경쟁분석은 자사 또는 자사 제품과 경쟁하고 있는 경쟁사의 수나 규모, 전체 시장에서의 점유율, 재무능력, 생산능력, 마케팅 능력, 제품 경쟁력 등이 포함된다. 이는 어느 기업 어떤 제품을 경쟁으로 삼느냐에 따라 전략이 달라질 수밖에 없기 때문이다. 사실, 이 부분 역시 매우 창의적인 관점이 필요한 부분이라고 할 수 있다.

• Universal Studio vs. Play Station
• 자동차 구매 vs. 아파트 마련

빠르고 다양하게 변화하는 현대의 마케팅 환경 속에서 제품의 수명주기 또한 능동적인 변화를 꾀하는 모습을 보인다. 제품의 수명주기는 도입기, 성장기, 성숙기, 쇠퇴기의 단계를 거치게 되는 것이 일반적이다. 따라서 이러한 단계에 따른 광고 전략이나 광고 콘셉트가 추출되어야 함은 물론이다.

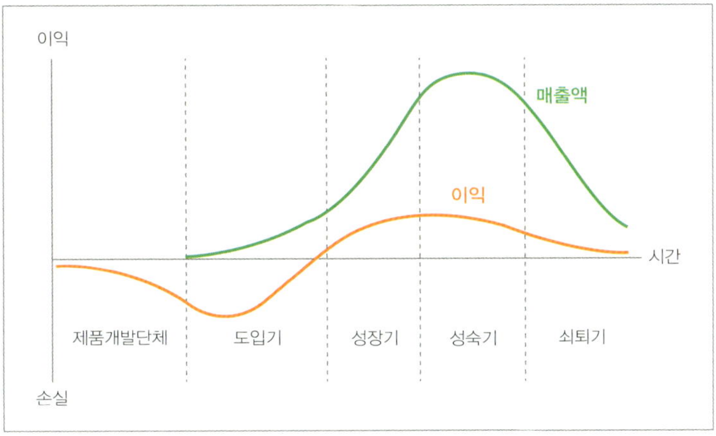

(그림 3) 제품의 라이프 사이클

(1) 도입기

시장 도입기의 광고기획은 브랜드나 제품이 처음으로 시장에 등장하면서 소비자들에게 브랜드 자체를 효과적으로 알리거나 지금까지 없었던 또는 지금보다 더욱 강화된 욕구나 만족을 제공함을 알리기 위해 창작되어진다. 종합적인 마케팅 활동에 드는 비용이 가장 많이 소요되는 단계이다. 이 단계의 전략들은 다음과 같은 내용들을 포함하고 있는 것이 일반적이다.

- 브랜드 네임 전달
- 새로운 편익 제공
- 새로운 시장 창출
- 제품의 신뢰 제공
- 제품의 타깃 지칭

(2) 성장기

제품이 시장에 무난하게 진입하게 되면 비로소 매출이 증가하고 제품의 라이프 사이클은 성장기에 접어들게 된다. 이 단계는 소비자들의 제품에 대한 수요가 증대되고 기업은 이익을 창출하기 시작하는 시기이다. 이 단계에서의 가장 큰 위기는 경쟁제품의 탄생인데, 제품 카테고리에 대한 성장 가능성에 의문을 가지고 있었던 기업들이 너도나도 동일한 제품을 가지고 시장에 진입하게 되는 시기이다. 특히, 요즘처럼 기술이 발달한 시기에는 경쟁제품과 기술적 속성에서 차별화하기 어려운 유사제품을 만들어 시장에 진출시키는 일은 그리 어려운 일이 아니다. 따라서 이 시기의 광고기획은 자사 제품이 지니고 있는 경쟁적 매력을 더욱 설득력 있는 메시지로 강력하게 표출하여 경쟁사로 이동할 가능성을 지니고 있는 소비자들을 자사 제품에 묶어두는 역할을 해야 하는 것이다. 다시 말하면, 처음 시장 도입기에 사용하였던 전략의 힘만으로는 역부족을 느끼게 되는 경우 여타의 광고 커뮤니케이션 노력과 더불어 보다 창의적인 전략을 개발하여 힘을 보탤 필요가 있다. 이 단계는 다음과 같은 내용들을 전략적인 목표로 수립할 수 있다.

• 기존의 소비자층 유지
• 경쟁적 제품속성 전달

(3) 성숙기

시장에서 경쟁이 심화되고 급기야는 수요에 비해 공급이 포화 상태에 이르게 되면 시장 성숙기에 이르렀다고 할 수 있다. 시장이 성숙기에 접어들게 되면 경쟁 제품들 간의 품질 경쟁은 물론 가격 경쟁까지 이르게 되어 제품 판매를 통한 이익 역시 점차로 감소하게 되는 과정에 이르게 되는 것이다. 이러한 경우 포화된 시장 안에서 자사 제품의 판매율을 높여 이익을 확대해야 하는 목표를 가지고 마케팅 활동을 펼치게 되는데 다음과 같은 전략적 방법을 기본으로 고려하는 것도 하나의 방법이 될 수 있을 것이다.

• 새로운 소비자층 창출
• 새로운 제품용도 창출
• 기존 고객의 사용빈도 증대
• 품질개선 고지
• 가격개선 고지

(4) 쇠퇴기

시장 성숙기를 지나 더 이상 판매 곡선이 상승하지 않는 시기가 바로 판매 쇠퇴기의 시작이라 할 수 있다. 이러한 경우 마케팅 활동은 단계적으로 축소되거나 소멸되는 경우가 대부분이다. 그러나 마케팅 활동의 축소와는 별개로 슬로건은 쇠퇴하는 브랜드 곁에서 꾸준히 자신의 역할을 수행하게 되는데 일반적으로 쇠퇴기의 커뮤니케이션 활동은 소비자들의 마음속에 잊혀져 가는 브랜드를 상기시키려는 목적을 지닌 회상광고(Remind Advertising) 형태를 보이게 된다. 슬로건도 소비자들이 제품에 대한 긍정적인 회상을 떠올리는 데 역할을 할 수 있다면 금상첨화인 것이다. 그럼에도 불구하고 쇠퇴기의 브랜드나 제품을 다시 제2의 전성기로 끌어올릴 수 있는 전략적 방법을 포기할 필요는 없다.

3) 광고분석

광고분석에는 광고비분석, 제작물분석, 매체분석 등 광고와 관련하는 전반적인 정보의 분석이 포함된다. 이를 통해 경쟁사가 어떤 매체에 어떤 크리에이티브로 얼마만큼의 물량으로 광고를 집행하고 있는지 파악이 가능하고 이를 통해 자사 광고의 전략과 전술을 수립하는 데 도움을 받을 수 있다.

(그림 4) 현대약품 마이녹실 광고(Cannes Lions 출품작)

물론, 많은 광고예산은 힘 있는 광고효과를 창출하는 데 긍정적인 역할을 하는 것은 사실이다. 그러나 적은 광고예산이 낮은 광고효과로 연결되는 계산법에는 동의할 수 없다. 최소한 창의성의 힘을 경험한 광고인으로서는 말이다. 현업에서 광고제작 팀장으로 근무하던 시절, 지금도 그렇지만 본인이 제작한 광고물이 광고상을 받는 일은 광고인으로서 즐겁고 보람있는 사건 가운데 하나다. 어느 해 여름인가? 우리 팀은 한가하지 않은 시간의 틈을 나누어 칸 국제광고제(Cannes International Advertising Festival) 출품에 도전하는 광고 크리에이티브를 준비하기 시작했다. 사실, 팀원들에게는 의무적이고 일상적으로 해야 하는 업무보다는 이처럼 공모전 준비와 같은 프로젝트가 더욱 즐겁고 능동적인 참여를 하게 되는 것은 사실이다. 당시 팀이 담당하고 있는 클라이언트의 탈모예방약을 소재로 아이데이션을 시작했고, 물심양면의 투자로 기대에 부픈 작품을 칸으로 발송했다. 물론, 칸에서 그랑프리(Grand Prix)나 골드 라이언(Gold Lion)을 들어 올리는 일은 벌어지지 않았다. 그런데 그 해 연말에 '기적의 크리스마스 선물' 같은 일이 벌어졌다. 국제광고제 출품을 위해 팀이 사비를 들여 지방의 모 주간지에 1회 게재했던 원고가 그해 대한민국광고대상 인쇄부문에 우수상을 수상하게 된 것이다. 4개의 멀티광고의 총 광고비가 단돈 200만 원이었으니, 원고당 50만 원의 광고 예산으로 대한민국 최고의 광고상인 대한민국광고제에서 수상의 영예를 거머쥔 것이다. 필자는 이 사례를 광고 예산이 적어 자칫 광고 서비스가 소홀할까 염려하는 클라이언트들께 진심이 담긴 좋은 성공사례로 이야기하곤 했다. 광고비는 광고효과에 대부분 긍정적인 영향을 미치지만, 그것이 꼭 정비례하지는 않는다는 놀라운 경험을 한 것이다.

자사나 경쟁사의 광고 제작물을 분석하는 것도 광고기획 단계에서 기본적으로 다루어져야 하는 부분이다. 특히, 광고 콘셉트나 소구 유형에 관해서는 면밀한 조사와 검토가 선행되어야 한다.

"광고는 경쟁우위 화법을 찾는 작업이다."

결국, 같은 화법과 같은 제품력으로 경쟁할 것인가? 아니면, 경쟁력 있는 다른 화법으로 제품력을 뛰어 넘을 것인가를 결정하는 일이다. 기업이나 브랜드가 광고를 통해 자사의 제품력을 뛰어넘어 상대 제품의 우위를 차지하거나 그 간격을 좁히는 것을 목적으로 한다면 우리는 광고분석을 통해 차별화되고 경쟁력 있는 전략과 광고 콘셉트를 찾아내야 한다. 이것은 그 제품의 범주에서 요구되는 일반적인 순위의 중요도를 이야기하는 것은 아니다. 우리가 컴퓨터를 구매하고자 할 때 가장 우선순위에 두는 고려요인은 무엇인가?

- 성능
- 디자인
- 가격
- 무게
- 용량
- 배터리
- A/S

그렇다고 모든 컴퓨터 제품이 '성능'을 콘셉트로 광고하는가? 이것이 우리가 상황분석을 하는 이유이고, 광고분석이 중요한 이유이다.

4) 제품분석

제품분석은 광고기획의 가장 기본이 되는 부분이다. 전통적으로 언급하는 4P(Product, Price, Place, Promotion)에서 기본은 경쟁력 있는 제품이다. 제품분석 과정을 통해 자사 제품의 경쟁력을 파악하는 일, 제품의 수명주기에 따른 전략을 세우는 일, SWAT 분석을 통해 자사 제품의 강점을 더욱 강화하고 약점을 강점화시키는 전략 등이 제품분석을 통해 이루어진다.

Product (제품)	Price (가격)
Place (유통)	Promotion (촉진)

(그림 5) 4P의 구성

하나의 제품을 제대로 파악하기 위해서는 브랜드나 제품이 가지고 있는 기본적인 정보나 스토리 외에도 제품이 지니고 있는 구체적인 특징이나 세부적인 개성들을 꼼꼼하게 정리하는 과정이 필요하다.

또한 보다 예리하고 강력한 힘을 가진 광고전략을 수립하기 위해서는 경쟁브랜드가 가지고 있는 감추어진 정보와 전략까지도 샅샅이 찾아낼 필요가 있다. 대부분의 광고는 상대적이다. 류현진의 강속구를 꼭 타율이 높은 선수들이 잘 쳐내는 것은 아니다. FIFA 랭킹 1위가 랭킹 10위의 국가를 항상 이기는 것은 아니다. 이는 스포츠의 승패는 체력과 전략 이외에도 많은 것들이 상대적으로 영향을 미치기 때문이다. 그 가운데 상대에 대한 정보를 얼마만큼 가지고 있는가는 그날의 승패를 가르는 아주 중요한 역할을 한다. 혜성처럼 나타난 신예가 누구도 예상하지 못한 상태에서 챔피언을 쓰러뜨리는 경우를 가끔 본다. 신예는 챔피언을 너무 잘 알지만 챔피언은 신예를 전혀 몰랐던 경우가 대부분이다. 이처럼 마케팅 전반에 있어 경쟁브랜드를 파악하는 일은 아무리 힘주어 강조해도 지나치지 않다. 그리고 경쟁브랜드를 파악하기 위한 노력은 그것이 선발주자이건 후발주자이건 가리지 않는다. 후발주자는 항상 선발주자의 나태한 틈을 호시탐탐 노리고 있기 때문이다.

- 경쟁슬로건의 내용
- 경쟁슬로건의 용어 및 핵심어
- 경쟁슬로건의 표현방법
- 경쟁슬로건의 지향성

상대가 무기로 삼고 있는 것이 스피드인지, 지구력인지, 아니면 강력한 펀치인지를 알고 있다면 우리는 최소한 그보다 유리한 고지를 차지할 기회를 얻는 것이다. 상대가 주먹을 내고 기다리는데 당신은 무엇을 낼 것인가?

5) 소비자 분석

광고기획에서 소비자 분석은 제품분석 못지않게 중요하다. 이는 결국 광고는 소비자에게 제품을 판매하는 도구이며, 좋은 제품이라는 것은 소비자가 필요로 하고 원하는 제품이기 때문이다. 즉, 아무리 값싸고 좋은 제품이라 하더라도 소비자가 원하지 않는 제품은 경쟁력이 없기 때문이다. 따라서 자사 제품의 소비자가 누구이며, 제품을 통해 소비자의 어떤 욕구를 만족시켜 주고자 하는지를 명확히 하고, 그들의 소비 형태를 파악하고, 광고 메시지의 수신자를 세분화(정보 수집자, 영향력 행사자, 의사 결정자, 구매자, 사용자)하는 작업은 메시지의 정확한 도착지를 파악하고 판단하는 일이다.

현대의 시장 환경 속에서 가장 중요한 것은 바로 소비자이다. 마케팅이 결국은 제품의 싸움이 아닌 인식의 싸움임을 생각할 때, 소비자의 욕구나 인식을 누가 정확하게 파악하고 적극적으로 적용시켜 나가는가가 결국은 마케팅의 성패를 가르는 역할을 하기 때문이다. 제품을 사고 안 사고는 소비자 맘이다. 아무리 좋은 제품을 만들었다 하더라도, 그 제품이 곧 소비자의 구매와 쉽게 연결될 것이라고 생각해서는 안 된다. 좋은 제품과 필요한 제품은 다르기 때문이다. 어떻게 하면 소비자들의 욕구를 정확하게 파악할 수 있을까?

(1) 사회계층 파악

가장 먼저 선행되어야 할 것은 소비자가 속해 있는 사회계층을 다양한 각도에서 파악하는 일이다. 사회계층은 그 안에 속해 있는 구성원들이 유사한 라이프 스타일과 행동패턴을 가지고 있는 비교적 영속적이고 동질적인 집단이며, 소비자가 어떤 사회계층에 속해 있느냐는 그들의 구매행동에 상당한 영향을 미친다고 볼 수 있다. 이러한 사회계층을 분류하는 기준으로는 소득과 소유물, 직업, 사교활동, 성취정도, 가치관 등을 들 수 있으며, 그 계층은 정적인 것이 아니라 개인의 노력에 따라, 시대와 그 시대의 가치관의 변화에 따라 변화하는 동적인 특성을 지니고 있다.

- 소득과 소유물: 소득과 소유물은 사회적 지위와 비교적 관련성이 높기 때문에 전통적인 구매력측정 도구로 활용되어 왔다.
  - 연봉 수준
  - 주택 및 승용차 소유여부
  - 소유 주택의 평형
  - 소유 승용차의 배기량

• 직업: 직업은 개인이 어떤 계층에 속하는지를 평가하는 중요한 기준이 되며, 사회에 따라 지위에 대한 평가가 달라진다.

– 학생 – 군인 – 선생님

– 의사 – 변호사 – 연예인

– 스포츠맨

• 사교활동: 사교활동의 종류와 수준을 통해서도 개인의 사회계층 파악이 가능하다.

– 당구를 치는가? 골프를 치는가?

– 어떤 사람들과 골프를 치는가?

– 연말 모임의 형태는 어떠한가?

– 연말 모임의 구성원은 어떠한가?

– 어떤 여가와 취미를 즐기는가?

• 성취정도: 직업 또는 사회적 위치 안에서 이루어 낸 개인의 성과나 업적 역시 개인의 사회계층을 구분하는 데 잣대가 될 수 있다.

– 학위정도 – 수상실적

– 상금랭킹 – 토익성적

– 메달리스트

• 가치관: 가치관은 동일한 집단 안에서도 그 사람을 차별화하게 만드는 기준이 되며, 특히 중요한 의사결정 과정이나 세부적인 계층의 구분이 필요할 경우에는 개인적 가치관에 대한 충분한 검토가 선행되어야 한다.

– 정치적 성향

– 종교적 신념

– 자녀 교육관

– 성별이나 인종에 대한 생각

– 개인주의적 성향과 집단주의적 성향

이처럼 다양한 각도에서의 사회계층에 대한 파악이 선행되어야 하는 이유는 계층에 따라 제품에 대한 문제인식과 평가기준이 다르고 소비행동 특성도 차이를 보이기 때문이다. 그리고 이러한 차이가 궁극적으로 소비자가 제품을 소유하고 싶어 하는 이유를 파악하는 데 도움을 주기 때문이다.

(2) 가족관계와 역할 파악

가족은 혈연, 결혼, 입양 등을 통해 구성되어진 운명공동체 집단으로 개인의 구매에 가족이 다양하게 영향을 미치며, 가정의 수명주기에 따라 가족 구성원의 구매패턴이 달라지고, 가족관계에서 발생되는 전통적인 의례와 문화의식들이 다양한 시장기회를 조성하는 역할을 한다. 특히, 가정이라는 조직단위별로 구매하고 사용하는 제품이 많다는 점에서 가족은 소비자들의 구매 욕구를 파악하는 데 중요하게 다루어야 할 부분이다.

전통적인 가족생활주기단계를 살펴보면 비교적 경제적 부담이 없고 재정상태가 양호한 독신기와 보금자리기의 구매욕구나 구매패턴이 다른 것은 당연한 사실이다. 또한 보금자리기 내에서도 6세 미만의 막내를 가진 보금자리 1기, 6세 이상의 막내를 가진 보금자리 2기, 그리고 부양자녀가 있는 장년을 가족 구성원으로 가지고 있는 보금자리 3기의 선호하는 제품과 구매량의 차이도 있을 것이다. 물론 노부부기와 고독한 생존기라 불리는 사별노인들을 위한 실버마케팅도 이제는 신경을 써야 할 부분이다.

- 독신기
- 보금자리 1기
- 보금자리 2기
- 보금자리 3기
- 노부부기
- 고독한 생존기

또한 가족의 구성원들은 구매에 있어서 일정부분 역할을 감당하게 된다. 다시 말해서 기본적인 구매욕구를 지닌 구성원과는 별개로 한 제품의 구매의사 결정과정에 있어서 정보수집자, 영향력 행사자, 의사 결정자, 구매자, 사용자 등의 역할을 나누어 행사하는 것이다.

- 정보 수집자(information gatherer)
- 영향력 행사자(influencer)
- 의사 결정자(decision maker)
- 구매자(purchaser)
- 사용자(user)

예를 들어 아파트를 구매한다고 했을 때, 아내는 정보 수집자의 역할을 하고, 남편은 의사 결정자의 역할을 한다고 볼 수 있다. 자녀들의 학교 위치와 전학여부를 고려해야 한다면 아이들이 영향력 행사자가 될 수 있고, 사용자는 온 가족이 된다.

또한 한 명이 구매해서 여러 명이 소비하는 제품이 있는 반면, 여러 명이 구매해서 한 명이 소비하는 제품도 있다. 치약이나 휴지, 라면이나 반찬과 같은 경우는 일반적으로 주부가 구입하여 온 가족이 소비하는 전자의 경우이고, 신생아 용품 같은 경우가 여러 명이 구매해서 한 사람이 소비하는 후자의 경우이다.

이처럼 가족구매활동의 특징은 가족 구성원이 공동으로 구매활동에 참여한다는 것이며, 구매결과에 따르는 리스크가 큰 제품일수록 구성원들 간의 의사결정 참여도가 높아진다.

(3) 문화적 환경과 이슈

문화는 '한 사회의 인간행동을 규정짓는 규범과 양식의 총체적 체계'라고 할 수 있다. 따라서 소비자의 욕구와 행동을 파악하고 예측하려면 그 소비자가 속한 문화적 특징을 파악하는 일이 중요하다.

문화를 구성하는 요소는 물질적 요소와 사회적 기관, 언어 및 은어, 가치와 신념, 관습과 의례, 심미적 요소와 같은 것들이 있을 수 있다. 물질적 요소는 전화기나 자동차처럼 기술의 발달에 따라 생활의 편리성을 더해 주는 요소들을 말하며, 사회적 기관은 교회나 절, 학교, 극장, 문화센터 등 인간의 사회생활과 직간접적으로 관계를 맺고 있는 사회적 기관이다. 언어와 은어는 그 사회집단의 생활유형을 가늠하게 하는 좋은 지표가 되는데, 특히 은어와 같은 경우는 그 언어의 사전적 의미 이외에 그 집단에서 이해되는 은밀하고 독특한 의미를 내포하기 때문에 더욱 깊은 소속감을 부여한다. 그 집단의 사회적 분위기를 지배하는 핵심적 가치와 신념이 무엇인가에 따라 구성원의 구매행동이 달라지며, 그 구성원들이 반복적으로 치르게 되는 다양한 관습과 의례들 역시 많은 재화와 서비스를 소비하게 한다.

- 물질적 요소
- 사회적 기관
- 언어와 은어
- 가치와 신념
- 관습과 의례
- 심미적 요소

이렇듯 다양한 문화적 환경들이 소비자들의 라이프스타일과 필요에 의해 이슈화되면 이른바 에코마케팅, 실버마케팅, 입시마케팅, 귀성마케팅, 다문화마케팅 등의 이름으로 또 하나의 세분화된 시장을 형성하게 되는 것이다. 그리고 소비자분석은 단순히 소비자들의 욕구를 찾아내어 만족시키는 소극적인 역할보다는 소비자 자신도 몰랐던 욕구를 창출하고 이를 만족시키기 위한 적극적인 전략 수립에 도움을 주는 광고기획이 필요하다.

2) 포지셔닝

포지셔닝(Positioning)은 1972년 미국의 한 광고회사 간부인 알리스(Al Ries)와 잭 트라우트(Jack Trout)가 개발한 광고전략이다. 포지셔닝을 위의 제품분석이나 소비자분석에 포함하지 않고 광고기획과 전략에서 별도의 단락으로 정리하는 것은 그만큼 창의적인 전략 개발을 위해 중요하고 어려운 전략 가운데 하나임을 강조하기 위함이다. 포지셔닝 전략이란 제품과 다른 차별요소를 목표 고객의 머리속에 인식시키기 위한 마케팅 활동을 말하는 것으로 자사 제품이 경쟁제품과는 다른 차별적인 특징을 갖도록 하여 표적시장에서 소비자 욕구를 보다 더 충족시킬 수 있음을 소비자 인식 속에 위치시키는 것이다. 이러한 포지셔닝의 필요성은 오늘날과 같은 다매체, 과정보, 제품 간 기능적 차별화의 어려움 등으로 인해 자사제품의 차별적 이미지를 소비자 인식 속에 뚜렷하게 위치시키는 일이 어려워지고 있는 시장 환경에서는 더욱 절실하다고 할 수 있다. 사실, 광고기획에서 실시되는 많은 전략과 전술 가운데 포지셔닝만큼 창의성이 요구되고, 다양한 결과가 도출되는 이론도 드물 것이다. 따라서, 포지셔닝은 일차적으로는 4분면이 향하는 지향점을 무엇을 기준으로 설정하는가가 전략의 성패를 가름한다고 볼 수 있으며, 이차적으로는 각 기준에 해당하는 면 가운데 자사의 제품이 위치하고자하는 전략점(strategy point)을 선택하는 것이 매우 중요한 포인트이다.

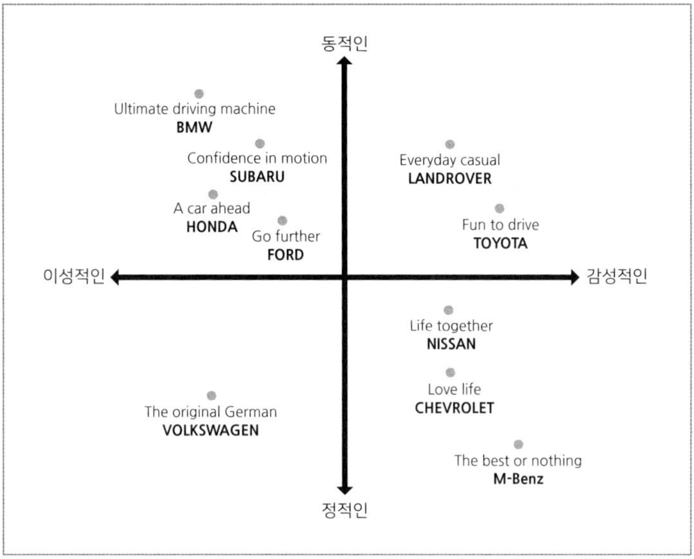

(그림 6) 포지셔닝 맵(Positioning Map) 사례

(1) 포지셔닝 수립 절차

제품의 포지셔닝은 기업이 목표로 하는 소비자의 마음속에 가장 가깝게 접근하기 위한 일련의 노력으로 다음과 같은 순서와 절차에 의해 개발이 진행되는 것이 일반적이다.

① 소비자 분석

마케팅의 시작은 인식이고 시장은 소비자 안에 있다. 따라서 포지셔닝 전략의 개발 역시 소비자를 분석하는 일에서부터 시작된다. 즉, 해당 브랜드나 제품에 대한 소비자들의 욕구를 파악하는 일, 기존 제품들에 대한 소비자들의 불만족 사항과 그 원인을 파악하는 일이 포지셔닝 전략을 수립하는 첫 단계다.

② 경쟁자 분석

자사 제품의 소비자 분석이 마무리되면 경쟁자나 경쟁제품에 대한 구체적인 파악이 필요하다. 이때 중요한 것은 자사 제품의 경쟁 브랜드나 제품을 무엇으로 할 것인가를 결정하는 일이다. 이는 목표 시장을 어디로 설정할 것인가에 따라 달라질 수 있다.

③ 경쟁 포지션 분석

경쟁자 분석이 마무리된 후 해야 할 일은 소비자의 인식 속에서 경쟁 브랜드나 제품이 어떻게 평가받고 있는지를 정확하게 파악하는 일이다. 즉, 제품에 대한 속성 및 경쟁 제품에 대한 소비자들의 지각도를 파악하고 이를 분석하는 일인데 주로 MDS(Multi-Dimensional Scaling)가 분석에 사용된다.

④ 자사 포지션 개발 및 정립

이렇게 소비자 분석과 경쟁자 분석이 마무리되면 본격적으로 자사 제품의 포지션을 개발하고 정립하는 단계에 이른다. 이는 앞서 분석한 경쟁제품에 비해 자사 제품이 소비자의 욕구를 더 잘 충족시켜줄 수 있는 가장 효과적인 위치를 파악하고 선정하는 것이 핵심이다.

⑤ 자사 포지셔닝 확인 및 리포지셔닝

시장과 소비자에 대한 전문적인 조사를 통해 자사 제품의 포지셔닝이 목표를 달성하고 있는지, 또는 시장환경이나 소비자환경의 변화에 따라 소비자 욕구가 변화하지는 않았는지를 파악하여 필요한 경우 목표 포지션을 재설정하여 리포지셔닝을 실시한다.

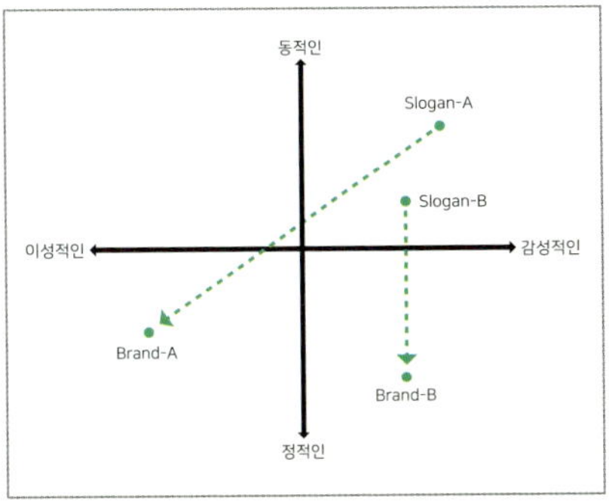

(그림 7) 슬로건 리포지셔닝

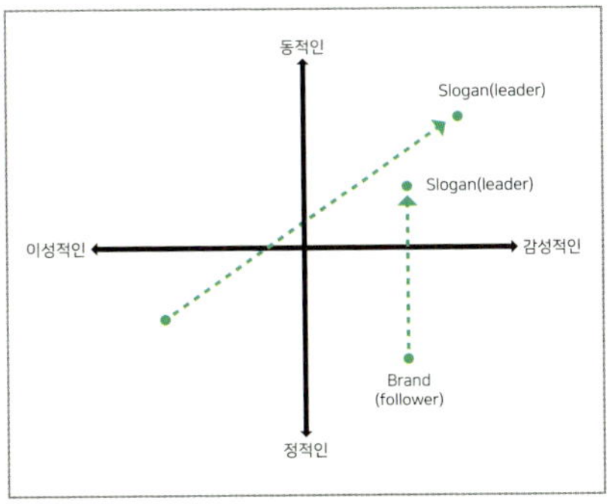

(그림 8) 브랜드 리포지셔닝

포지셔닝 전략은 단기적인 포지셔닝 전략과 장기적인 포지셔닝 전략으로 구분된다. 단기적으로 주어진 경쟁상황 속에서 처음 의도한 대로 포지셔닝이 되었어도 시간의 흐름과 경쟁환경의 변화에 따라 당초 포지셔닝이 적절치 않을 수도 있다. 이 경우 제품의 처음 포지션을 다시 설정해야 하는데 이것을 리포지셔닝 전략이라 한다.

(2) 포지셔닝 전략의 유형

브랜드나 제품의 포지션을 설정하기 위한 전략은 다양한 각도에서 검토와 고민이 필요하다. 물론 대전제는 경쟁대비 우위적 인식을 차지하기 위함이고, 이를 위해서 자사 제품의 속성, 사용자의 구분과 사용상황, 경쟁제품의 활용 등의 방법이 있을 수 있다.

① 제품 속성에 의한 포지셔닝

제품 속성은 포지셔닝에서 가장 일반적으로 활용되는 전략의 유형으로 제품이 가지고 있는 기능적 편익이나 속성, 또는 가격 등을 경쟁제품과 차별화하여 소비자에게 인식시키기 위한 방법이다.

- 안전한 차
- 線이 매혹적인 구두패션
- 세계적인 중저가 장난감
- 충치예방치약
- 편안한 정장구두

② 제품 사용자에 의한 포지셔닝

제품의 포지셔닝을 성별, 연령, 국적, 지역구분 또는 또래집단 등 그 제품을 사용하는 사용자에 의해 구분하는 것이다. 이러한 유형의 포지셔닝 전략은 집단 내의 소속감을 고취시키거나 집단 간의 상대적 우월감을 자극하는 효과가 있다.

- 10대를 위한 화장품
- 그녀는 프로다. 프로는 아름답다
- 남자들은 참아줘요
- 임산부용 전문 신발
- 활동파 비즈니스맨을 위한 소프트슈즈

③ 제품의 용도나 사용 상황에 의한 포지셔닝

그 제품이 사용되는 용도나 상황 등에 의한 포지셔닝 전략을 말한다.

지금까지 소비자들이 인식하지 못했던 새로운 용도의 제품으로 포지셔닝하거나, 특정한 시즌을 위한 제품, 또는 특정한 시간대나 상황에 자사제품의 이미지가 떠오르게 하기 위함이다. 이는 자사제품이 지니고 있는 기회요인을 적극적으로 활용하는 경우가 대부분이지만, 때로는 본래의 용도 이외의 새로운 용도로 포지셔닝함으로써 감소되고 있는 매출을 올려 보려는 위기극복의 일환으로 활용되기도 한다.

- 12시에 만나요 부라보콘
- 밥 말아 먹을 때 맛있는 라면
- 자기 전에 씹는 껌
- 추석선물은 금강제화 상품권
- 화장을 잘 지우는 포인트

④ 경쟁제품에 의한 포지셔닝

소비자가 이미 머릿속에서 인식하고 있는 경쟁제품과 자사제품을 비교함으로써 포지셔닝하는 방법이다. 시장 내에서 경쟁제품이 확고한 이미지를 구축하고 있고, 특히 자사 제품이 시장에 초기 진입하는 제품이라면 경쟁제품의 포지셔닝을 아전인수로 활용하여 쉽게 포지셔닝할 수 있다.

- 라면이 아니라 뉴면입니다
- 세계에서 가장 유명한 4명의 디자이너는 R.L, P.E, C.K, T.H이다
- 우리는 2등에 불과합니다

⑤ 새로운 제품범주나 의제설정에 의한 포지셔닝

다른 제품들과의 차별적 경쟁력을 갖기 위해서는 크게 두 가지 방법을 고려할 수가 있다. 첫 번째는 새로운 범주의 제품을 개발하여 생산하는 것이고, 두 번째는 이미 생산된 제품에 새로운 범주의 이미지를 장착하는 것이다. 뿐만 아니라 소비자들을 유혹할 만한 새로운 의제(agenda)를 설정하여 상대 브랜드의 막강한 브랜드 파워를 흔드는 방법을 선택할 수도 있다. 방법이 무엇이건 간에 목적은 기존의 제품들과는 전혀 다른 별개의 제품 범주로 자사 제품을 포지셔닝시키는 데 있다.

- 100% 천연 암반수
- 마시는 비타민 C
- 열공이 아니라 올공하자!
- 자기 전에 씹는 껌
- 진심이 짓는다

2. 기본전략

1) JWT의 T-Plan

JWT(J. Walter Thompson)가 수년에 걸쳐 개발한 대표적인 광고기획 전략이 바로 'T-Plan'이다. JWT의 T-Plan은 다음과 같은 점에 바탕을 두고 개발되었다.

- 인간이 자극을 받아들이고, 소화하고, 반응하는 방법은 어떤 것이 있을까?

• 가장 새롭고 생산적인 아이디어를 탄생시키기 위해서 사람들은 어떻게 협력해야 할까?

위의 두 가지에 주목하여 얻어 낸 결과가 T-Plan이고, 이 전략은 광고의 기획과 크리에이티브 아이디어를 평가하는 데 기준점을 제시해 왔다.

(1) T-Plan이란 무엇인가?

T-Plan은 일종의 광고 전략 설명서다. 구체적으로 말하면 표적 집단(target group)과 표적 반응(target reactions)과 표적 신념(target beliefs)과 표적 감정(target feelings)에 관한 부분이다.

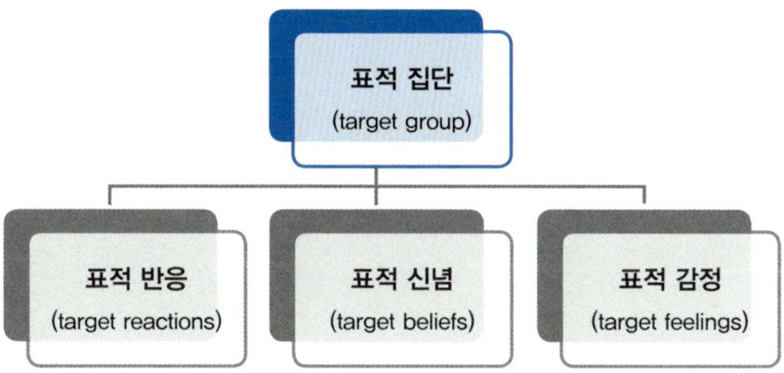

(그림 9) 티-플랜(T-Plan) 기본형태

① 표적 집단(target group)

어떤 목표 소비자를 선택할 것인가에 대한 전략이다. 특정 유형의 브랜드를 보다 많이 구매 또는 사용하거나, 주어진 자극에 빠르게 또는 강하게 반응하거나, 장기적으로 마케팅 투자가치가 높다고 판단되는 소비자들을 선택하는 일이다. 광고가 정확하게 목표로 하는 집단에게만 노출되는 것도 아니고, 반드시 그 집단만을 대상으로 해야 하는 것은 아니지만, 전략을 통해 사전에 광고가 도달하고자 하는 표적 집단을 명확히 한다는 것은 크리에이티브 전달력을 배가시키고 최종적으로 광고효과에 지대한 영향을 미친다.

② 표적 반응(target reactions)

표적 반응은 광고 브랜드에 대해 소비자가 즉각 알아차려 주기를 원하는 그 무엇이다. 이는 자사의 브랜드를 다른 브랜드와 구별 짓게 하고, 소비자들에게 구매욕구를 자극하는 물리적 속성이다. 그것은 제품의 모양이나 맛 · 무게 · 가격 등의 기능적 가치일 수도 있고, 때로는 브랜드의 디자인 자체가 소비자로 하여금 그 브랜드를 즉각적으로 알아차리게 만드는 힘을 발휘하기도 한다.

③ 표적 신념(target beliefs)

표적 신념이란 소비자들의 이성을 통해 얻어내는 바람직한 반응이다. 이는 그 브랜드가 어떤 브랜드인가에 대한 광고기획자의 의견을 소비자 자신의 견해로 수용하는 것을 말한다. 이런 브랜드에 대한 신념은 브랜드 그 자체, 또는 제품의 사용 경험에 의해 좌우된다.

④ 표적 감정(target feelings)

표적 감정은 소비자들의 감성을 통해 얻어내고자 하는 바람직한 반응이다. 이것은 다른 사람에게 쉽게 설명할 수 없는 자신만이 느낌이나 감정으로 이 감정은 제품을 구매하게 하는 사실상의 이유인 경우가 많다. 이러한 표적 감정은 브랜드 개성과 크리에이티브의 분위기를 결정하는데 도움을 준다.

(2) T-Plan은 언제 쓰이는가?

우리가 만들고자 하는 광고물의 모든 요소는 T-Plan이 요구하는 일련의 반응들을 충족시킬 수 있어야 한다. 따라서 T-Plan은 항상 광고 기획자의 가방에 들어 있어야 한다. 표적 집단의 박스 안에는 표적 집단이 사용하는 제품의 유형, 사용하는 방법, 사용하는 브랜드, 브랜드 충성도, 그들만의 독특한 욕구 등이 포함되어야 한다. 표적 반응은 소비자가 즉각적으로 알아챌 수 있는 물리적 특징을 다루고, 표적 신념에서는 내재되어 있는 원료나 구성이 무엇인지를 언급한다. 마지막으로 표적 감정은 브랜드의 특징적 성격, 사용 만족도, 브랜드에서 연상되는 인물이나 어조, 구매 시의 감정 분위기 등을 상세하게 언급한다.

(3) T-Plan을 활용 가능한 전략

① 기초조사

T-Plan의 구성형식은 기획 단계부터 지침의 역할을 한다. 특히, 광고 기획의 출발점이라고 할 수 있는 조사를 진행하고 그 결과를 구성하는데 도움을 준다.

② 제품전략

광고 기획자는 시장에서의 위치가 분명하지 않은 제품에 대한 광고를 의뢰 받거나, 어떤 특정한 시장을 목표로 한 제품을 기획해 달라는 의뢰를 받는 경우가 있다. 이 경우 T-Plan이 기획자의 의견을 분명히 해 주고, 광고주에게 설득력 있는 전략을 제안하는 데 역할을 한다.

③ 매체기획

매체기획의 주된 문제는 표적 집단에 대한 광고 노출의 최적 범위(coverage)와 빈도(frequency)이다. 표적 집단이 인구통계학적으로 구분되지 않고 제품의 사용 유형별로 구분되었을 때 문제는 어려워지는데, T-Plan은 표적 반응을 일으키는 데, 표적 집단에게 브랜드 특징을 가장 효율적으로 전달하는 데, 브랜드에 대한 신뢰와 표적 감정을 전달하는 데 어떤 매체가 가장 도움이 되는가를 판단하게 해 준다.

2) Saatchi & Saatchi의 The Brief

브리프(Brief)는 광고기획자가 작성하는 광고전략의 양식이며, 크리에이터나 광고주에게 오리엔테이션이나 프레젠테이션하기 위한 하나의 '요약된 지침서'이다. 광고 AE가 하는 업무 가운데 가장 중요한 일이 광고전략을 수립하고 광고기획서를 작성하는 일인데, 브리프는 두꺼운 광고기획서의 내용을 단 한 장의 양식으로 요약하여 정리하고 전달해야 하기 때문에 브리프를 효과적으로 작성하기 위해서는 고도의 기술과 경험이 요구되는 작업이다.

(1) 브리프 작성 과정

광고주가 광고대행사에 자사의 광고 캠페인을 의뢰하는 경우 가장 먼저 광고할 브랜드나 제품에 대한 오리엔테이션(orientation)을 실시한다. 이때 광고대행사의 AE는 필히 참석하여 설명을 듣고, 회의를 통해 대행사 내부의 파트너들에게 내부 오리엔테이션을 하기 위한 브리프 작성을 준비해야 한다. 내부적인 회의를 거쳐 작성된 브리프는 광고주의 담당자 컴펌을 받은 후 이견이 없는 상태에서 내부 회의를 진행하는 것이 좋다. 기본적인 브리프 작성의 진행과정은 아래와 같다.

① 광고주 오리엔테이션
② 소비자 입장과 광고주 입장에서 정리
③ 초안 작성
④ 해당 팀과 회의(매체, 제작팀 등)
⑤ 1차 브리프 완성
⑥ 광고주와 협의 및 컴펌(수정 보완)
⑦ 최종 브리프 완성

(2) 브리프 작성 접근법

① 객관적으로 작성하라

브리프 작성은 광고기획자의 주관적 의견이 아닌, 광고주에게 오리엔테이션받은 결과를 소비자와 광고주 사이의 균형 잡힌 입장에서 사실 중심으로 객관적으로 작성되어야 한다. 물론, 키워드나 광고 콘셉트를 제안하는 부분에 있어서는 기획자가 생각하는 전략의 방향을 명확하게 전달할 필요가 있으나, 이 역시도 주관적인 사고가 아닌 사실과 증거에서 비롯된 논리의 결과이어야 한다.

② 비판적으로 작성하라

올바른 광고 기획은 비판적 시각에서 작성되는 경우가 많다. 광고주가 오리엔테이션한 내용을 무조건 100% 브리프에 반영할 필요는 없다. 때로는 광고주도 자사의 브랜드에 매몰되어 객관적인 판단을 하지 못하는 경우도 있을 수 있기 때문이다. 따라서 기획자는 광고주에게 전달받은 사실들을 다시 한 번 검토하고 점검하는 과정을 거쳐야 한다. 때로는 과거에 성공했거나 실패했던 실적도 처음부터 다시 살펴 볼 필요가 있다.

③ 분석적으로 작성하라

브리프에 제시되는 내용들은 다각적인 분석을 거친 자료이어야 함은 두말할 필요가 없다. 이를 위해서 많은 사전조사가 필수적이다. 자사 제품의 분석뿐 아니라, 거시적 미시적 시장 환경이나 경쟁사 제품에 대한 분석도 선행되어야 한다. 또한 치밀한 소비자분석을 거친 브리프가 더욱 경쟁력이 있다는 것은 당연한 일이다.

④ 창의적으로 작성하라

브리프에 사용되는 모든 데이터는 사실에 근거한 것이고, 이를 기반으로 브리프가 작성되었기 때문에 브리프의 내용은 명확하고 정확해야 한다. 모호하거나 의심이 갈 만한 내용으로 정리된 브리프는 진행과정에서 많은 혼선과 오류를 유발하기 때문이다. 그렇다고 해서 브리프 작성에 창의성이 배제되어야 한다는 말은 아니다. 명확하면서도 창의적인 접근을 하는 브리프는 더욱 창의적인 광고제작물을 만드는 데 큰 역할을 한다,

(3) 브리프 작성방법

성공하는 캠페인의 대부분은 잘 작성된 브리프에서 시작된다. 단발적인 광고물을 제작하는 경우는 물론이고, 장기적인 캠페인을 앞둔 상황

이라면 더욱 그렇다. 100쪽 이상의 기획서를 작성하는 일보다 1쪽짜리 브리프를 작성하는 일이 더 힘든 일이라는 것을 우리는 잘 안다.

① Background

시장상황, 소비자상황, 경쟁상황, 슬로건 기획의도 등 광고 제작에 필요한 광고주 및 광고 제품과 관련한 상황에 대하여 빠짐없이 기술하라.

② Brand(Product) Description

모든 광고의 기본은 제품에 대한 연구에서 시작한다. 제작하고자 하는 브랜드나 제품에 대한 기능적 속성, 콘셉트, 유통, 역사 속에서 시장을 움직일 만한 차별화된 포인트가 무엇인지를 찾아내어 기술하라.

③ Problem & Opportunity

광고의 전략이나 표현이 그렇듯이 슬로건 역시 브랜드나 제품이 가지고 있는 기회 요인은 물론 문제점에서도 좋은 탈출구를 찾을 수 있다. 브랜드나 제품이 가지고 있는 문제점과 기회를 경쟁적 관점에서 냉정하게 판단하여 기술하라.

④ Campaign Object

광고를 통해 달성하고자 하는 구체적인 목표를 설정하라. 그 목표는 실현 가능한 것이어야 하며, 가능한 한 해석의 오해가 없도록 명확하게 기술하는 것이 중요하다.

⑤ Campaign Target

광고의 타깃을 설정하는 일은 매우 중요하다. 광고를 통해 메시지를 전달하고자 하는 핵심 타깃을 최소한 좁혀 설정하고, 그들의 인구통계학적 및 심리적 특성을 가능한 한 자세하게 기술하라. 슬로건은 다른 카피 요소에 비해 비교적 폭넓은 대상을 상대로 하는 커뮤니케이션일 경우가 많지만 그럼에도 불구하고 나름의 타깃을 설정하는 일은 의미있다.

⑥ Creative Concept

위의 내용들을 종합적으로 참고하고 분석하여 광고 목표를 달성하기 위한 핵심 메시지가 무엇인지를 '짧은 한 문장'으로 명확하고 간략하게 기술하라.

⑦ Support & Reward

우리가 만든 광고가 소비자에게 노출되었을 때 제공되는 혜택과 보상은 무엇인가? 광고를 통해 브랜드나 제품이 줄 수 있는 혜택과 보상을 구체적이고 매력적으로 기술하라.

⑧ Desire Action

당신은 소비자가 광고를 접했을 때 어떤 반응과 행동을 상상하는가? 당신이 기대하는 그 모습이 구체적이고 생생할수록 좋은 광고가 탄생할 가능성은 점점 더 높아진다.

⑨ Brand Personality

어떤 스타일과 분위기의 광고가 광고목표를 달성하는 데 효과적인가? 또 이번 광고를 통해 표현하고자 하는 Tone & Mood는 어떠한지를 고민하여 기술하라.

⑩ Requirement

광고를 제작할 때 크리에이터가 꼭 엄수해야 하는 필수 사항을 체크하여 기술하라.

⑪ Timing

제작일정 또는 집행일정을 기록하고 협의된 일정에 문제가 없도록 진행한다.

⑫ why?

위의 ①~⑪까지의 모든 항목에 대한 근원적인 궁금증을 가지고 이에 대한 명확한 해답을 찾아 이해한다.

이제, 성공적인 광고 캠페인을 제작하는 데 브리프(Brief)가 얼마나 중요한 역할을 하는지는 충분히 언급하였다. 이를 위해 앞서 제시한 브리프가 체계적이고 전략적인 접근을 하는 데 역할을 할 것으로 기대한다.

Creative Brief

• Client: • Brand or Product: • Planning Team: • Creative Team: • Date:
① **Background**
② **Brand(Product) Description**
③ **Problem & Opportunity**
④ **Campaign Object**
⑤ **Campaign Target**
⑥ **Creative Concept**
⑦ **Support & Reward**
⑧ **Desire Action**
⑨ **Brand Personality**
⑩ **Requirement**
⑪ **Timing**
⑫ **Why? (①~⑪)**

3) FCB의 Grid Model

FCB(Foots, Cone & Belding)는 미국 시카고에 본사를 둔 다국적 광고회사다. FCB의 그리드(Grid) 모델은 1980년 초에 발표되어 세계 각국의 광고인들로부터 많은 관심을 받아 온 광고 전략 모델이다.

(1) 그리드(Grid)의 정의

FCB의 Grid Model은 소비자가 특정한 제품이나 서비스를 구매하는데 어떤 의사결정 과정을 거치는가를 중점적으로 연구한 전략이다. 즉, 소비자의 마음을 4개의 공간으로 나누고, 각각의 공간에 제품을 위치시키는 것이다. 그리고 각 공간에 위치한 제품군들을 구매하기까지 소비자들이 어떤 심리 및 태도의 단계를 거치는지를 이론화하여 광고 메시지 전략에 활용하는 것이다.

(2) 그리드(Grid) 모델의 개요

그리드(Grid) 모델은 허버트 크루그만(Herbet Krugman)의 '관여이론'에 '두뇌분할이론'을 결합시켜 만든 광고 전략이론이다. 그리드(Grid) 모델은 두 가지의 중점적 개념을 가지고 있는데, 하나는 인간의 이성과 감성을 연결해서 다루고 있다는 점과 제품을 구매하는 데 있어서 소비자가 인지하고 관여하는 수준의 차이에 주목하고 있다는 것이다. 이 두 가지의 개념을 적용하여 소비자의 마음의 공간을 구분하여 보면 아래와 같은 그리드(Grid) 모델 공간이 형성된다.

그리드(Grid) 모델을 구성하고 있는 네 공간은 어떤 의미를 가지고 있는가? 각 상한에 위치한 제품들은 관여도의 정도와 이성 또는 감성의 구분에 따라 전달하는 정보의 내용과 방법이 달라져야 한다는 것이 핵심이다.

① 제1상한: 고관여/이성(제품)

제1상한에 속하는 제품들은 '고관여/이성'제품들이다. 대부분 소비자들이 구매를 결정하기까지 장시간 깊이 생각하고, 감성적인 충동보다는 매우 분석적이고 이성적인 사고를 경험한 후에 구매 행동을 하는 제품들이다. 일반적으로 자동차, 집, 가구, 컴퓨터 등이 이 제품군에 속한다. 제1상한에 속하는 제품군의 구매의사 결정은 '인지(learn) → 느낌(feel) → 구매(do)'의 과정을 거치기 때문에 '기능적 정보'를 논리적으로 전달하는 광고 메시지가 효과적이다.

② 제2상한: 고관여/감성(제품)

제2상한에 속하는 제품들은 '고관여/감성'제품들이다. 구매결정을 위한 관여도는 높지만 제품에 대한 정보보다는 전체적인 느낌이나 개인적인 자부심 등이 중요한 역할을 한다. 일반적으로 고가의 보석 제품이나 의류 등의 패션제품이 여기에 속한다. 또한 전통적으로 오토바이와 같은 제품이 대표적인 고관여/감성제품에 속한다고 볼 수 있다. 제2상한에 속하는 제품군의 구매의사 결정은 '느낌(feel) → 인지(learn) → 구매(do)'의 과정을 거치기 때문에 고급스러운 인쇄 매체의 큰 지면이나 이미지 중심의 TV 광고가 적절한 매체이다. 또한 표현 방법에 있어서도 소비자들의 정서나 자부심을 고도로 부각시키는 기법이 유효하다.

③ 제3상한: 저관여/이성(제품)

제3상한에 속하는 제품들은 '저관여/이성'제품들이다. 구매결정에 있어서 사고의 관여는 비교적 낮고, 경험이나 습관 등에 의해 나름대로 인정하는 몇 개의 제품들을 바꾸어가며 구매하는 형태를 보인다. 포장된 식품이나 일상용품들이 여기에 해당된다. 제3상한에 속하는 제품군의 구매과정은 '구매(do)→인지(learn)→느낌(feel)'의 과정을 거치므로 별다른 차이가 없어 보이는 카피보다는 쿠폰이나 샘플 증정 등이 효과적이고 제품에 대한 기억에 자극을 주는 메시지가 구매에 도움을 준다.

④ 제4상한: 저관여/감성(제품)

제4상한에 속하는 제품들은 '저관여/감성'제품들이다. 이는 전적으로 개인적 취향을 만족시키는 담배, 술, 음료, 껌, 사탕 등의 제품군들이며, 구매로 즉각적인 만족을 얻기 위한 제품들이다. 제품 구매에 대한 합리적인 이유가 없고, 있다고 하더라도 오래가지 않는다. 크리에이티브 역시 판매 현장에서 주의를 끌어 주거나 흥미를 유발하는 형태가 효과적이다. 제4상한에 속하는 제품군의 구매과정은 구매(do)→느낌(feel)→인지(learn)이다.

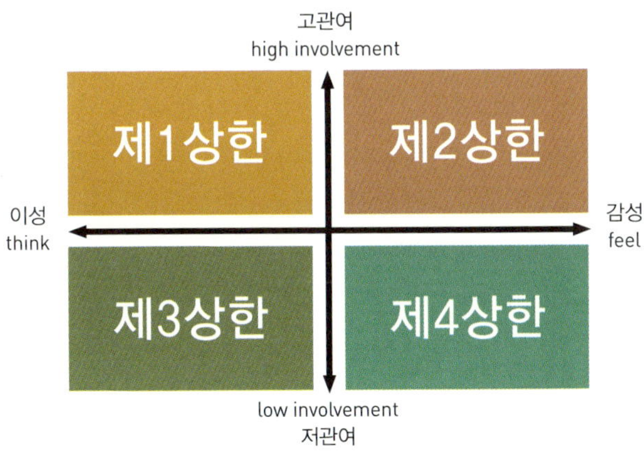

(그림 10) FCB 그리드(Grid) 모델

4) DDB Needham의 R.O.I

1980년대 윌리엄 웰즈(William Wells)에 의해 처음 개발된 R.O.I는 시대의 변화에 대한 인식을 바탕으로 시작되었다는 점에서 기존의 다른 광고전략 시스템과는 차이가 있다. 물론, 그 후로 광고는 1990년대와 2000년대 그리고 2010년대에 들어서면서 소비자와 매체는 더욱 세분화되어 그 궁합에 맞는 광고 메시지 전략을 구성하고, 그 전략을 바탕으로 크리에이티브를 창조한다는 것은 더욱 어려운 일이 되었다. 그럼에도 불구하고 R.O.I 전략이 지금까지 그 가치를 이어오고 있는 것은 전략의 유연성과 포용성을 반증하는 부분이라 하겠다.

이렇듯 시대를 뛰어넘을 만한 탄탄한 전략적 터전을 소유하고 있는 R.O.I 전략이 좋은 슬로건을 창조하는 데 일말의 가이드라인을 제공해 줄 수는 없을까? 대답은 당연히 'Why Not?'이다. R.O.I는 지금까지 세계의 많은 광고인들이 빅 아이디어를 창조하는 데 탄탄한 전략적 뒷받침이 되어 왔던 것처럼, 훌륭한 슬로건을 구상하고 창조해 내는 데 있어서도 명확하고 전략적인 틀을 제공할 수 있으리라 확신하며, 이에 관하여 몇 가지 적용의 노력을 해 보고자 한다.

R.O.I는 20세기 말 복잡한 세계 시장 환경 속에서 성공하기 위한 필수 요소를 '적합성(Relevance)', '독창성(Originality)', '영향력(Impact)'의 세 가지로 보고 그 이니셜을 따서 명명한 광고전략이다.

① 적합한(Relevance)
② 독창적인(Originality)
③ 영향력(Impact)

(1) 적합성(Relevance)

광고는 해당의 기업이나 브랜드, 또는 제품이 달성하고자 하는 마케팅 목표에 완벽하게 부합하여야 함은 물론, 기업의 입장에서보다는 고객 한 사람 한 사람의 관점과 필요에 합당하며, 치열한 경쟁적 상황 속에서도 적절하고 적합한 가치를 지니고 있어야 한다.

① 마케팅 목적에 적합해야 한다

효과적인 광고 캠페인은 기업이나 제품이 추구하고자 하는 마케팅 목적에 부합되는 것이어야 한다. 즉, 잘 만들어진 광고는 기업의 철학이나 비전과 큰 틀에서 맥락을 같이 하여야 하며, 제품이 다양한 광고 캠페인을 통해 소비자에게 전달하고자 하는 일련의 메시지들과도 일맥상통해야 하는 것이다. 그럼으로 해서 궁극적으로 기업이 달성하고자 하는 마케팅 목적을 이루어내는 데 적극적인 역할을 담당해야 하는 것이다.

- 라면이 아니라 뉴면입니다–뉴면
- 명심을 기억하십시오–명심
- 샘플만 써 봐도 아는 화장품–참존
- 양말도 옷이다–SOCK STOP
- 정수기, 바꿀 땐 제대로–wells
- 패션의 시작입니다–빅맨
- 화장을 잘 지우는 포인트–POINT

② 소비자 욕구에 적합해야 한다

아무리 좋은 제품을 개발하여 시장에 내 놓는다 해도 그 제품이 빠르고 다양하고 세분화되어 변화하고 있는 소비자들의 필요와 욕구에 부합하는 제품이 아니라면 그 노력은 무용지물에 불과하다. 다시 말하면 좋은 제품을 판단하는 기준이란 '생산자(기업)의 몫'이 아니라, 다분히 '소비자(고객)의 몫'이라는 것을 잊지 말아야 한다. 기업의 자랑만을 늘어놓는 광고에 관심을 기울여 주는 소비자는 없을 것이다. 소비자가 원하고 기다려 온 소식만을 받아들이기에도 넘쳐나는 정보에 몸을 가눌 수 없을 정도이기 때문이다. 이는 아주 쉬운 일 같지만 참으로 많은 광고주나 카피라이터들이 안타깝게도 쉽게 간과하고 있는 부분이다. 소비자가 원하는 말이 무엇인지를 먼저 생각하라. 그리고 그것을 제품과 연관시켜라.

- 3달 만에 7kg 이상을 목표로–누트리쿠키
- 7~8분이면 염색되는–세븐에이트
- 구김으로부터의 자유–wrinkle free
- 깔끔한 숙녀들의 깔끔한 맛–밥알없는 정식혜
- 입 냄새 싹–후라보노
- 키도 크고 몸도 튼튼–레모나 키튼
- 폼 나는 새치염색–비겐크림폼

③ 경쟁적 상황에 적합해야 한다

지금 이 시간에도 수많은 제품들이 시장에서 아우성을 치며 경쟁에서 살아남으려고 노력하고 있다. 이는 무난한 광고 크리에이티브에 만족해서는 어쩌면 '직무태만'의 질책을 면하기 어렵다는 이야기와 다르지 않다. 최근 한 달 동안 당신이 보거나 들었던 광고 가운데 지금 당신의 아이디어가 단연 Top10 안에 들어야 한다.

- 80% 절전되는 전구–롱세이브
- 가격은 100만 원대 품질은 300만 원대–진도모피
- 닦지 말고 씻자–웅진룰루비데
- 단 하루라도 높은 이자–대구투자금융
- 독일에서 온 종합상처치료제–티로서겔

- 명문학군 프리미엄 1번지–일산자이
- 엉키지 않는–매직세탁기뉴봉
- 헌트 合理主義–헌트

광고 전략이 이러한 적합성(Relevance)의 차원에서 충분하게 검토되어 탄생된다면 최소한 성공 캠페인이 갖추어야 할 덕목의 기본적인 자격을 갖춘 것으로 판단할 수 있다. 다시 말하면, 잘못된 광고 효과를 향해 목이 터져라 고함지르는 꼴은 면할 수 있다는 것이다.

(2) 독창성(Originality)

우리가 '광고'라고 부르는 것에 몇 가지의 자격이 필요로 하다면 나는 그 중에서 꽤 비중있는 평가 항목으로 '독창성(Originality)'을 꼽을 것이다. 그리고 그것은 크리에이터나 크리에이티브가 갖추어야 할 자격일 뿐 아니라, 광고 전략을 수립하는 마케터나 AE들에게도 중요한 가치를 드러내는 필수 요소임에 틀림이 없다. 독창적인 아이디어가 힘을 발휘할 것이라는 것은 쉽게 예측이 가능하다. 그러나 여기에는 전제가 있다. 앞서 언급한 적합성(Relevance)이 충족된 상황이어야 한다는 것이다. '적절하지 못한 독창성'은 '기본기 없는 개인기'에 불과하다. 독창적인 전략이나 광고 아이디어는 무섭게 밀려드는 광고의 홍수 속에서 당신의 메시지를 쉽게 발견하도록 도와줄 것이며, 더 나아가 제품이 갖고자 하는 브랜드 가치에 새롭고 경쟁력 있는 활력을 불어넣어 줄 것이다.

① 차별적 제품을 이야기하라

모든 광고가 그렇듯이 좋은 아이디어를 만들어 내게 하는 무궁무진한 보물창고는 다름 아닌 브랜드나 제품 그 자체다. 따라서 브랜드나 제품이 지니고 있는 기본적인 속성 가운데 빅 아이디어로 승화시킬 만한 요소를 발견해 내는 것도 능력있는 크리에이터의 몫이라 할 수 있다. 결국, 소비자가 원하는 궁극적인 독창성(Originality)이란 광고의 독창성이 아닌, 제품 자체의 독창성임을 잊지 말아야 할 것이다. 지금이라도 당장 제품의 차별적 가치를 찾아내기 위한 노력을 시작하자! 제품을 생산하는 공장에 찾아가 제품개발자와의 면담을 신청하거나 생산라인에서 뼈가 굵은 베테랑을 찾아가라. 아니면, 마트에 나가 당신의 제품을 잔뜩 구입해 오라! 그것이 옷이라면 며칠을 그 옷만 입고, 벗고, 빨고, 다리고, 그리고 친구들의 반응을 물어보라. 그것이 식품이라면 몇 날을 그것만 먹어보라. 배고플 때도 먹어보고, 배부를 때도 먹어보라. 그리고 다른 경쟁제품과도 함께 먹어보라. 거기에서 당신은 제품에 대한 '차별적 확신'을 발견하게 될 것이다. 그것이 약이라면 좀 곤란하겠지만 그래도 제품의 차별적 가치를 찾기 위한 노력을 늦추지 말라. 그 약의 사용자나 판매자를 찾아 나서기를 두려워하지 말라. 그것이 M-Benz나 BMW와 같은 본인의 사정에 다소 무리가 되는 제품이어도 망설이지 말라. 한 일주일 기회 삼아 빌려 타 보는 것도 좋은 추억이 될 것이다.

1990년대 중반 한창 전통음료인 식혜가 우후죽순 격으로 시장에 터져 나올 때, 〈비락식혜〉라는 제품의 론칭 캠페인을 3년 동안 담당했었다. 론칭 초기만 해도 서로 성공에 대한 의구심 때문에 시장진출을 눈치 보기로 대신하다가 어느 정도 시장에 반응이 있다고 판단되면서 대기업과 중소기업 할 것 없이 너도나도 식혜를 출시해 내기 시작했다. 고속도로를 타고 가다보면 휴게소마다, 동네마다, 별의별 식혜들이 지천인 시절이 있었다. 그때 집 떠나 지나는 모든 휴게소에 들러 그 지역의 식혜란 식혜는 다 먹어본 기억이 있다. 우리 집 냉장고 위에 본인이 먹어 본 모든 경쟁브랜드 식혜의 빈 캔들이 피라미드로 쌓여 가면서 제품에 대한

'차별적 확신'이 쌓여 가고 있었다.

차별적 가치를 말하는 슬로건의 창작은 '지피지기(知彼知己)'에서 시작된다.

- 4명까지 동시에 통화하는-KT멤버링
- 도시감각의 3만 원대 패션구두-브랑누아
- 씹어 먹는 충치 예방약-플루덴
- 제대로 만든 크래커-ZEC
- 힘 좋은 세탁기-매직파워세탁기

② 차별적 소비를 이야기하라

똑같은 옷을 입었는데 누가 입느냐에 따라 천차만별의 차이를 보임은 누구나 한 번쯤 경험해 보았을 것이다. 페루의 한 시장에서는 물건을 구입할 때 "얼마에 파는 물건이요?"라고 물으면 "얼마에 사겠습니까?"라고 되묻는다고 한다. 이러한 경험은 굳이 우리가 먼 나라에 가지 않더라도 생활 속에서 자주 접하게 되는 일상이다. '끓여 먹는 라면 맛과 뺏어 먹는 라면 맛'의 차이, '사귀던 여자친구와 헤어진 여자친구'의 차이와 같은 경험들 말이다. 그리고 똑같은 제품으로 화장을 했는데 '화장빨'의 차이가 장난 아니게 나타난다면 누구에겐 천혜이고 다른 누구에겐 재앙일 것이다. 이는 같은 제품이라 하더라도 그 제품을 사용하는 사람의 가치를 다르게 포지셔닝시킴으로 해서도 브랜드나 제품의 차별적 가치를 획득할 수 있다는 것을 말해준다. 앞서 언급한 차별적 제품을 말하는 광고가 '물리전'이라면, 차별적 소비를 말하는 광고는 '심리전'이다.

- 가능성 있는 한 방-토토
- 술에 타서 마시는-신기한이슬

- 여자의 011–CARA
- 이제, 목으로 느낀다–OB ICE
- 휴대폰에 걸 땐–KT전화

③ 차별적 이슈를 이야기하라

제품이나 브랜드에서 찾아내는 차별화된 가치 못지않게 힘을 발휘하는 것은 차별화되고 새로운 사회적인 이슈를 발견해 내는 일이다. 이는 커뮤니케이션이 사람과 사람 사이에서 이루어지는 것이고, 그 사람들은 모두 사회와 문화 속에서 먹고 자고 생활하기 때문이다. 따라서 그 사회 문화적 이슈를 이끌어 가는 선구적 메시지를 찾아내어 크리에이티브화 하는 작업은 브랜드와 제품을 차별화하여 시장에 포지셔닝시키는 데 적지 않은 역할을 할 것이다. 그리고 그 노력은 소비자들의 인식 속에서 기업이나 브랜드가 우리가 살고 있는 사회와 얼마나 잘 어울리며 지내고 있는지를 판단하게 하는 기준으로 작용할 것이다. 인간에 관한 이슈, 환경에 관한 이슈, 정보에 관한 이슈, 재테크나 노후준비에 관한 이슈, 취업에 관한 이슈, 결혼과 이혼에 관한 이슈, 건강에 관한 이슈 등 소비자의 관심과 주목을 끌 수 있는 이슈들과 친하게 지내는 일은 손해될 일이 없다. 물론, 선견지명의 안목으로 차별적 이슈를 창출해 내서 자신만의 것으로 적용하고 발전시켜 나간다면 더할 나위 없겠다.

- 그녀는 프로다. 프로는 아름답다–베스띠벨리
- 기름 뺀 수타피자–Mr. Pizza
- 자연을 입히세요–꼼므뜨와
- 즐겨찾기–CJ mall
- 패션의 시작입니다–빅맨

(3) 영향력(Impact)

당신의 전략이나 아이디어가 적합성(Relevance)과 독창성(Originality)을 겸비했다면 이미 영향력(Impact) 있는 광고가 갖추어야 할 대부분의 조건을 충족했다고 볼 수 있다. 임팩트 있는 광고는 어떻게 만들어지며, 어떤 효과를 기대할 수 있을 것인가?

임팩트 있는 광고를 창작하기 위한 첫 번째 조건은 '선택과 집중'에 있다. 선택에 과감하지 못하고 집중력이 떨어지는 광고는 분명한 콘셉트도 없으면서 신문광고 전면을 가득 채우고 있는 바디카피와 같을 뿐이기 때문이다. 따라서 집중력 있는 전략 속에서 보다 집중력 있는 광고 효과를 기대할 수 있는 것은 어찌 보면 당연한 일이라 할 수 있다. 조지 펠튼(G. Felton)은 효과적인 바디카피 작성법에서 작성된 바디카피를 세로로 일직선상에 배치한 다음 각 문장들이 표현 콘셉트와 어느 정도 일치하는지를 체크하라고 조언한다. 슬로건도 마찬가지다. 하고자 하는 이야기에서 벗어나지 않고 집중하는 것, 임팩트 있는 광고를 만드는 기본이다.

임팩트 있는 광고를 창작하기 위한 두 번째 조건은 '약속에 대한 근거'에 있다. 기업이나 브랜드가 슬로건을 통해서 고객에게 약속하는 것들이 믿을 만한 것으로 여겨질 때 그 메시지의 힘이 더해지는 것은 두말할 필요가 없다. 제품을 생산하는 기업이나 브랜드에 대한 소비자들의 기존관념이나, 사회활동, 지금까지 경험을 통해 인지된 요인들을 통해 광고의 약속이 믿을 만한 것으로 인정되는 경우 차별화된 힘을 발휘하는 것이다. 물론, 제품의 효능 등의 메시지를 통해 '약속에 대한 근거'를 슬로건에서 직접적으로 밝힐 수 있다면 이 역시 좋은 방법이다.

- 단 하루라도 높은 이자–대구투자금융
- 보이는 것만 믿습니다–미래에셋

- 삼성이 만들면 다릅니다-삼성자동차카드
- 싱가폴은 잊어도 싱가폴 에어라인은 잊지 못할 것입니다
  -싱가폴항공
- 은행도 상품입니다-CITY BANK

결국, 적합성(Relevance) · 독창성(Originality) · 영향력(Impact)을 충족시킨 광고란 광고 메시지의 통합적 일치가 이루어진 광고를 의미하며, 이 세 가지 요소가 상호보완적인 역할을 수행할 때 광고 캠페인의 효과 역시 시너지를 이루면서 마치 빅뱅과 같은 폭발적인 효과를 선물할 것이다. 좋은 전략은 마치 '팔방미인' 같아서 항상 여기저기에 쓸모가 많다.

3. 크리에이티브전략

크리에이티브 전략이란 표적 소비자들에게 어떻게 메시지를 전달할 것인가(how to say?)에 대한 세부적인 방법을 고민하는 것을 말한다. 다양한 분석과정을 거쳐 도출된 광고 콘셉트는 적절한 크리에이티브 전략으로 무장한 아이디어를 만나 더욱 빛을 발할 것이다. 송용섭과 이대룡(1996)은 《현대광고론》에서 크리에이티브 전략이 도출되기 위한 5가지 핵심으로 첫째, 광고가 반드시 이루어야 하는 목적(objective)은 무엇인가? 둘째, 당신의 목표청중(target audience)은 누구인가? 셋째, 소비자가 당신의 제품을 구매해야만 하는 핵심편익(key benefit)은 무엇인가? 넷째, 그 혜택에 신뢰를 지원(support)하는 합리적 근거는 무엇인가? 다섯째, 제품의 개성(tone & manner)을 어떻게 표현할 것인가?를 언급했다.

1) 크리에이티브 목표 설정

광고 기획에서 명확한 목표가 설정되어야 하듯 크리에이티브 전략에서도 광고의 표현을 통해 달성해야 할 전략의 목표를 명확하게 설정해야 한다. 궁극적으로 소비자들이 만나고 반응하는 것은 기획서가 아니라 광고 제작물이라는 것을 감안한다면 구체적이고 명확한 크리에이티브 목표를 설정하는 일은 매우 중요하다. 광고를 집행한 후에 기대와 다른 방향의 소비자 반응이 조사되었다면, 그것은 크리에이티브 목표가 잘못 설정되었거나, 그 목표에 걸맞지 않은 광고물이 제작된 것으로 예측할 수 있다. 따라서 설정된 크리에이티브 목표는 향후 광고 제작물의 효과를 측정하는 데 잣대가 되기도 한다.

던과 바번(Dunn & Barban, 1978)에 따르면, 크리에이티브 목표는 크게 두 가지 차원으로 구분되는데, 하나는 일반목표로 제품이나 시장과는 무관하게 단순히 소비자들의 호기심과 흥미를 유발하기 위한 것이며, 다른 하나는 심리적, 행동 지향적, 기업적, 마케팅 목표에 부합하는 특수목표이다.

2) 크리에이티브 과정

훌륭한 크리에이티브 아이디어를 도출하는 데 정형화된 방법이나 과정이 있는 것은 아니지만 다양한 이론이나 경험을 통해 구조화된 과정을 참고할 경우 광고 효과를 끌어올리는 데 긍정적인 역할을 할 것이다.

크리에이티브 아이디어를 도출하는 데 도움을 주는 방법으로 가장 많이 알려진 방법은 제임스 웹 영(James Webb Young)이 개발한 '아이디어 도출 모델'이다.

(1) 몰입(Immersion)

각종 조사를 통해 얻어진 자료와 정보를 모으고 문제 해결을 위한 방법을 찾는 데 몰두하는 과정이다. 광고하고자 하는 브랜드나 제품과 관련한 사실들을 제대로 파악하지 못한 상태에서 도출된 크리에이티브 아이디어에서 제대로 된 광고효과를 기대하기는 어렵다.

(2) 소화(Digestion)

기획자는 수집된 정보를 검토하고 확인하여 충분히 자신의 것으로 소화해야 한다. 관련 정보에 대한 충분한 이해와 검토를 통해 완전히 자신의 지식으로 만들지 않으면 수집된 정보들은 한낱 숫자나 텍스트에 불과할 것이다.

(3) 부화(Incubation)

의식적으로 당면한 문제들에서 벗어나 잠재의식의 상태에서 정보들을 재검토하는 과정이다. 이는 잠시 주위를 환기시키고, 자칫 빠질 수 있는 주관적 판단이나 지엽적인 문제에서 벗어나기 위한 노력의 일환이다. 이를 통해 지금까지 발견하지 못했던 새로운 통찰(insight)이 얻어지기도 한다.

(4) 조명(Illumination)

결정적인 아이디어가 탄생하는 단계이다. 앞에서 진행된 과정들을 거치면서 숙성된 문제해결의 단서들이 비로소 표출되는 단계이다. 아르키메데스가 '유레카(eureka)'를 외친 상황이 바로 이 단계라고 할 수 있다.

(5) 사실 확인(Reality or Verification)

도출된 아이디어가 당면 문제를 해결하는 데 적합한지를 확인하고 이를 실제 광고에 적용할 수 있는 수준으로 다듬는 과정이다. 아이디어에만 집중하다가 자칫 광고목표에서 벗어난 아이디어가 도출되지는 않았는지를 최종적으로 확인하고 검증하는 과정이다.

3) 크리에이티브 전략

크리에이티브 전략이란 소비자에게 어떤 접근으로 메시지를 전달할 것인가를 고민하는 것으로 단순한 표현기법의 차원이 아니라 메시지의 성격을 규정하는 전략적 의사결정을 말하는 것이다. 대표적인 유형으로는 1950년대에 주류를 이루었던 'USP 전략'과 1960년의 '브랜드 이미지(Brand Image) 전략' 그리고 1970년대에 주로 활용된 '포지셔닝(Positioning) 전략'이 있다.

(1) USP 전략

USP(Unique Selling Proposition) 전략은 미국의 광고대행사 테드 베이츠(Ted Bates)의 로저 리브스(Rosser Reeves)가 제안한 전략으로, 제품에 대한 이성적인 정보를 바탕으로 소비자를 설득하려는 대표적인 하드 셀(hard sell) 전략이다. 로저 리브스는 USP를 통해 '광고는 그 제품만이 말할 수 있는 유일한 내용을 소구해야 하며, 그 내용이 소비자로 하여금 그 제품을 구매할 만한 충분한 이유를 제공해야 한다.'고 주장하였다.

이러한 USP를 찾는 일은 제품에 대한 면밀한 분석과 광범위한 조사를 통한 폭넓은 이해가 바탕이 되어야 한다. 또한 경쟁제품과 명확한 차별성이 없다면 USP 전략을 활용하는 데 한계가 있을 수 있다.

(2) 브랜드 이미지(Brand Image) 전략

브랜드 이미지(Brand Image) 전략은 오길비앤매더(Ogilvy & Mather)의 설립자 데이비드 오길비(D. Ogilvy)가 제안하고 발전시킨 전략이다. 이 전략은 브랜드에 대한 소비자들의 느낌과 태도를 변화시킬 목적으로 제품의 이미지와 감성적 메시지를 활용하는 대표적인 소프트 셀(soft sell) 방식의 전략이다.

이는 단기적인 관점보다는 장기적인 관점에서 브랜드에 대한 호의적인 이미지를 정립하고 보호하는 것이 중요하다는 판단이 근간이 된다. 브랜드의 이미지란 몇 번의 광고집행을 통해서 얻어지는 것이 아니라, 오랜 기간 동안 일관된 메시지를 전달함으로써 서서히 소비자의 마음속에 쌓여가는 것이다.

(3) 포지셔닝(Positioning) 전략

포지셔닝(Positioning) 전략은 잭 트라우트(Jack Trout)와 알 리스(Al Ries)가 제시한 개념으로 성공적인 광고 캠페인을 위해서는 제품의 속성이나 브랜드 이미지 두 가지가 모두 중요하며, 이 두 목적을 이루기 위해서는 잠재 고객의 마음속에 다른 경쟁제품과는 차별화되고 우월한 위치에 자신의 브랜드를 위치시켜야 한다는 이론이다.

이러한 포지셔닝은 한 번 정착되면 쉽게 바뀌지 않기 때문에 해당 제품이나 브랜드에 관한 핵심적인 편익(benefit)에 관한 연상 인식을 강하게 심어주면 광고 메시지 전달에 큰 효과를 기대할 수 있다는 것이다. 여기서 브랜드와 관련된 일련의 연상이란, 브랜드의 속성, 가격, 이미지, 사용자, 사용상황 등이 포함된다.

4. 매체전략

현대사회는 커뮤니케이션 기술이 하루가 다르게 발전하고 소비자들의 욕구가 세분화되면서 매체환경도 큰 변화를 맞고 있다. 어쩌면 광고 시장의 전체 환경 가운데 가장 빠르고 큰 폭으로 변화하고 있는 것이 바로 매체에 관련한 부분이다. 이미 전통적으로 '4대 매체'라고 불리는 매체들을 언급하는 것의 의미가 많이 축소된 것이 사실이다. 그럼에도 불구하고 '4대 매체'를 포함한 다양한 뉴 미디어들과 그들이 가지고 있는 장담점을 파악하고 정리해 보는 것은 창의적인 기획과 크리에이티브를 구현하는 데 적지 않은 도움을 줄 것이다.

1) 매체의 종류와 특징

일반적으로 '4대 매체'라고 하는 것은 광고 시장을 구성하는 가장 기본적인 매체로 TV, Radio, 신문, 잡지를 일컫는다. 실제 광고 시장에서 차지하는 중요도는 많이 달라졌지만 여전히 '4대 매체'가 지니고 있는 의미와 영향력은 유효하다.

(1) TV

TV는 4대 매체 가운데 여전히 가장 비중이 큰 매체이다. 일반적으로 4대 매체에서의 TV는 KBS, MBC, SBS, EBS 등이 지상파를 의미하지만, 넓은 의미에서는 케이블 TV와 위성 TV, 그리고 지상파 DMB, IPTV 등도 포함할 수 있다.

○ 장점

- 도달 범위가 광범위하며 비용 효율성이 높다
- 시청각을 활용하여 광고 메시지를 설득력 있게 전달할 수 있다
- 아이디어 구현의 폭이 넓고 자유롭다
- 감성적이고 이미지 전달 효과가 뛰어나다

○ 단점

- 광고집행의 융통성이 부족하다
- 다른 매체에 비해 표현의 제약이 많다
- 광고노출의 혼잡현상(clutter)이 심하다
- 광고회피(zapping)현상이 빈번하다

(2) Radio

라디오는 TV와 같은 전파매체로 시장의 규모가 상대적으로 작다. TV 채널에 속한 매체를 제외하고는 각 채널의 성격이 극명하게 세분화되어 독자적인 광고 수주가 어려운 실정이다. 그러나 TV 매체에 광고를 집행할 수 있는 경제력을 지니지 못한 광고주들이 전국 규모 또는 지역단위로 광고를 집행하기에는 상대적으로 제작비용과 매체비가 저렴하다.

○ 장점

- 도달 범위가 광범위하며 반복 노출이 용이하다
- 제작이 쉽고 저렴하여 집행의 융통성이 높다
- 표적 청중의 선택이 용이하다
- 프로그램 충성도와 메시지 수용도가 높다

○ 단점

- 보조매체이기 때문에 집중도가 낮다
- 채널 선택성이 높기 때문에 메시지 도달률이 낮을 수 있다
- 메시지의 수명이 짧고 광고 혼잡성이 심하다
- 옵션 구매 형태로 효율적인 프로그램 선택이 힘들다

(3) 신문

신문 매체는 종합 일간지, 경제지, 스포츠지 등 매일 발간되는 일간지의 형태가 대표적인 광고 매체이며, 발행 주기와 주제에 따라 세분화된다. 그러나 이 역시도 인터넷이나 모바일 등의 대체매체인 뉴 미디어의 등장으로 그 규모에 있어서 상당한 타격을 받고 있는 것이 현실이다.

○ 장점

- 도달 범위가 넓고 비용 효율성이 높다
- 매체 신뢰도가 높은 편이다
- 광고 집행의 융통성이 높다
- 상대적으로 메시지 수용이 능동적이다

○ 단점

- 광고의 수명이 짧다
- 특정 집단에는 노출 가능성이 낮다
- 잡지 등에 비해 인쇄 품질이 낮다
- 광고노출의 혼잡현상이 심하다

(4) 잡지

잡지는 다른 매체에 비해 도달률이 낮고 상대적으로 비용효율성이 떨어지지만 표적 소비자를 선택하여 메시지를 전달하는 데 있어서 가장 뛰어난 매체이다. 따라서 많은 뉴 미디어들의 급속한 성장 속에서도 상대적으로 안정적으로 명맥을 유지하고 있다.

○ 장점

- 표적 청중 선택성이 뛰어나다
- 독자들의 메시지 수용성이 높다
- 광고 수명이 길고 회독률이 높다
- 광고 제작의 탄력성 및 인쇄 품질이 높다

○ 단점

- 매체비가 상대적으로 비싸다
- 집행의 융통성이 낮다
- 노출의 혼잡성이 심하다
- 유통범위에 따른 제약이 있다

(5) 인터넷

1990년대 후반부터 인터넷은 빠른 속도로 대중화되었고, 초고속 인터넷 환경이 가능한 대한민국의 인터넷 기술이 오늘날 인터넷 매체의 폭발적인 성장의 원동력이 되었다. 또한 모바일 환경의 동반 확산으로 인해 젊은 계층의 주력 매체로 성장하면서 현 시점에서는 가장 영향력 있는 매체의 자리를 차지하고 있다.

(6) 교통

교통 광고란 상업적 교통수단, 즉, 버스, 지하철, 택시 등의 내 · 외부 공간을 활용하는 광고를 말한다. 이는 교통수단을 이용하는 탑승객을 대상으로 하기도 하고, 교통수단 밖에 설치하여 보행자를 대상으로 노출되기도 한다. 교통광고는 4대 매체에 비해 도달 범위가 현저하게 떨어지는 것은 사실이지만, 지역적 탄력성을 고려할 때 저렴한 비용으로 특정지역의 소비자에게 반복적으로 노출하기에 적합한 매체이다.

(7) 옥외

옥외 광고는 일반적으로 건물 밖(out of home)에 설치된 광고형태를 말하는데 이런 기준으로 구분하면 앞서 언급한 교통광고도 옥외광고의 범주에 속한다고 볼 수 있다. 교통광고를 제외하면 옥외광고는 싸인(sign), 빌보드(billboard), 전광판(spectaculars), 그리고 도로변에 설치된 각종 광고 게시판 등이 해당된다.

(8) 스포츠

스포츠 광고매체는 각종 스포츠 경기장 내 · 외부에 부착된 광고물을 말한다. 이 역시도 일종의 옥외광고의 범위에 있다고 볼 수 있다. 1차적으로는 경기장에서 경기를 관람하는 사람들에게 노출을 목적으로 하지만, 그 경기를 TV 등의 매체를 통해 중계할 경우 2차 적인 노출이 가능하다. 전 세계인이 시청하는 슈퍼볼의 경우 엄청난 광고비를 투입하여 광고를 집행하기도 한다.

Question & Solution

Chapter 04

카피의 전략과 전술

Chapter

04 카피의 전략과 전술

전쟁에서 승리하려면 훌륭한 전략과 전술이 있어야 하듯, 창의적이고 성공적인 카피라이팅을 위해서는 구체화된 카피전략과 전술이 선행되어야 한다. 그 대표적인 것이 '카피 폴리시(Copy Policy)'와 '카피 플랫폼(Copy Platform)'이다.

1. 카피 폴리시

카피 폴리시(Copy Policy)는 카피를 어떻게 쓸 것인지를 사전에 결정하는 카피 정책이다. 이 작업은 카피라이터가 단순히 머릿속으로 생각하거나 손으로 카피를 써 내려가기 이전에 자신이 작성할 광고 카피의 전체적인 윤각을 사전에 일목요연하게 정리하는 일종의 청사진이다. 자신이 작성하고자 하는 카피를 머릿속으로 생각하는 것과 그 윤곽을 실제로 기술하여 정리하는 것은 하늘과 땅 차이이다. 그리고 정리된 카피 폴리시는 광고 창작에 참여하는 모든 크리에이터들과 공유하는 것이 좋다.

대체로 카피 폴리시를 작성할 때 다음가 같은 5가지 사항은 기본적으로 포함되어야 한다.

① 누구를 대상으로 하며, 그 이유는 무엇인가?
② 어느 매체에 집행될 예정이며, 그 이유는 무엇인가?
③ 단일 카피나 일련의 시리즈 카피는 어떤 목적을 가지고 있는가?
④ 강조점은 무엇인가? 광고 내용이나 연결 관계에서 가장 바람직한 방법은 무엇인가?
⑤ 카피를 만난 소비자가 어떻게 반응하기를 기대하는가?

이러한 내용들은 종이 한 장에 짧게 정리될 수 있지만, 광고 창작을 구체적이고 포괄적으로 돕는 중요한 길라잡이의 역할을 한다.

2. 카피 플랫폼

카피 플랫폼(Copy Platform)은 '크리에이티브 전략에 대한 진술(Creative Strategy Statement)' 등 여러 가지 다른 이름으로 불리기도 하지만 '카피 플랫폼'이 가장 일반화된 명칭이다. 카피 플랫폼에 대하여 일본의 니시오 타다히사(1983)는 '소비자를 설득할 수 있는 단어를 빠짐없이 일목요연하게 적어놓은 표'라고 설명하였고, 앨트스틸(Altstiel)과 그라우(Grow)는 '광고에서 핵심적 진실, 고유판매제안, 빅 아이디어 또는 포지셔닝에 대한 진술'이라고 설명했다.

카피 플랫폼을 작성하려면 우선 제품의 특성을 파악하고 이를 소비자 혜택으로 연결하는 분석과정이 필요하다. 또한 카피라이터는 제품이 지니고 있는 물리적 특성뿐 아니라 심리적 감성적 특성까지도 파악하여 카피 플랫폼에 반영해야 한다.

1) 카피 플랫폼 작성 순서

(1) 제품영역

제품 또는 서비스 영역에서 특징이나 혜택을 중요한 순서로 나열한다. 제품의 특징을 혜택으로 연결하는 가장 좋은 방법은 그 특징 다음에 항상 "그래서?"라는 질문을 붙여 보는 것이다. 제품의 고유한 특징을 찾아내고, 그 주장을 입증할 수 있는 논리와 혜택을 만들어 가는 과정이다.

(2) 소비자 영역

소비자의 인구통계학적 특성, 심리적 특성, 제품을 구매함으로써 충족되는 욕구 등을 분석한다. 성별, 나이, 지역, 학력, 수입 등과 같은 단순한 인구통계적 특성은 차별화된 통찰을 제공하기 힘들기 때문에 라이프스타일, 태도, 개성, 구매행태 등 소비자의 심리적 특성을 구체적으로 파악하여 이를 가장 전형적인 라이프 스타일의 소비자로 묘사해 보는 작업이다.

(3) 시장 영역

시장 및 시장 점유율에서의 주요 경쟁자, 제품의 비교 우위 및 열위, 경쟁 제품 대비 가격, 서비스 등의 위치 등을 파악하여 기술한다. 표면적인 위치보다는 실질적으로 소비자의 마음속에 위치된 포지셔닝(Positioning)을 파악하는 것이 효과적이다.

(4) 크리에이티브 영역

크리에이티브 전략 부분에서는 제품을 설명하는 한 마디 말. 즉 키워드(Key word)를 제시하는 것이 가장 중요하다. 구체적이고 차별화된 키워드가 준비되면 대체로 카피 플랫폼의 과정은 마무리된다.

3. 카피 소구유형

광고 소구란 크리에이티브 콘셉트를 구체화하는 작업이다. 따라서 광고 소구방법을 어떻게 하느냐에 따라 광고물의 표현이 전혀 다르게 나타날 수 있다. 사실 이러한 소구 방법에 대한 고민은 대부분 사전에 하기보다는 광고물이 만들어진 다음에 유형별로 구분하다보니 나타나는 경우가 많은데 광고 제작 전에 미리 소구유형에 대한 논의가 이루어진다면 보다 효과적인 광고 표현을 만들어 낼 수 있을 것이다.

(1) 사실적 메시지(Straight or Factual Message)

소비자들이 제품을 구매하는 데 있어서 제품과 관련한 정보는 가장 중요한 판단기준이 된다. 특히, 구매 시 이성적 판단이 요구되는 제품군의 경우 더욱 그렇다. 일반적으로 고가의 전자제품이나, 보험, 의약제품들을 구매하는 경우 소비자들은 객관적이고 신뢰할 만한 사실적 정보에 더 크게 영향을 받는다.

(2) 과학적 증거(Scientific or Technical Evidence)

과학적 증거는 사실적 메시지와 유사하나 더욱 전문적이고 깊이 있는 근거가 필요할 때 사용되는 소구유형이다. 새로운 기술이 적용된 제품이거나 기존 제품보다 뛰어난 성능을 증명하여 소비자를 설득하기를 원한다면 '과학적 근거'가 삽입된 메시지가 훨씬 설득력 있을 것이다. 이 경우 과학적 근거를 구체적으로 제시하는 것이 좋다.

(3) 시연(Demonstration)

제품이 충분한 경쟁력을 지니고 있거나, 이전의 제품에 비하여 월등한 효능 또는 효과가 있다는 자신이 있다면 그 제품이 사용되는 모습을 직접 보여주는 것만큼 강력한 광고효과는 없을 것이다. '백문이 불여일견'이란 말이 있듯이 백 마디 말보다 소비자들이 눈과 귀를 통해 직접 보고 경험하게 하라.

(4) 비교(Comparison)

자신의 제품을 다른 제품과 비교하여 설명하는 것은 상대적 우위를 설명할 수 있는 가장 쉽고 명확한 방법이다. 자사의 이전 제품과 비교해도 좋고 경쟁 제품과 비교하는 방법도 있다. 그러나 명확한 근거가 없거나 허위나 비방 광고로 오해받을 수 있는 소지가 있을 수 있기 때문에 사전에 면밀한 검토가 필요한 소구유형이다.

(5) 증언(Testimonial)

일반적으로 소비자들은 판매자의 주장보다는 제품을 직접 사용해 본 경험이 있는 지인들의 말을 더욱 신뢰하는 경향이 있다. 따라서 기업은 자신의 주장을 기업의 목소리가 아닌 소비자 혹은 신뢰할 만한 제3자의 입을 통해 전달하려는 노력을 하는데 이것이 바로 '증언(Testimonial)' 형태의 소구 방법이다. 이러한 소구 방법은 크게 세 가지로 나뉠 수 있는데 실제 소비자들의 증언을 통해 제품의 우수성을 전달하는 방법과 제품과 관련된 전문가를 통해 전달하는 방법과 소비자들이 잘 알고 있고 신뢰할 만한 모델이나 유명인의 증언을 통해 메시지를 전달하는 방법이다.

(6) 생활의 단면(Slice of Life)

소비자들은 광고의 내용이 자신의 삶이나 생활과 흡사할수록 더욱 친근하게 느껴지고 공감하게 된다. 따라서 특정 제품을 사용하고, 이를 통해 생활의 문제들을 해결하는 과정을 진솔하고 꾸밈없이, 마치 일상의 생활처럼 꾸며 내는 것도 광고효과를 높이기 위한 좋은 방법이다. 이를 통해 소비자들은 제품과 자신의 생활을 동일시하게 된다.

(7) 라이프 스타일(Life Style)

라이프 스타일은 주로 해당 제품을 사용하는 소비자의 이미지를 반영하는 광고이다. 광고를 통해 제품 사용자의 모습이나 분위기를 보여줌으로써 또래집단 혹은 준거집단의 트렌드에 동참하고자 하는 욕구를 자극하는 것이다. 특히, 청소년 계층이나 젊은 층의 고객의 경우 또래집단의 트렌드에 매우 민감하다.

(8) 상징(Symbol)

어떤 사물이나 개념, 단어, 색상, 캐릭터 등을 떠올렸을 때 특정 브랜드가 떠오른다면 그것은 그 브랜드가 하나의 상징으로 자리 잡고 있다는 것을 증명하는 것이다. 이러한 상징의 도구들은 단기간에 형성되는 것이 아니라 오랜 기간 동안 일관된 상징을 사용하는 경우에 형성되는 경우가 대부분이다. '말보로' 하면 '카우보이'가 떠오르고 '코카콜라' 하면 '레드 컬러'가 떠오르는 것은 이러한 상징의 대표적인 사례이다.

(9) 환상(Fantasy)

환상 소구는 제품을 직접적으로 설명하거나 보여주기보다는 제품의 이미지를 극대화하여 환상적인 느낌으로 전달하는 방법이다. 이를 위해

입체 또는 가상현실이나 애니메이션 등의 효과를 동원하기도 한다. 일반적으로 뷰티나 패션 관련 제품이나 첨단 기술력을 보여주어야 하는 제품에서 많이 활용된다.

(10) 대화(Dialogue)

대화 소구는 광고에 등장하는 사람들이 자연스러운 대화를 통해 제품이나 브랜드에 대한 메시지를 주고받는 형태의 광고이다. 이는 딱딱한 문어체 형태의 광고보다 더 편안하고 거부감 없이 소비자에게 전달될 수 있다는 장점이 있는 반면, 자칫 너무 일상적이어서 주목을 받지 못 할 우려도 있다. 그러나 명확한 메시지로 소비자들 쉽게 공감하는 상황을 잘 연출한다면 기대 이상의 메시지 전달효과를 낼 수 있는 소구방법이다.

(11) 드라마(Drama)

15초에서 30초라는 짧은 시간 안에 한 편의 드라마를 보는 듯한 긴장과 기승전결을 소화해 내는 광고 형태이다. 소비자들이 자신도 모르게 광고의 스토리에 빠져들도록 함으로써 광고 속 등장인물의 감정을 그대로 소비자에게 전달하는 것을 목적으로 한다.

(12) 유머(Humor)

유머 소구의 광고 형태는 좀처럼 우리나라에서는 찾아보기 힘든 유형이다. 그러나 복잡하고 딱딱한 소재나 전달하고자 하는 메시지의 내용이 다소 거북한 내용을 내포하고 있는 경우일수록 유머는 난해한 숙제를 쉽게 풀어주는 힘을 가지고 있다. 또한 잘 전달된 유머는 브랜드나 제품에 대한 친밀감을 줄 수 있어 매우 효과적이다. 해외 광고제에서 우수한 크리에이티브로 수상하는 많은 작품들이 유머 소구를 활용하고 있다. 우리나라에도 웃을 수 있는 광고들이 많이 제작되고 집행되었으면 좋겠다.

(13) 위협(Fear)

때로는 소비자들에게 위기의식을 일깨워 주거나 불안감을 조성하는 것이 광고 메시지를 전달하는 데 힘이 되기도 한다. 주로 건강이나 질병과 관련된 제품에서 많이 활용하고 있으나, 우리나라와 같은 특수한 시장 환경에서는 자녀들의 학업과 관련한 학원, 부동산 등의 제품에서도 위협소구가 활용될 수 있다. 주의해야 할 것은 아무리 위협적인 내용이 메시지 전달에 도움을 준다고 하더라도 메시지가 주는 부정적 이미지가 너무 강하여 장기적으로 브랜드에 대한 네거티브한 감정이 형성될 수 있다면 주의하는 것이 좋겠다.

(14) 풍자(Satire) 또는 패러디(Parody)

풍자나 패러디는 소비자들의 주의를 끌고 친숙한 느낌을 전달하기 위해 이미 소비자들이 알고 있을 만한 영화나 드라마 또는 예술작품 등을 광고 내용에 변형하여 활용하는 것이다. 이러한 소구 방법은 광고를 쉽게 기억하고 빨리 친숙하게 만드는 데 효과를 준다.

(15) 성(Sex)

성적 소구는 인간 본연의 성(性)적 본능에 호소하는 유형의 소구방법이다. 시각적 상징인 성(性)적 표현을 통해 소비자들의 주의를 끌고 제품에 대한 관심을 증대시키는 방법이다. 물론 이러한 소구 유형은 해당 제품이나 그 제품에서 전달하고자 하는 메시지와 관련성이 있어야 하고, 그 표현 수준에 따라 논란의 여지가 있을 수 있음을 유념해야 한다.

(16) 온정(Warmth)

온정 소구는 기본적인 인간의 인류애에 호소하는 감성적 성향의 소구 유형이다. 광고를 통해 따뜻한 인간애를 부각시켜서 브랜드에 대한 긍정적 이미지를 형성하는 것을 목적으로 한다. 특정한 제품뿐만 아니라 기업PR과 같은 광고 유형에 유용하게 활용된다.

(17) 호기심(Teaser)

새로운 것에 대한 소비자들의 호기심을 자극하여 화제성을 유발하거나 제품에 대한 관심을 증폭시키기 위한 소구유형이다. 소위 이야기하는 '티저(Teaser) 광고'가 대표적인 유형이다. 이러한 티저 광고가 성공할 경우 소비자들이 자발적으로 메시지의 전달과 확산에 기여하기 때문에 파급효과가 뛰어나다는 장점이 있다. 그러나 이후에 진행되는 후속 광고(본광고)의 메시지 전달력이 약할 경우 용두사미(龍頭蛇尾)가 될 우려가 있다.

(18) 연합(Combine)

물론 하나의 소구 유형이 하나의 광고 캠페인에서 효과적으로 활용될 수 있으나 필요에 따라 위의 다양한 유형의 소구 방법 가운데 몇 가지를 적절하게 연합하여 활용하는 것이 광고 효과를 높이는 데 도움이 된다.

Question & Solution

Chapter

05

'Why?'에 대한 성찰

Chapter 05

‘Why?’에 대한 성찰

1. ‘Why?’의 개요

‘Why?’라는 화두는 지금까지의 ‘What to say?’와 ‘How to say?’의 난제를 풀어주는 새로운 솔루션이 될 수 있다. 그리고 IMC 개념에서 한층 더 새롭고 복잡하고 다양해지고 있는 요즘의 뉴 멀티미디어 환경 속에서 개별적 광고 간의 통합적 메시지를 전달해 주는 데 더욱 중요한 의미를 갖는다. 현대 사회와 같이 미디어별 고객접점이 다양화되어지는 환경에서는 실제로 집행되는 미디어별 커뮤니케이션 활동 역시 매우 다양해지기 때문에 이를 통합하여 관리 운영하는 일은 더욱 어려운 일일 뿐 아니라 그 중요성 역시 더욱 커지고 있다는 것이다. 즉, 이러한 차원에서의 광고 커뮤니케이션은 ‘전략’과 ‘표현’의 문제 이전에 ‘커뮤니케이션 전반의 목적’ 즉 ‘왜, 당신이 지금 이 광고를 해야 하는가?’에 대한 의문과 해답이 캠페인의 전반에 깊이 있게 견지되어야 한다. 모바일이나 소셜 미디어를 통해 고객과의 실시간 커뮤니케이션이 가능해짐에 따라 순발력 있는 통합적 커뮤니케이션 관리의 필요성은 더욱 강화되는데, 이에 메시지의 근본적 질문에 대한 명확한 해답이 핵심적인 역할을 하게 된다.

2. Why Fan Model의 소개

'Why to say?'를 이야기하기 위한 가장 기본이 되는 모델은 〈Why Fan Model〉이다.

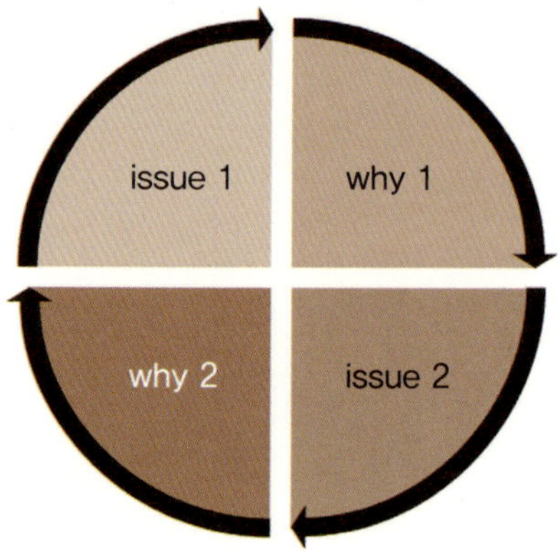

(그림 11) Why Fan Model(기본형)

이 모델은 오길비(D. Ogilvy)가 주장하는 'What to say?'와 번바흐(B. Bernbach)가 주장하는 'How to say?'에 지속적인 'Why?'를 던지는 것이다. 그리고 그 끊임없는 질문들을 통해서 보다 안전하고 탄탄한 캠페인의 토대를 마련하고자 하는 것이다. 전제는 '무엇을 말할 것인가?'와 '어떻게 말할 것인가?'의 무용론을 말하는 것이 아니라, 그 둘의 논의를 더욱 빛내기 위한 근원적인 해결책을 제안하는 것이다.

지금까지 수많은 캠페인을 진행하면서 성공과 실패의 롤러코스터를 수없이 맛보았다. 또한 치열한 탄피를 쏟아 내는 경쟁 프레젠테이션이라는 것을 수없이 맡아 진행하면서 그 해결의 방법이 또는 해결하지 못한 이유가 다름 아닌 'Why?'임을 절감한다. 그때는 이해하지 못했던 대부분의 실패작들은 'Why?'에 대한 깊이 있는 성찰이 부족했던 경우가 태반이다. 뒤돌아보면 매우 안타까울 뿐이다. 거꾸로 수많은 기획서와 수많은 크리에이티브 시안들로도 넘지 못했던 클라이언트의 눈높이를 'Why에 대한 이해' 하나로 충분히 뛰어넘었던 기분 좋은 추억들도 적지 않다. 그 재미는 느껴보지 못한 사람들은 모를 것이다.

클라이언트를 만나면서, 전략을 수립하면서, 브리프를 쓰면서, 소비자 조사를 하면서, 미디어 플랜을 세우면서, 그리고 아이데이션을 하면서 'Why?'에 대한 집요함을 놓치지 말라. 이것이 바로 '광고를 아는 사람'과 '광고를 이해하는 사람'의 차이를 만드는 일이기 때문이다.

3. Why Fan Model의 역할

이러한 〈Why Fan Model〉은 지금까지 가지고 있었던 우리들의 광고적 사고에 두 가지 효용가치를 제공한다.

첫째, 'Why?'는 우리가 해결해야 할 문제를 지속적으로 좁혀 줌으로써 자칫 우리가 광고를 통해 해결해야 할 문제가 수십 가지가 넘는 상황을 깔끔하게 하나로 정리해 주는 힘이 있다. 즉, 커뮤니케이션의 피가 잘 안 통하는 근원적인 맥을 찾아 마케팅의 합병증의 원인이 되었던 병의 핵심을 치료할 수 있게 만들어 주는 것이다. 이것이 바로 〈Why Fan

Model〉의 '집중역할(Focus Role)'이다.

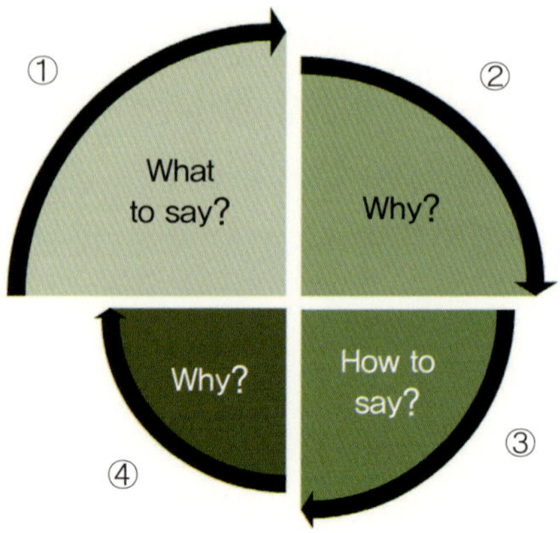

(그림 12) Why Fan Model(집중역할)

즉, 기초적인 'What.1'과 'How.1'에 대한 고민에 이은 'Why.1'은 더욱 폭이 좁아진 'What.2'와 'How.2'를 제공하고, 이어지는 'Why.2'는 더 집중된 논제인 'What.3'와 'How.3'를 제공한다. 이렇듯 지속적인 'Why?'의 반복을 경험하다 보면 광고 캠페인을 통해 해결해야 하는 근본적인 문제점을 발견하게 되고, 그 해결방법을 찾는 과정에서 광고가 해결해야 하는 핵심적인 과제가 무엇인지를 인지하게 되는 '집중된 시야'를 갖게 되는 것이다.

둘째, 'Why?'는 작게는 하나의 제품, 크게는 브랜드와 기업에 대한 부단한 성찰을 통해 광고를 보는 시야를 넓혀주는 힘을 발휘한다. 즉, 카피를 보던 눈에서 크리에이티브를 보는 눈으로, 크리에이티브를 보던 눈에서 캠페인을 보는 눈으로, 캠페인을 보던 눈에서 전체적인 마케팅의 흐름을 보는 눈으로 성장시키는 역할을 하는 것이다. 이것이 바로

〈Why Fan Model〉의 '확장역할(Expansion Role)'이다.

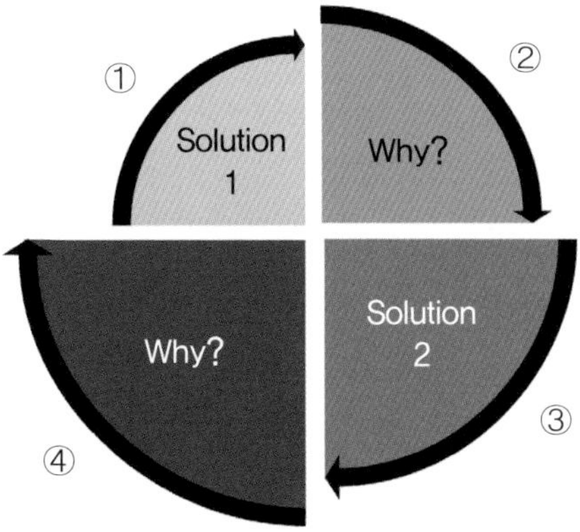

(그림 13) Why Fan Model(확장역할)

즉, 카피 전략이나 크리에이티브 전략, 또는 캠페인 전략에서 도출된 솔루션에 'Why?'라는 질문을 반복하는 것이다. 이렇듯 지속적인 'Why?'의 반복을 경험하다 보면 광고 캠페인의 역할로 인한 다양한 해결방법을 찾는 과정에서 광고 캠페인을 보는 '확장된 시야'를 갖게 된다.

Question & Solution

Chapter

06

창의적 콘셉트 도출 방법

Chapter 06

창의적 콘셉트 도출 방법

광고에서 콘셉트(Concept)를 도출하는 과정은 창의적인 아이디어 발상(Ideation)이나 크리에이티브 과정(Creative Process)의 전단계라고 할 수 있다. 즉, 창의적인 빅 아이디어(Big Idea)를 만들어 내기 위해서 차별화된 방향성을 제시하는 단계이다.

- 전략에 맞는 크리에이티브를 창출하는 일
- 크리에이티브에 맞는 전략을 수립하는 일

일반적으로 전략이 먼저 수립되면 그 전략에 맞는 크리에이티브를 도출하기 위한 작업을 진행한다. 그러나 경우에 따라서 전략과는 다소 상이하지만 매우 탁월하고 설득력 있는 빅 아이디어가 도출되었을 때, 거꾸로 그 크리에이티브에 맞는 전략을 수립하기도 한다. 결국, 이 둘의 관계는 성공적인 캠페인을 진행하기 위한 일반적인 순서에 불과하다. 중요한 것은 '창의적인 콘셉트'가 '창의적인 크리에이티브'를 만들어 내는 데 많은 도움을 줌에도 불구하고 지금까지 '콘셉트의 창의성'에 관해서는 많은 논의가 없었던 것이 사실이다.

훌륭한 콘셉트는 훌륭한 재료. 즉, 브랜드나 제품이 가지고 있는 다양한 사실들 속에서 나온다.

- 광고주나 제품이 가지고 있는 문제(Problem)은 무엇인가?
- 목표 수용자(Target)는 누구인가?
- 제품의 특성이나 혜택(Benefit)은 무엇인가?
- 제품을 설명하는 가장 중요한 한 마디(Key word)는 무엇인가?
- 제품의 포지셔닝(Positioning)은 어디인가?
- 자사 제품의 강점과 약점은 무엇인가?
- 경쟁 제품의 강점과 약점은 무엇인가?
- 기업의 문화(Culture)는 어떠한가?
- 사회나 소비자가 원하는 특별한 이유(Special Issue)는 무엇인가?
- 사회나 소비자가 원하는 새로운 이슈(New Issue)는 무엇인가?
- 새롭게 창출할 만한 필요나 욕구(Needs)는 있는가?

그리고 창의적인 콘셉트는 제품이 가지고 있는 강점에서만 나오는 것이 아니다. 다행히 자사의 제품이 경쟁 제품군에서 선두를 차지하고 있다면 그 제품이 가지고 있는 장점을 극대화하는 것이 가장 일반적이지만, 제품이 후발주자이거나 경쟁력에서 하위주자라면 콘셉트 추출에 더 많은 창의적 노력이 요구될 것이다.

1. 도출방법

창의적인 아이디어를 발상하고 도출하는 방법은 일목요연하게 정해져 있거나 정리되어 있지는 않다. 그럼에도 불구하고 창의적 콘셉트 도출에 도움을 줄 만한 내용들을 다음과 같이 정리할 수 있다.

- 상품을 제시하라: 브랜드 정체성(identity)을 확립하고 강화하라.
- 혜택을 제시하라: 제품이 소비자에게 무엇을 해줄지(benefit)를 강조하라.
- 대안을 제시하라: 소비자가 제품을 사용하지 않을 경우, 또는 경쟁 제품을 사용할 경우 어떤 일이 발생되는가?
- 비교를 실시하라: 경쟁 상품과 비교하거나 은유하라
- 관련성을 제시하라: 제품과 관련이 없을 것 같은 것에서 도입하라
- 증언 및 사례를 제시하라: 유명인 또는 일반인들의 권유나 경험을 소개하라

1) 제품을 제시하라

가장 일반적이고 당연한 언급이지만 가장 중요한 것은 브랜드를 제시하고 강조하는 것이다. 어떤 혁신적인 브랜드들은 광고에서 오로지 제품이나 로고만을 강조한다. 이렇게 하는 목적은 브랜드 이미지를 확립하거나 강화하는 것이다. 예를 들어 제품의 포장이나 레이블을 강조하는 이유는 결국 소비자가 진열대에서 만날 수 있는 것이 그 포장이나 상표이기 때문이다.

2) 혜택을 제시하라

일반적으로 혜택을 제시하는 방식에는 제품의 '핵심적인 이익'을 주장하는 직설적인 문장이 포함된다. 그러나 좀 더 창의적인 방법으로 메시지를 전달할 수 있는 콘셉트를 고민할 필요도 있다. 제품이 고객에게 줄 수 있는 혜택이 직접적이든 암시적이든 소비자들이 정확하게 인지할 수 있도록 하자.

3) 대안을 제시하라

목표 소비자의 기본적인 욕구와 필요로 돌아가면 대안적인 콘셉트를 시각화하기는 더욱 쉬워진다. 대부분의 경우 허기, 갈증, 외로움, 질병, 고통, 불안 등의 기본적인 욕구나 필요가 채워지지 않을 때를 생각하면 된다. 따라서 극단적인 이미지를 통해 이를 해결할 수 있는 대안을 제시하면 된다.

4) 비교를 실시하라

광고하려는 제품을 경쟁제품이나 다른 어떤 상황에 비유하여 표현하는 것은 매우 흥미롭다. 경쟁 제품과의 비교의 경우 자사 제품이 1위의 자리에 있다면 2위 제품과 비교할 필요는 없다. 경쟁 제품과 비교하는 이유는 선두 브랜드의 이미지를 빼앗기 위함이 크기 때문이다. 은유는 적절하게 활용하면 매우 폭넓은 표현의 무기가 되기도 하지만 반대로 명확하지 않을 경우 메시지가 모호하고 불분명해질 우려를 동반한다.

5) 관련성을 제시하라

일반적으로 소비자들의 관심이나 이목을 집중시키기 위해 많이 활용되는 방법이다. 이를 위해 제품과 특정한 사물이나 현상을 관련지어 헤드라인이나 비주얼 아이디어로 활용하는 것이다. 일반 소비자들이 그 관련성에 걸려들기만 한다면 브랜드를 인지시키는 데 큰 효과를 기대할 수 있다.

6) 증언 및 사례를 제시하라

유명인들의 증언을 활용한 브랜드 캠페인은 국내외 광고에서 어렵지 않게 만날 수 있다. 이는 신뢰성 있는 유명인이나 전문가를 활용한 메시지의 효과를 입증하는 것이다. 중요한 것은 단순히 대중적인 인기도가 있는 유명인을 무조건 활용하는 것이 아니라 그 제품이 강조하고자 하는 특성이나 이미지에 부합하는 모델을 섭외하려는 노력이 동반되어야 한다. 간혹 제품과 무관하거나 또는 너무 다양한 브랜드들의 모델로 활동하는 유명인을 선택하여 활용할 경우 제품의 특성이나 이미지보다는 단순히 모델에 대한 기억만 남는 광고를 제작하는 실수를 범할 수 있기 때문이다.

2. 도출과정

창의적인 콘셉트를 도출하는 과정은 일반적인 광고전략 도출과정과 크게 다르지는 않다. 다만, 각 과정에서 브레인스토밍(Brainstorming)

의 과정에서 보이는 방식처럼 상호 아이디어의 시너지를 증폭시킬 수 있는 노력이 적극적으로 가미되는 것이다. 또한, 전체적인 과정을 위한 시간 배분에 있어서 정량적인 배분보다는 아이디어의 수준을 높이기 위한 과정에 더 많은 시간과 노력을 할애하는 것이다.

1) 직설적으로 이야기하고 창의성을 가미하라

'창의적인 콘셉트'라는 용어의 조합이 다소 어색하게 느껴지는 것은 '창의적'은 표현의 문제이고, '콘셉트'는 내용의 문제라고 생각하기 때문이다. 맞는 이야기이기도 하고 틀린 이야기이기도 하다. 즉, 콘셉트는 내용의 문제이지만 표현이 그 내용을 강화하기 때문이다. 다시 말하면, 콘셉트를 도출하는 데 있어서는 분명히 내용이 표현보다 중요하고 우선시되어야 한다. 따라서, 콘셉트를 도출하는 첫 번째 단계는 그 제품이나 브랜드가 소비자에게 이야기하고자 하는 경쟁력 있는 메시지의 내용을 찾아내는 일이다. 아름다울 필요도 없고, 부드러울 필요도 없고, 자연스러울 필요도 없다. 명확하고, 경쟁력 있고, 직설적인 메시지의 콘셉트를 찾아내자. 그리고 그 콘셉트를 창의적인 표현방법으로 가다듬는 일은 그 다음에 할 일이다. 처음부터 명확하면서도 창의적인 콘셉트를 뽑아내는 일은 시간적으로 가성비가 뛰어나지 못할 가능성이 많다.

2) 브레인스토밍으로 넓이와 깊이를 강화하라

창의적인 콘셉트를 도출하기 위한 브레인스토밍 작업에는 광고 기획자나 크리에이터뿐 아니라 마케팅 조사자, 매체 담당자 등 다양한 업무 담당자가 함께 참여하는 것이 좋다. 이는 '콘셉트 도출'이 단순히 광고 아이디어를 도출하는 작업이 아니라 캠페인 전체를 아우르는 메시지의 핵심을 도출하는 작업이기 때문이고, 그 핵심적 콘셉트가 키워드에서 나올지? 비주얼에서 나올지? 또는 독특한 매체의 집행에서 나올지는 알 수 없기 때문이다. 다양한 전문가들의 다양한 경험과 노하우가 브레인스토밍을 통해 눈 더미처럼 커질 때 보다 창의적이고 힘있는 콘셉트가 도출될 것이다.

3) 경쟁력을 평가하고 실현 가능성을 확인하라

콘셉트 도출과정에서 평가와 실현 가능성을 확인하는 과정을 뺄 수 없는 것은 이 과정에서 결정된 콘셉트가 향후 모든 캠페인을 제작하는 기준과 목표가 될 뿐만 아니라, 일정 기간 캠페인이 집행되고 난 후 평가의 잣대가 되기 때문이다. 그리고 결정된 콘셉트가 캠페인 진행 과정에서 문제점이 발견되어 부득이 수정 또는 변화가 요구될 때 시간적 경제적 손실이 크기 때문이다.

(1) 자기 평가

1차적으로 도출된 콘셉트는 크리에이티브 디렉터의 결재를 받기 전에 스스로 '이 콘셉트가 적절하고 경쟁력이 있는가?'에 대한 자기 평가를 실시하는 것이 바람직하다. 아무리 좋은 아이디어나 콘셉트도 하루 밤 자고 난 다음 날에 보면 그렇지 않은 경우도 종종 있기 때문이다. 자기 평가의 기준은 R.O.I의 활용을 권장한다.

(2) CD와 AE 평가

자기 평가를 거친 콘셉트는 담당 디렉터나 AE의 관점과 의견으로 2차

평가 과정을 거쳐야 한다. 물론, 콘셉트 도출 단계에서 함께 회의에 참석한 인원일 수도 있으나 보다 객관적이고 체계적인 시각에서의 검토와 판단이 필요한 시점이다.

- 전에 보았거나 본 것 같은 콘셉트는 아닌가?
- 소비자의 관심과 시선을 붙잡기에 충분한가?
- 카피와 비주얼의 연계는 적절하고 강력한가?
- 콘셉트를 대변하는 한 마디는 만족스러운가?

(3) 광고주 평가

도출된 콘셉트를 사전에 광고주 담당자나 임원에게 오픈하고 상의하는 일을 두려워할 필요가 없다. 모든 제작물이 완성된 다음에 콘셉트에 대한 불만에 직면하는 것보다는 사전에 상호 협의 과정을 거치는 것이 매우 합리적이다. 명심하라. 광고주는 당신들의 적이 아니라 당신의 연봉을 주는 사람일 뿐 아니라, 당신이 지금 준비하고 있는 캠페인을 당신보다 궁금해 하고 가치 있게 생각하는 사람이라는 것을….

- 광고주는 상대적으로 제품의 관점에서 판단한다.
- 광고주는 상대적으로 투자의 효율성을 생각한다.
- 광고주는 상대적으로 문제해결의 욕구가 강하다.
- 그럼에도 불구하고, 광고주의 긍정적인 평가가 모든 것을 책임진다는 의미는 아니다.

3. 더 좋은 콘셉트 도출을 위한 10가지 조언

1) 일단 시작하라

키워드, 스케치, 질문…. 처음부터 최고의 아이디어가 없듯이, 처음 단계에서 바보 같은 아이디어는 없다. 어떤 단어, 어떤 그림 하나가 Cannes Lions의 그랑프리를 들어 올리는 단초가 될지 모를 일이다.

2) 말하지 말고 써라

문득 괜찮은 아이디어가 떠올랐다면 동료에게 이야기하고 그 아이디어를 노트나 휴대폰에 무조건 메모하는 습관을 들여라. 처음부터 정리된 단어로 메모하려고 하지 말고, 생각난 그대로의 모습을 글이나 그림으로 남기는 것이 중요하다

3) 벽에 붙여 놓고 그 가운데 무엇이 좋은지 살펴라

아이디어를 가장 잘 보이고 자주 보는 공간에 붙여 놓는 것은 의미가 있다. 시간 날 때마다 또는 시간을 내서 의식적으로든 무의식적으로든 붙여진 아이디어들을 수시로 살펴봐라. 그리고 많은 사람들에게 보여주고 의견을 물어라. 시간이 흐르면서 당신의 생각이 달라지거나 단단해질 것이다.

4) 아이디어가 계속 나오더라도 중단하지 말라

계속 흘러나오는 아이디어를 일부러 막거나 중단하지 말라. 차라리 나중에 정리하는 시간을 줄이는 것이 효과적이다. 아이디어의 대안이 많을수록 만족할만한 하나의 콘셉트를 선별하고 판단하기는 더 쉽다.

5) 재미있는 아이디어인가?

만약 당신의 아이디어를 듣는 순간 모두들 배꼽을 잡고 웃었다면 이는 매우 훌륭한 대안이 될 수 있다. 유머는 대부분의 광고 캠페인에서 강력한 추진력이 된다. 단순히 웃긴 아이디어가 아니라 흥미롭고, 즐겁고, 행복한 아이디어로 발전시켜라.

6) 시각적으로 정리하고 제시하라

도출된 아이디어를 시각적 연상으로 표현할 수 있도록 하라. 대부분의 브랜드들은 글로벌 시장에서의 판매를 목적으로 한다. 시각적 표현에는 언어가 다른 세계 각국의 소비자들에게 쉽게 메시지를 전달할 수 있는 힘이 있다.

7) 단지 다르기만 한 차별화는 지양하라

가끔 주니어 크리에이터들이 저지르는 실수는 '무조건 독특한 것'이 창의성이라고 생각하는 것이다. 당신의 날카로운 콘셉트를 강화시키는 역할이 아니라면 단순히 다른 그림을 보여주기 위해 '거꾸로 서 있는 사람'

을 그리지 말라. 창의성은 '다르면서도 더 좋은 것'을 발견하는 작업이다.

8) 단순화하라

핵심적인 아이디어가 단순명료하게 드러나도록 하라. 추가적인 설명 없이 당신의 그림 한 장이나 한 줄의 키워드만을 가지고 소비자들이 당신의 콘셉트를 충분히 이해할 수 있어야 한다. 광고는 시간과 공간이 제한된 매체라는 것을 명심해라.

9) 광고주의 마음을 추측하지 말라

시작부터 광고주의 생각이나 의견을 추측하여, 그에 맞춘 아이디어를 내려고 노력하지 말라. 이러한 행위는 당신의 능력발휘를 저해할 뿐 아니라, 결국은 그조차도 오해일 가능성이 크다. 그리고 그러한 출발에서 도출된 콘셉트는 광고주가 평소에 염두에 두었던 그 이상도 그 이하도 아닐 가능성이 농후하다.

10) 모든 아이디어를 버리지 말고 저장하라

모든 아이디어는 최종적으로 사용되지 않을지라도 버리지 말고 하나의 파일을 만들어 저장해 두길 바란다. 아이데이션 과정에서 나온 모든 단초(기사, 사진, 통계, 경쟁 광고, 비유, 키워드, 기획서 등)들은 언젠가는 다른 프로젝트나 본 캠페인 이후의 연계 캠페인에서 유용하게 사용될 가능성도 있다.

Question & Solution

Chapter 07

카피라이팅과 카피라이터의 이해

Chapter 07

카피라이팅과 카피라이터의 이해

1. 카피라이팅은 무엇인가?

- The words of an advertisement, as distinct from the layout, pictures, music, etc. (Webster Dictionary)
- The written work in the advertisement or advertising campaign. (Marketing & Communication Media Dictionary)
- 카피는 판매 메시지이고 커뮤니케이션이며 소비자의 마음을 움직이는 상징언어이다. (이인구)
- 카피는 광고의 척추(back-bone)다. (헬 스테빈슨. 카피라이터. 광고 비평가)
- 카피는 테스트를 거친 정확한 소구점의 산문이다. (존 케이플즈. 카피라이터)

- 광고의 본문, 광고에 써서 읽혀지는 요소의 전체. 즉, 문자로 쓰여진 전부. 광고를 구성하는 일체의 것 (광고대사전, 일본선전회의사, 1971)
- 소비자에게 흥미롭게 이야기해서 반드시 구매하게 만드는 매력을 지닌 기술 (Leo Burnett)

카피란 좁은 의미로는 헤드라인과 보디카피를 가리키고, 넓은 의미로는 시각적 표현을 포함한 광고물을 구성하는 모든 요소를 가리킨다. 카피는 광고 메시지를 창조하고 유지하고 발전시키는 '메시지의 등뼈'다. 카피를 어떻게 창작하느냐에 따라 설득 효과가 달라진다. 현대 광고에서는 글이나 말로 표현한 것을 카피로 보는 협의의 개념보다 광고 메시지를 구성하는 전체적인 구성요소로 보는 광의의 개념으로 카피를 이해하려는 관점이 우세하다.

① 좁은 의미의 카피는 헤드라인과 본문(body copy)을 의미한다.
② 본문 이외의 오버 헤드라인, 서브 헤드라인, 슬로건(브랜드 슬로건, 기업 슬로건, 캠페인 슬로건), 리드카피, 소제목을 가리킨다. 광고에 사용한 모든 말과 글(언어)을 가리키는 중간 정도의 의미다.
③ 브랜드 이름, 기업 이름, 가격 표시, 상품의 사양(spec: 사용 기간, 사용법, 기타), 광고주 요구사항을 뜻한다.
④ 시각적 표현을 포함해 광고물을 구성하는 모든 것을 카피라고 한다. 광고물 전체를 가리키는 넓은 의미로 쓰며, 광고물의 효과 측정에서 말하는 '카피 테스팅(copy testing)'이 이에 해당한다.

일반적으로 쓰는 카피라는 용어의 대부분은 앞의 ①, ②, ③의 의미를 합친 것으로 광고의 헤드라인, 서브헤드라인, 보디카피(본문), 캡션, 슬로건, 태그라인 같은 광고가 포함하는 모든 언어를 지칭한다. ④는 광고효과 측정을 위한 카피 테스팅(copy testing) 방법에서 쓰는 개념이다. 현대 광고에서는 광고물을 구성하는 그림과 글을 분리하지 않고 전체를 통합적인 메시지로 간주하기 때문에, 광고의 여러 가지 구성요소 중 글이나 말로 표현되는 모든 것을 카피라고 본다. 결국 카피란 "광고주의 생각을 모사해 내고, 소비자의 마음을 모사해 낸 다음 그것을 절묘하게 결합시킨 것"이다. (김병희, 《광고카피라이팅》, 커뮤니케이션북스, 2014)

- Copywriting is the act of writing text for the purpose of advertising or other forms of marketing. The product, called copy, is written content that aims to increase brand awareness and ultimately persuade a person or group to take a particular action.
  카피라이팅은 광고 또는 다른 형태의 마케팅 목적으로 텍스트를 작성하는 행위다. 제품이라고 불리는 카피는 브랜드 인지도를 높이고 궁극적으로 사람이나 그룹을 설득하여 특정 행동을 취하는 것을 목표로 작성된 콘텐츠다.

- Copywriters help create billboards, brochures, catalogs, jingle lyrics, magazine and newspaper advertisements, sales letters and other direct mail, scripts for television or radio commercials, taglines, white papers and other marketing communications.
  광고 문안 작성자는 광고판, 브로셔, 카탈로그, 징글 가사, 잡지 및 신문 광고, 판매 편지 및 기타 직접 메일, 텔레비전 또는 라디오 광고용 스크립트, 태그 라인, 백서 및 기타 마케팅 커뮤니케이션을 작성하는 데 도움을 준다.

- They are generally known as website content writers if their work appears mostly on the internet. A content writer helps create online advertisements, web pages, email newsletters, blog posts and social media.
그들의 작품이 주로 인터넷에 게재되는 경우 웹 사이트 콘텐츠 작가로 널리 알려져 있다. 콘텐츠 작성자는 온라인 광고, 웹 페이지, 전자 메일 뉴스 레터, 블로그 게시물 및 소셜 미디어를 만드는 데 도움을 준다.

- Cross discipline copywriters who look at the wider context of their work are called digital copywriters. The distinction is that these individuals consider the mechanics of the user journey, the external links that are included in the copy for search engine optimisation and are highly focussed towards creating online sales and dealing with technical issues such as bounce rate.
넓은 범위의 저작물을 볼 수 있는 교차학과 카피라이터를 디지털 카피라이터라고 합니다. 구별은 이러한 사용자가 검색 엔진 최적화를 위해 사본에 포함 된 외부 링크인 사용자 여행의 메커니즘을 고려하고 온라인 매출을 창출하고 반송률과 같은 기술적인 문제를 다루는 데 중점을 둔다.
(Wikipedia)

- 인쇄광고에서는 광고 비주얼과 시너지를 이루어 핵심 메시지를 전달하는 글이며, 전파광고에서는 TV 등의 동영상을 구성하는 문자와 말.
- 광고를 보고 듣는 사람들에게 의도된 믿음을 갖게 하거나 구매 등의 특정 행위를 하도록 하는 설득 메시지
- 소비자의 마음에 침투하여 제품을 인지시키고 태도를 변화시켜 구매를 결정하도록 하는 판매 메시지

그렇다면, 비주얼만 있고 헤드라인이나 바디카피와 같은 언어적 요소가 활용되지 않는 인쇄광고에는 과연 카피가 있는 것인가? 없는 것인가? 영상이나 효과음, 배경음악만 있고 모델의 멘트나 성우의 내레이션이 등장하지 않는 TV 광고에는 카피가 있는 것인가? 없는 것인가? 특히, 요즘과 같이 문자를 읽거나 보는 감각보다는 그림이나 영상을 통한 커뮤니케이션이 보편화되고 습관화된 시대에 살면서 사진이나 그림, 영상 등과 같은 비주얼 요소들의 커뮤니케이션적 역할이 커지고 있는 것은 사실이다. 결론적으로 말하면, 문자적 언어적 카피요소가 직접적으로 발견되지 않더라도 그 광고 안에는 카피 요소가 숨쉬고 있다고 할 수 있다. 넓은 의미에서의 광고 카피는 하나의 광고 크리에이티브가 만들어지는 일련의 과정을 포함하기 때문이다.

광고카피 수업을 하다 보면 광고홍보학을 전공하는 학생들 못지 않게 국문학이나 영문학을 전공하는 학생들이나 문예창작을 전공하는 학생들이 많은 수를 차지하는 것을 볼 수 있다. 그들은 문학에서의 글쓰기와 광고에서의 글쓰기를 같은 글쓰기라고 생각하는 것일까? 아니면, 그 차이를 얼마나 알고 있을까?

Q: 광고 카피와 문학에서 말하는 글은 어떻게 다른가? 다양한 관점에서 그 차이점을 이야기해보자.

관점	광고 카피	문학의 글

사실, 광고의 글쓰기와 문학의 글쓰기는 출발점에서부터 명확한 차이를 갖는다. 첫째, 광고 카피는 철저하게 마케팅 목표를 달성하기 위한 도구인 반면, 문학의 글은 상업적 관점보다는 예술적 관점에서 그 표현의 목적을 두고 있다. 물론 요즘은 출판업계에서도 소위 기획출판이라고 하여 시작부터 철저하게 마케팅적 프로세스에 의해 창작되어지는 작품들이 탄생하고, 또 많은 작가들이 순수하게 자신의 문학적 관점이나 예술적 표현보다는 독자들이 원하고 많이 판매되는 글을 쓰기 위해 노력하고 있는 것도 사실이지만, 그럼에도 불구하고 문학의 글은 엄연히 상업성보다는 예술성에 근거하고 있다고 말할 수 있다. 물론, 이런 시각에서 본다면 광고 역시 완벽하게 마케팅적 도구이기보다는 공익 광고나 공공 캠페인의 경우 상업성이 배제되고 소비자들에게 공감과 감동을 주기 위한 극도의 예술성을 필요로 하기도 한다.

이러한 출발점의 차이는 카피는 설득을 문학의 글은 감동을 최종 목적으로 한다는 점에서도 궁극적인 차이를 보이게 된다.

2. 카피라이터란 누구인가?

1) 카피라이터의 정의

- 카피라이터는 커뮤니케이션 매체 안에서 언어를 다루는 판매원이다 (조나단 개베이, 카피라이터)

- 카피라이터는 광고목표 달성을 위해 표현 콘셉트와 핵심 아이디어를 만들고, 그것을 말과 글로 표현하는 광고 커뮤니케이션 전문가다.

- Someone whose job is to write the words for advertisement. (Macmillan English Dictionary)

- A person who writes the text for advertisements or other promotional material. Copywriters are usually employed by an advertising agency, although for highly technical matters they are often employed directly by the company manufacturing or distributing the product. (Oxford English Business Dictionary)

- 카피라이터는 카피를 잘 쓰는 것은 물론 아이디어 창출을 위한 생각을 잘 하는 사람이다. (조지 펠턴, 카피라이터, 1994)

- 광고회사에서 눈에 잘 띄지는 않지만 가장 중요한 사람 (데이비드 오길비, 1983)

- 광고회사의 심장은 바로 타자기를 앞에 놓고 고독을 씹으며 생각에

잠긴 외로운 카피라이터다 (레오 버넷)

- 카피라이터는 광고 언어뿐 아니라 광고 콘셉트까지도 창조하는 사람이다 (토마스 러셀과 로널드 레인, 광고학자)

2) 광고 대가들이 말하는 카피라이터의 역할

> "나는 광고를 엔터테인먼트나 예술로 간주하지 않는다.
> 그보다는 하나의 정보전달 매체로 생각한다.
> 카피를 썼을 때 '크리에이티브하다'라는 칭찬보다는
> '제품을 사고 싶다'라는 말을 듣고 싶다.
>
> —David Ogilvy—

(1) 오길비가 말하는 카피라이터의 6가지 필요 능력

① 제품, 인간 그리고 광고에 대한 강박적 호기심 Obsessive curiosity about product, people and advertising.

② 유머감각 A sense of humor.

③ 하드 워크의 일상화 A habit of hard work

④ 인쇄광고에서는 흥미로운 산문, TV 광고에서는 자연스러운 대화형 문장을 구사하는 능력 The ability to write interesting prose for printed media, and natural dialogue for television.

⑤ 비주얼 사고 능력 The ability to think visually.

⑥ 지금까지 아무도 실행하지 못한 더 좋은 캠페인을 실행하고자 하는 욕심 The ambition to write better campaign the anyone has over written before.

(2) 윌리엄 번바흐(W. B. Bernbach, 1911～1982)

"나는 될 수 있으면 많은 책을 읽는다. 흥미의 대상은 철학과 소설이다. 많은 것을 생각하고, 많은 것에 흥미를 가질수록 뛰어난 카피가 나온다. 특히, 자신이 다루는 상품에 대해서는 충분한 지식과 흥미를 가지고 있어야 한다. '상품의 지식과 소비자의 욕구를 연결시키는 것'이 카피라이터의 역할이기 때문이다."

(3) 번바흐가 말하는 크리에이터의 5가지 책임

① 항상 앞서 갈 것
② 주목을 받을 수 있는 광고를 만들 것
③ 제품을 팔지 못하는 광고는 만들지 말 것
④ 제품을 깊이 있게 이해하고 그 제품의 개성을 구체화할 것
⑤ 신념이 있다면 광고주의 의견에 과감하게 맞설 것

(4) 레오 버넷(Leo Burnett, 카피라이터, 1891～1971)

"카피라이터 중에는 다양한 경험을 지닌 다양한 유형의 사람들이 있지만, 그 가운데 가장 중요한 재능은 표현에 대한 예리한 직감을 가지고, 이미 알고 있는 것을 다시 조합하여, 새로운 것을 만들어 내는 능력이다."

(5) 우에조 노리오(카피라이터)가 말하는 카피라이터의 3가지 역할과 15가지 조건

카피라이터의 3가지 역할

① 광고 계획을 입안하는 역할
② 캠페인 아이디어나 광고 제작물 아이디어를 창조하는 역할
③ 광고 캠페인의 구체적인 표현. 즉, 카피라이팅 작업을 하는 역할

카피라이터의 15가지 조건

① 폭넓은 교양을 갖출 것
② 세상의 움직임에 민감할 것
③ 광고이론에 해박할 것
④ 광고동향을 파악할 것
⑤ 광고전략을 수립할 수 있을 것
⑥ 아이디어 발상에 적극적이고 아이디어가 풍부할 것
⑦ 날카로운 감각을 소유할 것
⑧ 카피를 잘 쓸 것
⑨ 아트를 보는 감각을 지닐 것
⑩ 비즈니스 감각을 지닐 것
⑪ 인간관계가 좋을 것
⑫ 대화능력이 뛰어날 것
⑬ 인내력이 있을 것
⑭ 인간성이 풍부할 것
⑮ 건강할 것

필자는 1991년 광고 카피라이터라는 일을 처음 시작했다. 그리고 1997년 IMF라는 대한민국 유사 이래 가장 큰 경제적 위기와 함께 한화그룹의 H 광고회사에 막내 팀장으로 자리를 옮겨 크리에이티브 디렉터

(Creative Director)의 업무를 시작하게 되었다. 기억으로는 당시 회사에는 크리에이티브 팀이 12팀이 있었고, 12팀의 팀장들 중에서 9명이 아트 디렉터, 2명이 카피라이터, 1명이 PD업무를 베이스로 하던 사람들이었다. 다시 말해서 지금으로부터 20~30년 전까지만 해도 국내 광고회사의 팀장들은 대부분 대학에서 디자인을 전공하고 광고회사에서 디자이너와 아트 디렉터 업무를 하던 인재들이었다. 그러나 이러한 추세는 시간이 지나면서 점차로 카피라이터에게로 업무의 중요도가 옮겨오게 된다. 가장 큰 원인은 카피라이터들이 관여하게 되는 업무의 폭인데, 현대광고회사에서 카피라이터들이 관여하는 업무 분야는 디자이너나 PD가 관여하는 업무에 비하면 매우 폭이 넓다고 할 수 있다. 광고주 오리엔테이션, 마케팅조사나 포커스 그룹 인터뷰(FGI), 전략회의, TV광고제작, Radio 광고 제작, 신문 및 잡지 등의 페이퍼 광고 제작, 촬영, 편집, 녹음, 프레젠테이션 등 광고회사의 대부분의 업무에서 카피라이터가 필요하지 않은 부분을 찾기 힘들 정도다. 바꾸어 이야기하면, 디자이너의 경우 신문이나 잡지광고 제작과 관련한 업무가 아닌 녹음실이나 편집실 같은 포스트 프로덕션에 출입하면서 업무 프로세스를 경험할 기회가 좀처럼 주어지지 않고, PD의 경우는 반대로 촬영장이나, 녹음실, 편집실 등 동영상과 관련한 업무에는 관여하지만 신문광고나 잡지광고 제작에 필요한 업무에는 관여할 기회가 주어지지 않기 때문이다. 따라서 디자이너나 PD가 능동적으로 필요 이상의 관심과 노력을 하지 않는 이상 카피라이터는 연차가 지나면서 자연스럽게 다양한 분야에서 광고 업무를 경험하게 되고, 향후 크리에이티브 디렉터의 능력을 쌓을 수 있는 기회를 상대적으로 더 많이 갖게 되는 것이다. 물론, 일반적인 전제에서 말이다.

물론, 이러한 카피 중심의 광고 크리에이티브와 카피라이터 중심의 크리에이티브 디렉터 운영은 최근 들어 또 한 번의 새로운 변화를 맞이하게 되고, 새로운 변모를 요구받게 된다. 그것은 광고 아이디어에 대한 정의와 인식의 변화이다. 최근 변하고 있는 광고 비즈니스 또는 광고 크리에이티브의 현상을 한 마디로 요약하여 표현하자면 '영역의 파괴'이다. 좀 더 정확하게 표현하자면 시대는 상호 영역을 과감하게 넘나들 수 있는 용기와 능력을 지닌 인재를 필요로 한다.

- 그림은 당연히 되고, 카피도 잘 쓰는 GD
- 카피는 당연히 쓰고, 비주얼라이징이 되는 CW
- 전략은 당연히 있고, 창의적인 AE

이제는 카피라이터가 카피를 잘 쓰는 것은 지극히 당연한 일이다. 카피라이터는 전략적 마인드를 가지고 설득력 있는 기획서도 작성할 수 있어야 하며, 본인의 카피를 비주얼 아이디어로 발전시키고 표현해 내는 능력도 지녀야 한다. 또한 본인이나 팀의 아이디어를 본인이 대표하여 설득력 있게 프레젠테이션할 수 있는 능력이 있어야 하고, 아이디어뿐 아니라 그 아이디어가 감싸고 있는 제품이 시장에서 어떤 반응을 일으킬 것인지를 예측할 수 있는 능력도 필요하다. 즉, 카피라이터는 광고 천재가 되어야 한다. 광고회사에서 크리에이티브 디렉터로 근무하던 시절, 신입사원들을 트레이닝하는 방법 중에서 지금도 의미 있다고 생각하는 것은 카피라이터에게는 본인의 아이디어를 그림이나 사진으로 정리해 오도록 하고, 디자이너에게는 본인의 아이디어를 카피로 써 와서 설명하도록 했다. 물론, 신입사원 입장에서는 너무 혹독한 회의방법이었을 것이다. 그러나 2~3년이 지나고 나서부터 이러한 회의방법은 매우 큰 효과로 나타나기 시작했다. 팀에서 주니어 시절을 근무한 팀원들은 자신도 모르는 사이에 '카피를 쓸 줄 아는 디자이너', '비주얼 아이디어가 뛰어난 카피라이터'로서의 경쟁력을 지니게 되었기 때문이다. 지금 그들은 국내 메이저 광고회사들에서 능력을 인정받는 크리에이티브 디렉터들로 활약하고 있다.

Question & Solution

Chapter 08

슬로건 창작의 기술

Chapter 08

슬로건 창작의 기술

1. 슬로건의 개요

1) 슬로건의 어원과 개념

슬로건(Slogan)은 스코틀랜드 지방의 고원민족들이 위급한 상황에 닥쳤을 때 외치는 함성에서 시작된 단어로 갤릭어의 'Slaugh'와 'Gaimm'에 그 어원을 둔다. 이렇듯 슬로건은 '전쟁이나 위급한 상황에서 적을 제압하거나 위급함을 알리기 위한 거친 아우성이나 함성'을 의미하였으나, 현대에 와서 고객을 압도하는 데 이용되는 마케팅적 의미로 활용되고 있어 그 근원적인 의미에서는 크게 다르지 않다고 할 수 있다. 즉, 현대 사회에서의 광고는 해당 기업의 입장에서 보면 목숨을 건 전쟁과 크게 다르지 않기 때문이다. 시장 점유율을 얼마나 차지하는가 하는 것은 전쟁에서 땅을 빼앗고 빼앗기는 것과 다르지 않고, 시장에서의 경쟁제품은 전쟁에서의 적이고, 시장에서 승승장구하고 있는 제품은 전쟁에서 승승장구하는 장군과 크게 다르지 않다. 과거 나라들의 흥망성쇠가 오늘날에 와서 기업들의 흥망성쇠로 바뀌었을 뿐이다.

이러한 어원을 가진 슬로건은 광고 텍스트의 언어적 요소 중 하나로 쓰이면서 브랜드와 브랜드 자산의 중요 부분의 핵심을 포착할 수 있으며, '포장된 의미'인 브랜드에 리본과 같은 특별한 감각을 더해주는 것(Aaker, 1996)의 개념으로 이해되어 쓰이고 있다.

슬로건에 대한 정의나 개념은 앞서 살펴본 '함성'이라는 어원과는 다르게 매우 다양한 표현으로 정의되고 있는 것을 볼 수 있다. 따라서 편협하게 정리된 개념이나 정의를 발췌하는 것보다는 학문과 실무에서 다양하게 정의된 개념들을 소개하는 것이 의미가 있을 것이라 생각한다.

- 슬로건은 '카피의 핵'이다. (류진한, 1997)
- 슬로건은 '지름길의 수사학'이다. (Reboul, 1975)
- 슬로건은 '사회적 상징'이며, '역사적인 수사적 장치'이다. (Robert & Denton, 1980)
- 슬로건은 브랜드 자산 구축을 위한 유용한 도구로 브랜드의 의미를 파악하는 데 필수불가결한 수단이다. (Aaker, 1996).
- 슬로건은 짧은 어휘로 상황을 전달하는 일발필도의 메시지다. (김병희, 2007).
- 슬로건은 소비자의 판매행동을 촉진 또는 촉구하고자 기업이 광고에 반복해서 사용하는 강조문구 또는 요약된 문장을 의미한다. (이화자, 1998)
- 슬로건은 표제(Headline)나 본문(Body Copy)과는 달리 독립적으로 존재할 수 있고, 광고 카피나 그래픽이 동반되지 않아도 독립적으로 광고효과를 거둘 수 있다. (김원식, 2001)

슬로건은 사용되는 빈도나 기간에 있어서 가히 어떤 카피 요소들보다 중요하고 가치 있는 역할을 하고 있다고 볼 수 있다. 또한 시장의 경제적 상황이 호황이면 호황인 대로 불황이면 불황인 대로 기업이나 브랜드 앞에서 그의 이미지를 드러내는 슬로건의 역할과 중요성은 줄어들지 않는다. 이런 면에서 볼 때, 슬로건에 대한 관심은 지금보다 더 커져야 하며, 좋은 슬로건을 창작해 내기 위한 노력 역시도 지금보다 더 치열해야 함은 두말할 필요가 없다.

2. 슬로건의 특징

슬로건은 광고에서 카피를 구성하는 다양한 요소들, 즉, 헤드라인, 바디카피, 오버헤드와 서브헤드, 리드카피, 캡션, 브랜드 네임과 로고 등과는 다른 몇 가지 특징을 가지고 있다.

1) 독립성

"슬로건은 비교적 독립적인 사용이 가능하다!"

슬로건이 독립적인가 독립적이지 않은가에 대한 학문적 논쟁은 브란트(Brandt, 1979)와 베히슈타인(Bechstein, 1987) 이후로 계속되고 있다. 다른 광고 텍스트의 구성요소들에 비해 상대적으로 분리되어 활용될 수 있는 여지와 가능성의 측면에서 보면 슬로건이 소비자에게 전달하고자 하는 궁극적인 메시지를 포괄하여 전달하는 데 있어서 카피와 비주얼, 헤드라인과 바디카피, 비디오와 오디오의 상호보완적 요소와는 다르게 비교적 독립적으로 역할을 수행하고 있다고 볼 수 있다. 이것은 마치 우리가 책의 내용을 모두 기억하지는 못해도 감명 깊게 읽었던 책의 제목을 평생 잊지 못하는 경우와 광고 역시 오래되어 기억이 가물가물해도 슬로건 하나는 또렷하게 기억하는 현상에서도 증명해 보일 수 있다. 야구장이나 축구장에서 응원하다 보면 맞은 편 펜스에 큼지막하게 쓰여 있는 브랜드 네임이나 슬로건 등 또한 슬로건의 독립적 사용을 증명해 보이는 부인할 수 없는 사례이기도 하다. 따라서 우리는 슬로건 창작 작업을 함에 있어서 슬로건이 다른 카피나 비주얼과 함께 어울려 활용되지 않고 혼자 독립적으로 활용되는 경우에 충분히 대비해야 한다. 저 멀리 홈런 존 앞에 쓸쓸히 놓여 있어도 마치 낙락장송처럼 우아하고 듬직한 자태를 포기하지 않고 뽐낼 수 있도록 만들어 주어야 한다. 이것이 슬로건이 홀로 있어도 '일당백'으로 싸울 수 있게 만드는 길이다.

2) 반복성

"슬로건은 귀에 딱지가 앉도록 했던 말 또 하는 엄마의 잔소리와 같다"

슬로건의 목적 중 하나는 소비자의 기억 속에 효과적으로 파고들어 제품의 이름이나 속성 또는 제품이 주는 혜택 등을 기억시키는 일이다. 이를 위해서 슬로건은 다른 광고 표현의 요소들에 비해 상당한 반복적 노출을 특징으로 한다. 광고의 헤드라인이 하나의 광고물의 표현을 위해 만들어진 것이라면 슬로건은 그 제품이나 기업의 수명과 같이하기 위해 탄생한 것이다. 따라서 그 기업이나 제품이 노출되는 곳이면 어디에서나 슬로건을 볼 수 있어야 한다. 그리고 그 반복성은 단순히 노출의 빈도를 이야기한 것뿐 아니라 노출되는 위치나 타이밍에 있어서도 일정한 통일감을 가지고 반복되고 있다는 데 더 큰 의미를 둔다. 인쇄광고의 경우를 보면 수년 간 광고 캠페인이 변화 발전되어 오는 가운데 반복되어 노출되는 슬로건의 레이아웃에는 변화가 없는 것을 볼 수 있다. 이는 동일한 위치에서 반복되어 노출되는 슬로건이 소비자들에게 브랜드에 대한 친숙도를 높이는 데 보다 효과적이라고 판단되기 때문이다. 이러한 경우는 TV CM이나 Radio CM을 특정한 브랜드의 슬로건으로 마무리하는 경우 마찬가지다.

3) 내구성

"슬로건은 제품이나 브랜드 또는 그 기업과 수명을 같이해야 한다."

우리가 사용하는 세탁기나 냉장고, 휴대폰이나 자동차와 같은 제품의 수명보다 슬로건이 더 장수하는 경우가 허다하게 나와야 하는 것이 바람직하며, 카피라이터는 자신이 창작하는 슬로건에 이 정도의 욕심을 내야 하는 것은 당연하다. 그러나 현실은 이에 미치지 못하는 경우가 허다하다. 이것이 좋은 광고 캠페인이 많음에도 불구하고 명작 슬로건을 찾기 어려운 결정적인 이유이기도 하다. 신제품을 개발하는 사람들이 연구소나 생산 현장에서 제품의 내구성을 위한 노력을 늦추지 않을 때, 우리 광고인들은 오래 사용될 슬로건을 만들어 내는 일에 분주해야 할 것이다. 제품의 수명과 명을 같이하고 나아가서 몇 개의 제품이 태어나고 소멸되어 가는 동안에도 쭉~ 장수하여 살아남는 슬로건들을 우리 주위에서 심심치 않게 볼 수 있었으면 하는 마음이 간절하다.

4) 슬로건과 헤드라인의 차이

슬로건과 헤드라인은 어떻게 다른가? 물론 광고를 현업으로 하는 프로 광고인들에게는 우문일지 모르지만 카피라이팅을 처음 접하는 학생들이나 신입사원들은 가끔 헤드라인과 슬로건의 차이를 명쾌하게 구분하지 못해 물어 오는 경우가 있다. 처음엔 쌍둥이처럼 아리송하지만 한 번 그 차이를 알고 나면 아들 딸 구별하듯 쉬운 것이 슬로건과 헤드라인이다. 따라서 큰 지면을 할애하지 않고 간략하게 그 차이를 소개하고자 한다.

〈표 2〉 슬로건과 헤드라인의 차이

구분	슬 로 건	헤드라인
수명	장기적인 사용	단기적인 사용
빈도	반복적인 사용	단발적인 사용
형태	완전성	완전성 또는 불완전성
활용	독자적 활용 가능	다른 카피 요소와 혼용
길이	짧을수록 좋다	필요에 따라 길어도 무방

3. 슬로건의 기능

카피를 구성하고 있는 다양한 요소들은 각기 자신의 역할과 기능을 하면서 하나의 광고 캠페인의 효과를 완성시켜 나간다. 그 가운데 특히 슬로건은 다른 카피의 요소와는 다르게 비교적 독립적으로 자신의 역할을 수행해 나가는 꿋꿋함을 과시한다. 그렇다면 이런 특징을 지닌 슬로건은 어떤 기능을 하고 있는지에 대해서 살펴보자. 물론 하나의 슬로건이 하나의 기능만을 수행하는 것은 아니다. 즉, 짧은 한 줄의 슬로건을 통해서도 몇 가지의 다양한 기능을 기대할 수 있는 것이다. 이를 우리는 '슬로건의 다기능성'이라고 한다.

1) 커뮤니케이션 구축 기능

광고의 표현으로 주목을 끌거나, 광고에서 전달하고자 하는 제품의 정보로 소비자들의 관심을 유도하는 기능은 비단 헤드라인의 것만은 아니다. 잘 만들어진 슬로건은 헤드라인 못지않게 소비자의 집중과 주목을 광고의 표현이나 제품의 정보로 끌어들이는 힘을 발휘한다. 즉, 슬로건이 다양한 기능을 발휘하기 위해 가장 먼저 해야 할 일은 소비자들이 그 슬로건에 관심을 갖도록 만드는 일이다. 그런 면에서 슬로건의 '커뮤니케이션 구축의 기능'은 마치 눈 내린 겨울에 집으로 가는 길목을 쓸어 초대한 손님들이 쉽게 방문할 수 있도록 하는 일과 같다고 할 수 있겠다.

① 광고 표현에 주목하게 하는 기능
② 광고 정보에 집중하게 하는 기능
③ 상품이나 상표의 언어적 표지 기능

독립적으로도 충분한 역할을 발휘하는 슬로건이 광고의 다양한 표현 요소와 더불어 광고의 메시지에 집중하도록 역할한다면 우리가 지금 까지 소홀했던 슬로건에 대한 무관심에 사과해야 할 것이다.

2) 브랜드 연계 기능

슬로건이 줄 수 있는 또 하나의 기능은 회사명 또는 상표명과 연계하여 소비자의 인식 속에 자연스럽게 침투하는 기능이다.

① 쉬운 형식을 이용한 꾸준한 반복
② 브랜드와 슬로건의 언어적 형평성 유지
③ 제품 특징 또는 상품 이미지와 소비대상 동일시
④ 주장을 사실로 수용하는 Pavlov식 자극 현상(그 거꾸로도 마찬가지)
⑤ 위의 두 합동작업을 통한 제품 인지도 제고
⑥ 궁극적으로 제품의 구매를 유도

우리는 가끔 '말에 뼈가 있다'라는 말을 한다. 슬로건이야 말로 말에 뼈가 있어야 한다. 즉, 허울만 멀쩡한, 의미도 없고 의도도 보이지 않는 슬로건이 아니라, 그 한 줄 안에 회사명이나 브랜드 네임, 또는 제품이나 기업이 지니고 있는 특장점과 전략적으로 연계되어진 슬로건을 창작하고 활용해야 한다는 것이다. 이는 우리가 흔히 R.O.I에서 언급하는 'Relevance(연관성)'와 다르지 않다.

3) 정보전달과 입증 기능

슬로건은 브랜드의 문패와 같다. 즉, 브랜드라는 집에 들어서기 전에 그 집의 특징적 요소에 대한 사전 정보를 전달하기에 좋은 위치를 가지고 있다. 따라서 슬로건에서 제품이나 브랜드가 전달하고자 하는 정보를 효과적으로 전달하고 그 정보를 설득력 있고 논리적으로 입증해 낼 수 있다면 금상첨화다.

① 가상의 제품 가치를 실제의 제품 가치로 전이

② 동일한 성능의 경쟁제품과 차별화
③ 표면상의 객관성을 통한 소비자의 구매논거 충족

4) 욕구만족 및 욕구창출 기능

슬로건을 통해 소비자가 마음속에 가지고 있는 욕구의 가려운 부분을 시원하게 긁어 줄 수 있다. 소비자들은 가끔은 슬로건만으로도 자신의 욕구가 만족되는 듯한 착각에 빠지기 때문이다. 또한 슬로건은 소비자들 스스로조차 잊고 있었던 욕구를 자극하여 일깨워 주기도 하고, 심지어 없었던 새로운 욕구를 창출하여 제품을 구매하게 만들기까지 한다.

① 제품의 감성적 장점을 직접적이고 명시적으로 제시
② 욕구를 자극하고 일깨우는 역할
③ 감성적 가치의 전달
④ 감성적 장점과 상징으로 제품과 동일시
⑤ 잠재된 소망과 소비자의 동경을 상징적 방법으로 충족

5) 소비권유 기능

직접적이든 간접적이든 슬로건의 궁극적인 기능은 소비자의 이상과 욕구를 충족시킬 제품을 구매하도록 하는 것인데, 이를 위해서는 가장 먼저 해야 할 일은 슬로건과 소비자가 커뮤니케이션할 수 있는 손쉬운 경로를 구축하는 일이다.

① 인위적 권위관계 구축

② 힘이나 권력을 언어적 기술로 포장
③ 명령적 내용을 선의의 충고나 권유로 위장

앞서 언급했듯이 한 줄의 슬로건의 기능은 어느 하나에 국한하지 않는다. 그렇다고 슬로건이 마치 무소불위의 능력자라는 말은 아니다. 중요한 것은 기업이나 브랜드의 시장상황 또는 소비자환경과 경쟁상황에 따라 가장 적합한 슬로건의 유형을 찾아내고, 이에 맞는 슬로건의 기능을 수행하게 함으로써 당신이 진행하고 있는 소정의 마케팅 목적을 달성하는 데 조력하게 하는 것이 합당하리라 생각된다.

4. 슬로건의 구분

1) 용도에 따른 구분

앞에서와 같이 다양한 개념과 특징, 기능으로 구분되어지는 슬로건은 어떤 목적으로 어떤 주체를 꾸미어 표현하느냐에 따라 크게 기업 슬로건, 제품 슬로건, 캠페인 슬로건, 정치 및 선거 슬로건 등으로 구분하여 사용된다.

(1) 기업 슬로건

오늘날의 기업환경은 소비자와의 원활한 커뮤니케이션을 무시하고는 존재할 수 없을 정도로 유연하고 쌍방향적이다. 즉, 아무리 좋은 제품을 생산하고 판매하는 기업이라 할지라도 그 이념이나 비전, 사회활동 등을 통해 일반 대중이나 소비자들과 지속적이고, 호의적이고, 적극적인 커뮤니케이션 관계를 유지하지 않고서는 단순한 기업의 긍정적 이미지를 위한 효용에서 뿐 아니라 제품의 판매에 있어서도 문제가 발생할 가능성이 다분하기 때문이다. 뿐만 아니라 기업과 소비자 사이에 평소 탄탄하게 관계 맺어진 호의적 이미지는 기업이 성장괘도에 있을 때뿐만 아니라 기업이 위기국면에 봉착했을 때 더욱 그 진가를 발휘한다. 기업 슬로건은 대체로 기업의 이미지나 모습 또는 철학이나 비전, 규모나 역사성을 명확하게 전달할 목적으로 만들어지며, 이를 통해 조직원들이 기업이 원하는 하나의 목표를 향해 나아갈 수 있도록 해 줄 뿐 아니라, 소비자들 역시 해당 기업에 대한 긍정적인 이미지를 갖도록 하는 역할을 한다.

- 내일을 키우는 에너지–한화
- 우리의 날개–대한항공
- 우리의 대표 브랜드–삼성
- 지구의 가치를 높이는 기술–두산중공업
- New Thinking New Possibilities–HYUNDAI
- The Engine of Korea–Hanyang University

이러한 기업 슬로건은 요즘과 같이 다양한 브랜드나 제품들 속에서 자사의 브랜드를 드러내기가 쉽지 않을 뿐만 아니라, 제품 간의 특별한 장점을 드러내기조차 어려운 시기일수록 그 중요성을 더한다. 이는 그 제품을 생산하거나 서비스를 제공하는 기업에 대한 신뢰와 이미지가 제품의 구매에 근본적인 역할을 행사하기 때문이다.

(2) 제품 및 브랜드 슬로건

제품 및 브랜드 슬로건은 특정 제품이나 브랜드의 판매를 촉진시키거나 그 브랜드를 기억시키기 위한 목적으로 제품의 카테고리, 품질, 기술력, 시장위치, 편리함 등을 전달하기 위해 만들어진다. 때문에 소비자의 니즈를 정확하게 파악하고, 제품의 유니크한 속성 또는 경재력 있는 우위점을 강조하여 최종적으로 소비자들의 구매 욕구를 불러일으키는 역할을 한다.

- 7~8분이면 염색되는-세븐에이트
- 깨끗한 우리집 고무장갑-마미손
- 날씬한 기분-미에로화이바
- 부드러움 속에 카리스마가 있다-엔초
- 생활창작-일룸
- 제대로 만든 크래커-제크
- 패션의 시작입니다-빅맨

효과적인 브랜드 슬로건을 창조해 내기 위해서는 우선적으로 제품이나 서비스가 지니고 있는 경쟁력을 찾아내는 것이 무엇보다 중요하다. 따라서 광고 슬로건을 만드는 데 관여하는 AE나 카피라이터는 그 누구보다 제품이나 시장상황에 대한 연구에 몰두해야 한다. 타의 추종을 불허하는 제품력과 이를 간절히 원하는 소비자의 니즈가 슬로건을 통해서 만나게 될 때 그 효과는 가히 폭발적이 될 것이다. 그리고 때로는 슬로건 한 줄의 힘만으로도 제품이 주지 못하는 커뮤니케이션 파워를 발휘하기도 한다.

(3) 캠페인 슬로건

캠페인 슬로건은 자칫 헤드라인과 비슷하지만 이에 비해 상대적으로 장기간 활용되는 특징을 지니고 있으며, 이를 통해 일정 기간 반복되어 집행되는 광고 캠페인에 있어서 더욱 일관되고 강력한 시너지 효과를 실어주는 역할을 한다.

- 당신이 제일 행복하길–제일화재
- 사람이 미래다–두산
- 생활의 중심–SK텔레콤
- 엄마를 부탁해–웅진코웨이
- 우리 강산 푸르게 푸르게–유한킴벌리
- 전자제품 살 땐 하이마트로 가요!–하이마트
- 지구를 혁신하다–SK이노베이션
- 토요타에 가자–TOYOTA

훌륭한 캠페인 슬로건은 훌륭한 헤드라인에게 천군만마와 같다. 그리고 때로는 잘 만들어진 헤드라인이 장기적인 캠페인의 슬로건으로 성장하기도 한다. 광고가 기본적으로 산발적인 힘보다는 누적되어지는 축적의 힘에 의존한다고 볼 때 캠페인 슬로건이야말로 진정한 광고의 힘을 말해 주는 든든한 메시지의 파수꾼이다.

(4) 정치 및 선거 슬로건

정치 슬로건과 선거 슬로건은 캐치프레이즈와 함께 유권자들에게 자신이나 정당의 공약이나 의지를 효과적으로 알리기 위해 사용하는 형태의 슬로건으로 궁극적인 목적은 자신의 정책적 공약을 유권자들에게 쉽고 설득력 있게 전달하기 위한 것이다. 그러나 때로는 자신의 정치적 공약보다는 상대의 공약이나 상대방 자체를 비방함으로써 자신이 선택받으려는 네거티브 표현을 사용하기도 한다. 특히, 이러한 정치나 선거에 활용되는 슬로건들은 문어체의 형태보다 직접 현장에서 외칠 수 있는 구어체적 형태를 갖게 될 때 더 큰 쓰임새와 효과를 맛보게 된다.

- 가족이 행복한 나라–정동영
- 깨끗한 경제 튼튼한 경제–이회창
- 내 꿈이 이루어지는 나라–박근혜
- 내게 힘이 되는 나라, 평등국가–김두관
- 빚 없는 사회, 편안한 나라–정세균
- 사람이 먼저다–문재인
- 새로운 대한민국–노무현
- 세상을 바꾸는 대통령–권영길
- 실천하는 경제대통령–이명박
- 저녁이 있는 삶–손학규
- 준비된 대통령–김대중

해마다 각종 선거철이 되면 포스터나 방송 등을 통해 정당과 후보자 개인의 공약을 대변하는 슬로건 뽑아내기에 총력을 기울이는 모습을 보게 된다. 특히, 최근 들어 그 대표성을 갖는 명작 슬로건 만들기에 예전에 없던 노력을 기울이는 모습을 보면서 다시 한 번 그 중요성을 실감하게 된다.

2) 문장의 구조적 특성에 따른 구분

김원식(2002)에 따르면 슬로건은 이해와 각인을 위해서 명쾌하고 단순한 문장구조가 선호되는데, 이를 위해 제품명을 반복하거나 문장 차원에서 구분지어지는 두 개의 성분을 서로 대비시키는 어법을 사용하기도 하고, 슬로건의 인상을 깊게 심어주고 기억을 용이하게 하기 위해 일정한 리듬구조를 형성하는 특징을 보이기도 한다. 이에 따라 슬로건은 완전한 문장의 형태를 갖기보다는 단어나 구의 형태를 갖거나 일정 부분이 생략된 문장의 형태로 그 역할을 수행하기도 하는 것이 일반적이다.

(1) 단어형 슬로건

슬로건이 카피의 다른 요소들에 비해 간략하게 정리되어 표현됨을 특징으로 한다는 점에서 보면 슬로건 문장의 가장 기본적인 구조는 단어의 형태를 갖는다고 볼 수 있다. 즉, 단어를 단독적으로 사용하거나 단어와 단어의 결합을 통해 슬로건을 구성하는 경우이며, 일반적으로 단독형은 '명사'나 '감탄사'를 사용하고, 결합형의 경우에도 '명사와 명사'를 결합하여 사용하는 경우가 대부분이다.

a. 단독형: 명사나 감탄사 등 하나의 단어를 가지고 슬로건을 구성하는 경우

- 쉿-레간자
- 역시-러시앤캐시
- 쾌변-불가리스
- Hello!-푸르지오

b. 결합형: 두 개 이상의 단어를 결합하여 슬로건을 구성하는 경우

- 민생안심-신라면
- 발효과학-딤채
- 질주본능-라노스
- 피부맞춤법-이니스프리
- 행복드림-롯데마트

(2) 명사(부사)구형 슬로건

명사구 슬로건은 '관형어+명사'로 구성되는 슬로건과 '명사절+명사'로

구성되는 슬로건의 두 종류로 나뉜다. 이 중 '관형어+명사'의 명사구는 '관형어'를 통해 제품이나 기업의 이미지를 표현하고, 기업이나 제품의 특장점을 대신할 수 있는 '체언(명사)'을 수식하게 된다. 때문에 이 구성은 슬로건에 사용될 '단어의 선택'에 보다 신중해야 한다. 즉, '모발의 혁명'이라는 슬로건에서 '혁명'이라는 명사가 제품에서 전달하고자 하는 핵심적인 이미지를 표현하는 역할을 하는 것이다. 또한 "세상이 부드러운 이유"와 같이 '관형절+명사'로 이루어진 명사구는 슬로건의 이해도에 있어서 "생명과학의 기수"와 같은 '관형어+명사'의 구성보다 안정적이라는 이점이 있다. 즉, '관형어+명사'의 명사구는 주목성은 높지만 가독성과 이해도가 떨어지고, '관형절+명사'의 명사구는 생략되지 않은 문형을 사용함으로써 슬로건에 대한 이해도가 상대적으로 높다고 볼 수 있다.

- 기술의 기아, 안전의 기아–기아
- 기술의 현대, 품질의 현대–현대
- 모발의 혁명–밀란
- 생명과학의 기수–한미약품
- 세상이 부드러운 이유–EF SONATA
- 자연파 연인의 만남–까르마화장품
- 제3의 피부원소–A3F
- 피부맞춤법–이니스프리

또한, "기술의 기아, 안전의 기아"나 "기술의 현대, 품질의 현대"처럼 기업명이나 제품명이 슬로건에 포함되어 있는 경우와 '관형어+명사'형태의 명사구를 반복하여 사용함으로써 일정한 리듬감을 살리는 역할을 하기도 한다.

(3) 생략형 슬로건

미련이 남는 만남, 여운이 감도는 스토리에 우리는 자기도 모르는 사이에 빠져드는 경우가 있다. 특정한 문장 성분이 생략되어 활용되는 슬로건. 특히, 생략되어진 부분에 소비자 스스로 기업명이나 제품명을 넣어 완성시킬 수 있는 슬로건의 형태는 소비자가 능동적으로 기업이 전달하고자 하는 메시지를 완성하여 기억하는 효과를 기대할 수 있다. 단, 그 슬로건을 접하는 소비자가 그 제품이나 기업에 대해 어느 정도 관여할 수 있는 여지가 있어야 효과적이며, 슬로건에 표현되어지는 브랜드나 기업명에 이르기까지 자연스럽게 읽혀지고 기억될 수 있는 충분한 장치가 마련되어야 한다. 즉, 생략되어진 부분이 소비자의 머릿속에서도 생략되어지는 것이 아니라, 언어적으로는 생략되어 있으나 현실적으로 더욱 강력한 인상을 남기는 것이 생략형 슬로건을 활용하는 이유이다.

- 맑고 깨끗한–칠성사이다
- 멋 부리지 않은 듯이 멋이 나는–캠브리지멤버스
- 부드러움의 깊이가 다른–Scotch Blue
- 부부건강의 맥을 이어주는–맥가드
- 삶이 특별한 자리에–크레센도
- 생활 속의 낙원을 가꾸는–온양관광호텔
- 세계 속에 동양을 심는–동양도자기
- 언제 어디서나 편리한–비씨카드
- 전자제품 살 땐–하이마트

(4) 문장형 슬로건

문장형 슬로건은 완결된 하나의 문장형으로 구성된 슬로건을 말한다. 문장형 슬로건은 단어형 슬로건이나 생략형 슬로건에 비해 다소 길어질 수 있다는 우려는 있지만 긍정적으로 보면 전달하고 싶은 메시지를 비교적 명확하고 친절하게 전달할 수 있다는 장점도 있다. 문장의 형태는 대부분 서술형을 사용하고 있으며, 청유형이나 명령형, 의문형 등을 사용하는 경우는 드물다.

a. 서술형 문장

- 국민을 먼저 생각합니다–KB국민카드
- 미래는 바뀝니다–대우자동차
- 삶에 향기를 드립니다–위너스카드
- 삼성이 만들면 다릅니다–삼성자동차카드
- 순간의 선택이 10년을 좌우합니다–금성
- 열효율이 높은 제품을 선택합시다–경동보일러
- 제일 먼저 듣겠습니다–제일은행
- 첨단 기술로 세계와 겨룬다–에디슨
- 패션은 구두에서 완성됩니다–엘칸토
- 필기구는 마이크로가 좋습니다–마이크로

b. 청유형 문장

- 야채를 더 드십시오–큐피마요네즈
- 케토톱으로 캐내십시오–케토톱
- 흔들어주세요–써니텐

c. 명령형 문장

- 마시자! 건강을 위하여!–헤포스
- 생활의 판을 바꾸자–판코아
- 세계를 품어라–목원대학교

d. 의문형 문장

- 누구시길래?–SM5

- WHO?-대우건설
- Why not change the world?-Handong University

3) 문장의 핵심단어에 따른 구분

독일의 슬로건 연구결과에 의하면 광고에서 가장 많이 쓰이는 단어의 품사는 명사가 22.4%, 형용사가 12.8%로 나타나고 있다. 특히 슬로건에서는 명사가 일반적으로 가장 많이 사용되는 것으로 나타나고 있다. 이는 명사가 다른 품사의 단어에 비해 슬로건의 핵심내용을 전달하고 기억시키기에 용이하기 때문이라고 생각된다. 또한 슬로건에서의 형용사의 활용은 제품이나 기업이 지니고 있는 특징이나 장점을 포장하고 강조하는 데 있어서 유용한 역할을 하기에 적당한 품사이기 때문에 광고의 본질을 생각한다면 지극히 자연스러운 현상이라 할 수 있다. 이러한 형용사는 슬로건에서 두 가지의 형태로 역할을 하고 있는데 하나는 명사를 수식하는 역할이며, 다른 하나는 명사 없이 독자적인 역할을 수행하는 경우이다. 동사는 슬로건에서 형용사와 비슷한 역할을 수행하는 것으로 보인다. 형용사의 경우와 마찬가지로 동사 역시 명사와 부합하여 사용되어지거나 동사 독립적으로 또는 다른 동사와 연계하여 슬로건의 역할을 수행하게 된다.

슬로건의 의미를 전달하는 방법에 있어서 소비자에게 단어 자체로써 흥미와 관심을 끄는 힘을 지닌 단어가 있다. 이를 슬로건의 '핵심단어'라고 한다. 그리고 어떤 품사의 단어가 슬로건에서 핵심단어의 역할을 하고 있는지에 따라 의미적 특징으로서의 슬로건을 구분할 수 있다.

(1) 명사 핵심단어 슬로건

명사 핵심단어 슬로건은 메시지를 전달하는 데 있어서 명사가 핵심단어의 역할을 수행하는 슬로건을 말한다. 명사는 슬로건에 활용되는 품사 중에서 일반적으로 빈도수가 가장 높은 핵심단어이다.

- **가능성**을 만나다–SK텔레콤
- **건강**은 돈으로도 살 수 없습니다–일양약품
- 고객과의 **약속**을 소중히 하는–동부화재
- 그녀는 **프로**다. **프로**는 아름답다–베스띠벨리
- **기술**의 상징–금성
- 남성의 **여유**–솔로
- **보람**의 일터–코오롱
- 비비안은 **품질**입니다–비비안
- 지구를 **혁신**하다–SK이노베이션

일반적으로 기업 슬로건에 활용되는 어휘의 경우, 단순히 슬로건에만 활용되는 데 그치는 것이 아니라 그 기업 전체의 비전이나 철학을 내포하는 '커뮤니케이션 핵심단어'일 경우가 많다. 따라서 이러한 명사형 핵심단어를 슬로건에 활용하는 경우 기업이 커뮤니케이션하고자 하는 핵심 메시지를 슬로건에 담아 전달하는 경우가 대부분이다. 이러한 경우는 제품이나 브랜드 슬로건의 경우도 다르지 않다. 즉, 그 제품이 지니고 있는 핵심적인 특징이나, 고객에게 줄 수 있는 가장 중요한 혜택이 슬로건의 명사형 핵심단어로 활용된다는 것이다. 위의 사례들에서 보는 바와 같이 명사형 핵심단어를 활용하는 슬로건의 경우 다른 슬로건에 비해 상대적으로 명쾌한 메시지를 전달할 수 있다는 장점이 있을 수 있다.

(2) 형용사 핵심단어 슬로건

형용사 핵심단어 슬로건은 형용사가 메시지를 전달하는 데 있어서 핵심단어의 기능을 수행하는 슬로건이다. 앞서 언급했듯이 광고나 슬로건이 일정 부분 포장의 역할을 한다는 것을 가정할 때 형용사가 일정 부분 꾸밈새의 역할을 하는 것은 어쩌면 당연한 일이다. 즉, 기업이나 제품이 주고자 하는 혜택이나 소비자가 얻고자 하는 이상적인 모습을 슬로건을 통해 눈에 보이듯이 설명하고 그려 주는 슬로건이다.

- 깨끗한 피부의 재창조-미아사샤
- 순결한 머릿결을 위한-리브겐
- 건강한 여행-여행콩
- 든든한 은행, 든든한 동행-하나은행
- 맛있는 빵-샤니
- 새로운 표현시도-장프로필
- 좋은 사람, 좋은 기름-S OIL

일반적으로 형용사 핵심단어를 활용하는 슬로건을 살펴보면 위의 사례들의 경우처럼 명사 단어 앞에서 제품이 주고자 하는 핵심혜택을 형용사 핵심단어가 수식하는 경우가 많음을 알 수 있다. 즉, 형용사 핵심단어의 뒤에 위치하는 명사는 대부분 제품명이거나 제품의 카테고리 또는 제품을 사용하는 주체 등이고 형용사형 핵심단어는 그 주체단어를 이상적인 모습으로 치장하여 전달하는 데 초점을 맞추고 있는 것이다.

(3) 동사 핵심단어 슬로건

동사 핵심단어 슬로건은 슬로건의 메시지를 전달하는 데 있어서 소비자의 구체적인 행위를 유발하는 동사가 핵심단어의 기능을 수행하는 슬로건이다. 이러한 동사 핵심단어 슬로건은 소비자에게 구체적인 행위, 즉 구매행위나 기업이 소비자에게 기대할 수 있는 행동들을 촉구하는 슬로건으로 제품의 판매 또는 기업이나 브랜드에 대한 구체적인 태도 변화를 목적으로 하는 슬로건 창작의 경우에 많이 활용된다.

- 걸면 **걸리는**-걸리버
- 인류에 **봉사하는**-오리리화장품
- 캐토톱으로 **캐내십시오**-캐토톱
- 토요타에 **가자**-TOYOTA
- **흔들어**주세요!-써니텐

동사 핵심단어 슬로건은 다른 품사를 사용하는 슬로건에 비해 생동감이 있고 유쾌하다. 단어에서 전해주는 내용뿐만 아니라 품사가 주는 맛에서 보다 진취적이고 적극적인 내용을 전달하고 있음을 행간에서 읽을 수가 있다. 따라서, 기업 내외적으로 변화를 꾀하고자 하거나 새롭게 고객에게 다가가고자 하는 등의 능동적인 커뮤니케이션 전략을 전개하기 위해서는 이러한 동사 핵심단어 슬로건을 활용하는 것도 효과적이라 생각된다.

(4) 기타 핵심단어 슬로건

이 외에도 슬로건을 구성하는 핵심단어들은 부사 핵심단어와 감탄사 등의 다양한 형태의 핵심단어로 구성된 슬로건들을 볼 수 있다. 그중에서 감탄사나 의성어 및 의태어 등을 활용하는 슬로건도 다른 슬로건들과 차별화되면서 자신의 역할을 '일당백'하고 있음을 볼 수 있다. "쉿, 레간자"와 같이 제품이 주고 있는 정숙성의 가치를 한 글자의 감탄사로 종결짓는 슬로건, "클릭, 뿅, 띵동~"처럼 빠른 배송의 이점을 재미있는 의성어나 의태어로 구성한 경우처럼 명작 슬로건을 창조하는 데 도움을 주는 핵심단어를 찾는 일은 즐거운 일이다.

a. 부사 핵심단어

- 같이의 가치-NH농협
- 고객을 위해 한 번 더-현대해상화재보험
- 제대로 만든 크래커-ZEC
- 제일 먼저 듣겠습니다-제일은행
- 형님 먼저 아우 먼저-농심

b. 감탄사, 의태어, 의성어 등 핵심단어

- 쉿! 레간자
- 역시! 러시앤캐시
- 클릭, 뿅, 띵동-YES24
- 참치 먹고 으싸~-동원참치
- Hello!-푸르지오

4) 표현방법에 따른 구분

명확하면서 창의적이고, 창의적이면서 효과적인 슬로건을 만들어 내기 위해 지금 이 시간에도 많은 카피라이터와 전략가들이 회의와 고뇌를 거듭하고 있을 것이다. 사실, 슬로건을 창작하는 과정에서 이 많은 전략과 이론들을 일일이 대입하기란 어려운 일이다. 그러나 모든 광고 전략이 그렇듯이 슬로건에도 '창작의 기술'과 '창작의 전략'이 필요한 것은 마치 우리가 프리미어리그의 축구나 메이저리그의 야구 선수들의 환상적인 플레이에서 볼 수 있듯이 다양한 전략들이 몸에 녹아 있다가 결정적인 순간에 자신도 모르게 실력을 발휘해 내기 때문이다. 이희복(2006)은 국내 50대 광고주를 중심으로 '주요 광고 브랜드의 슬로건 분석'을 통해 슬로건이 가지고 있는 언어적 기법과 브랜드 표현의 특징을 분석하였다. 본 내용에서는 연구자가 주요 브랜드 슬로건의 특성으로 분류한 구분 가운데 몇 가지를 활용하여 다양한 슬로건 표현방법에 대한 본인의 생각과 의견을 첨언하고자 한다.

(2) 브랜드 포함 여부

이희복(2006)은 기업슬로건에서 80%, 제품슬로건에서 76.6%가 슬로건 안에 브랜드명을 포함하고 있지 않았다고 했다. 이는 슬로건의 역할 중에서 브랜드를 수식하는 역할보다 슬로건 독립적인 역할이 더욱 강조되고 있음을 말해주는 것이다. 그럼에도 불구하고 슬로건의 역할 중에서 '브랜드 알리기'도 빼놓을 수 없는 중요한 역할임에는 틀림이 없다.

a. 브랜드 직접포함 슬로건

슬로건에 브랜드를 직접적으로 포함시켜 활용하는 이유는 무엇인가? 그것은 그 슬로건이 지속적으로 활용되어 인구에 회자됨으로 해서 브랜드도 덩달아 소비자의 마음속에 기억되는 일거양득의 효과를 노릴 수 있기 때문이다. 사례로 정리해 놓은 슬로건들은 우리의 기억 속에 그 브랜드가 어느 정도 인지되어 있는 슬로건들이다.

- **국민**이 힘입니다
- 나는 나, **티코**를 탄다!
- 다이아몬드는 **삼신**입니다
- 맞다! **게보린**
- 매트 매트 **홈매트!**
- **명심**을 기억하십시오!
- **종가집**은 엄격하게 만듭니다

- 케토톱으로 캐내십시오
- 하이마트로 가요!

b. 브랜드 간접포함 슬로건

슬로건에 브랜드를 포함시키는 방법으로는 직접포함 외에도 간접적으로 포함시키는 방법도 있을 수 있다. 이러한 브랜드 간접포함 슬로건은 브랜드 직접포함 슬로건에 비해 보다 자연스럽고 흥미롭게 브랜드를 전달할 수 있다는 장점이 있다. "이가 탄탄-이가탄", "걸면 걸리는-걸리버"의 경우와 같이 제품이 주는 효과나 효능을 브랜드와 연결시킨 슬로건, "요구르트의 황제-칸", "원하지 않을 땐-노원", "지구를 혁신하다-SK이노베이션"과 같이 명문 브랜드를 해석하여 슬로건에 활용하는 슬로건, 또는 "쌍둥이 할 때 쌍, 감기 할 때 감-쌍감탕"처럼 브랜드를 알리는 데 슬로건의 총력을 기울이는 슬로건 등 소비자의 인식 속에 브랜드를 알리기 위한 다양한 노력이 전개되고 있다.

- 걸면 걸리는-걸리버
- 고뿔에는-고프레
- 쌍둥이 할 때 쌍, 감기 할 때 감-쌍감탕
- 여섯 달을 고집하는-옹가네여섯달간장
- 요구르트의 황제-칸
- 원하지 않을 땐-노원
- 이가 탄탄-이가탄
- 지구를 혁신하다-SK이노베이션

내공이 있는 카피라이터들은 이쯤 해서 눈치를 채고 남음이 있다. 이미, 브랜드 속에 제품에서 전달하고자 하는 핵심 메시지를 담아 탄생한 브랜드들이 많다는 사실을 말이다.

c. 브랜드 미포함 슬로건

직접적이든 간접적이든 슬로건에서 브랜드에 대한 힌트를 주지 않는다면 어떤 내용으로 슬로건을 꾸미게 될까? 그 자리는 슬로건을 통해 전달하고자 하는 기업의 자랑거리나 고객이 받을 수 있는 혜택이 차지하게 될 것이다. 즉, 고객으로 하여금 관심을 가기에 충분한 내용들을 압축하여 문패처럼 걸어놓지 않을까?

- 나의 꿈, 나의 차–프라이드
- 믿을 수 있는 차–볼보
- 인생역전–로또
- 유럽이 지켜 온 맛–칼스버그
- 일등 냉장유통 주스–아침에주스
- 질주본능–라노스

(2) 표기문자의 종류

표기문자를 가지고 슬로건의 형태를 구분하는 것은 큰 의미는 없다. 그러나 이미 시장은 글로벌화되어 있고, 모든 제품의 사용자들에게 있어서 일상적인 외국어는 최소한 거부감을 주는 언어는 아니라는 점에서 영어 등의 외국어를 슬로건에 활용하는 것은 자연스러운 일이다. 그럼에도 불구하고 우려되는 바는 단순한 시각적인 효과를 드러내기 위한 외국어의 활용은 자칫 전달하고자 하는 중요한 메시지 전달 효과를 낮추는 부정적 영향을 줄 수 있기 때문에 명확한 목적을 지닌 표기문자의 활용이 요구된다. 물론, 대부분의 기업슬로건과 제품슬로건에서 한글 슬로건을 활용하고 있으며, 영문 슬로건, 그리고 한글과 영문을 혼용한 슬로건이 활용되고 있다.

a. 한글슬로건

- 야채가 신선한 집-채선당
- 유아에서 고교까지-빨간펜
- 좋은 아침, 좋은 신문-조선일보
- 책은 위대하다-소나무
- 행복한 공부방-메가스터디

b. 영문슬로건

- BEST HOME, BEST LIFE-HANYANG
- Beyond Limit-Kangwon University
- Different Premium-SM3
- Dreams are the same-Hanwha
- driving science-HYUNDAI MOBIS
- European Stylish Outdoor-Lafuma
- Have a good time-KTF
- It's different-sky
- Life is Cool-WHISEN
- only SHINSEGAE
- pride-SOONCHUNHYANG UNIVERSITY
- SMART BANK-KEB
- TRUE STYLE-TRUGEN
- Your best way to nature-KOLON SPORT

c. 혼용슬로건

- 대한민국 CEO-CHAIRMAN
- 종로 2가 YMCA 건너편-코아아트홀
- First Class만을 위한 신개념 별장-청평호반리조트
- Hightopia를 꿈꾸는-유토피아
- IBM은 다릅니다-IBM

- made in USA를 우리 손으로－한세실업
- NATE 시대! 영어 정복자－i winner
- No.1이 짓는 No.1 아파트－현진
- Play it 상상－KT&G
- V라인 얼굴－옥수수 수염차
- X세대 남성 화장품－아모레 트윈엑스

(3) 대구와 대조

대구와 대조는 슬로건 뿐 아니라 헤드라인이나 캐치프레이즈 등 카피 요소들에서 전달하고자 하는 내용을 보다 효과적으로 강조하여 전달하고 기억에 남게 하기 위해 많이 사용하는 표현법이라 할 수 있다.

a. 대구법을 사용하는 슬로건

- 1등 바람 1등 에어컨－LG휘센
- 강산이 변하는 데 10년, 여자가 변하는 데 2개월－썬타나
- 깨끗한 맛, 깨끗한 맥주－크라운수퍼드라이
- 눈높이 사랑, 눈높이 교육－대교
- 사랑을 드립니다. 기쁨을 드립니다－현대백화점
- 앞선 생각, 앞선 가구－동서가구
- 이 튼튼 뼈 튼튼－칼톤

대구법을 사용하는 슬로건은 크게 두 가지 유형을 띄고 있다. 하나는 "1등 바람, 1등 에어컨", "깨끗한 맛, 깨끗한 맥주", "눈높이 사랑, 눈높이 교육", "앞선 기술, 앞선 품질", "좋은 사람 좋은 기름"처럼 강조하고자 하는 단어를 대구로 반복하여 사용하는 슬로건이고, 다른 하나는 "뼈에 좋은 칼슘 몸에 좋은 칼슘", "사랑을 드립니다. 기쁨을 드립니다", "키도 크고 몸도 튼튼"처럼 제품이 가지고 있는 특징이나 소비자에게 주고자 하는 혜택을 나열하는 데 대구를 활용하는 방법이다. 이 두 가지

유형 모두 읽고, 말하고, 듣고, 기억하기 쉽게 하기 위해 대구를 반복적으로 사용하고 있음을 같은 목적으로 하고 있다고 할 수 있다.

b. 대조법을 사용하는 슬로건

- 가격은 꼬마키! 품질은 엄마손!-아몽
- 꼬마신사 꼬마숙녀-해피아이
- 급할수록 귀할수록-DHL
- 맡기는 꿈, 찾는 행복-대구은행
- 엄마사랑, 아기사랑-라라마미
- 정다운 빙그레, 용감한 이글스-빙그레이글스
- 하늘만큼 땅만큼-교보생명

대조법은 문학적으로 서로 상반되는 대상이나 내용을 내세워 전달하고자 하는 주제를 강조하거나 인상을 선명하게 하기 위해 활용하는 수사법이다. 광고 슬로건에서의 대조는 대구에 비해 상대적으로 활용도가 높지 않다. 위의 사례들에서 볼 수 있듯이 "가격은 꼬마키! 품질은 엄마손!", "급할수록 귀할수록", "정다운 빙그레, 용감한 이글스" 정도가 어느 정도 대구의 역할을 하고 있다고 볼 수 있으며, 기타 슬로건의 경우 타깃이나 메시지의 폭을 넓히는 데 대조의 기법을 애교 정도로 활용하고 있는 것을 볼 수 있다. 이 역시 슬로건의 리듬에 역할을 하고 있는 것은 대구와 다르지 않다.

(4) 두운과 각운

두운은 구나 행의 첫머리에 규칙적으로 같은 운의 글자를 배치시키는 일이고, 각운은 이와는 거꾸로 구나 행의 끝에 규칙적으로 같은 글자를 배치시켜서 활용하는 수사법이다. 슬로건에서 두운과 각운과 같은 반복적 운율을 활용하는 가장 큰 이유는 읽거나 듣기 쉽고 이를 통해 기억을

용이하게 하기 위해서이다.

a. 두운을 활용하는 슬로건

- 1등 바람 1등 에어컨–LG휘센
- 더 멋있게, 더 안전하게–뉴르망
- 신선한 공기, 신나는 하루–서울랜드
- 좋은 사람 좋은 기름–S Oil

b. 각운을 활용하는 슬로건

- 급할수록 귀할수록–DHL
- 이 튼튼 뼈 튼튼–칼톤
- 피로도 바로, 활력도 바로–바로코민
- 하늘만큼 땅만큼–교보생명

(5) 직유와 은유

슬로건은 기본적으로 기업이나 브랜드를 포장하여 리본을 달아주는 역할을 한다는 점에서 보면 비유를 어떻게 사용해야 하는가라는 고민은 의미가 있다. 때로는 직유를 활용하여 메시지를 명확하게 수식하기도 하고, 경우에 따라서는 은유로 돌아가기도 하지만 잊지 말아야 할 것은 그것이 직유이건 은유이건 간에 전달하고자 하는 메시지의 임무는 명확하게 전달할 수 있는 방법을 선택해야 한다는 것이다. 이희복(2006)의 연구에서는 기업슬로건과 제품슬로건에서 모두 은유형태의 슬로건이 80%와 41.2%로 가장 많이 나타났다.

a. 직유 형태의 슬로건

- 가족 같은 골프웨어–IMPERIAL
- 내 집 같이 가족 같이–외환은행

- 연인의 손길처럼 피부를 달래주는–연인과연인
- 오랜 친구처럼 기분 좋은 옷–메이폴

b. 은유 형태의 슬로건

- 라면의 캡틴–캡틴
- 모발의 혁명–밀란
- 바르는 피부보약–비취가인
- 보험은 사랑입니다–삼성생명
- 神들의 산책–RODIUS
- 첫사랑의 맛–칼피스

(6) 비교우위 표현

광고는 결국 '경쟁우위 화법'이다. 현대를 사는 모든 제품이 경쟁이듯, 그 제품들을 수식하는 슬로건 역시 경쟁의 굴레에서 자유로울 수 없다. 따라서 많은 슬로건들은 때로는 경쟁제품들과, 때로는 이전의 제품들과, 그리고 그 제품을 둘러싸고 있는 카테고리 속에서 경쟁우위를 차지하기 위해 분투노력하고 있는 모습을 발견할 수 있다. 심지어 기존의 모든 제품들과의 차별화를 선언하는 과감한 슬로건도 찾아볼 수 있다.

a. 단순상위 표현

- 대한민국 1%–렉스턴
- 라면은 농심이 맛있습니다–농심라면
- 상위 1%를 위한 장타 드라이버–BIG BaNG
- 소주 위에 소주–김삿갓
- 오래가는 건전지–듀라셀
- 제대로 만든 크래커–ZEC

꼭 비교의 대상을 거론하지 않아도 자신의 제품이 경쟁제품에 비해 상위에 있음을 알리고자 하는 방법으로 자기 제품의 특장점이나 우수함을 눈치 보지 않고 표현해 내는 슬로건이 있다. '대한민국 1%', '상위 1%'를 거론하거나, 지금까지의 제품과는 다르게 '제대로' 만들었다는 내용을 슬로건에 포함시키는 것은 경쟁상대를 거론하지 않아도 경쟁우위의 효과를 누리기에 충분한 슬로건들이다. 그러나 주의할 것은 무작정 자사 상품의 경쟁적 우위를 주장한다고 해서 모든 소비자들이 이를 인정해 주는 것은 아니다. 제품에 대한 자타공인의 인증이 있거나 최소한 제품력에서 객관적인 입증을 확신할 수 있을 때 비로소 빈 수레가 아닌 명실상부한 '경쟁우위'의 지위를 차지할 것이다.

b. 경쟁제품대비 우위 표현

- 더 빠르고 더 안전한–한진해운
- 더 편리한 카드–외환비자카드
- 물이 좋아 더 맛있는 맥주–하이트
- 앞서가는 미용실에만 판매하는–꾸오레화장품
- 앞선 기술, 앞선 품질–벽산
- 앞선 기술로 꿈을, 첨단 자동차로 세계를–기아산업
- 앞선 기술이 건강을 창조합니다–유닉스전자

슬로건을 통해 경쟁우위를 차지하는 가장 단순하고 쉬운 방법은 그야말로 경쟁사 대비 자사제품의 우월함을 표현하는 것이다. 상대보다 더 빠르고, 상대보다 더 편리하고, 상대보다 더 앞선 기술을 표현하여 자사 제품의 우월함을 알리는 방법이다. 그러나 이 역시도 공허한 외침을 벗어나기 위한 카피라이터의 노력은 필수임을 잊지 말자.

c. 시대적으로 앞서감을 표현

- 더 나은 미래를 향한 동행–HYUNDAI MOTOR GROUP

- 더 좋은 내일을 위해–OB맥주
- 보다 나은 생활을 위한 보다 나은 제품–한국듀폰
- 우리의 생각은 항상 앞서간다–델시
- 함께 만드는 더 똑똑한 세상–IBM

슬로건을 통해 '어제보다 더 나은 내일'을 위해 항상 노력하고 있음을 드러내는 것도 기업이나 브랜드가 고객을 위해 노력하는 모습을 보여주는 또 하나의 방법이다. 이러한 방법은 앞서 설명한 '단순상위 표현'이나 '경쟁제품 대비 상위 표현'에 비해 다소 우월함이 약하게 전달될 수 있다는 우려가 있을 수 있지만 장기적으로 소비자의 마음을 움직이기 시작한다면 향후 기업이나 브랜드의 이미지 향상에 기대 이상의 역할을 할 수 있다.

d. 카테고리의 차별화

- 닦지 말고 씻자–웅진룰루비데
- 라면이 아니라 뉴면입니다–빙그레뉴면
- 씹어 먹는 젤리주스–조이젤
- 열공하지 말고 올공하자–올공
- 진심이 짓습니다–e편한세상

슬로건으로 경쟁우위를 말하는 방법 가운데 또 다른 하나는 지금까지의 모든 제품들과 전혀 다른 제품임을 강조하는 것이다. 또는 지금까지 소비자들의 라이프 스타일을 송두리째 바꾸어 놓을 만한 새로운 이슈를 슬로건을 통해 제안함으로써 싸움의 상대가 없는 새로운 싸움의 장으로 자신의 제품을 이동시키는 것이다.

특히, 강력한 리더 브랜드가 시장을 지배하고 있는 상황이라면 더욱이 전혀 새로운 차원에서의 '발상의 전환'이 필요하고 효과적이다. 당신의 브랜드가 카테고리 차별화에 성공한다면 그 시장에서는 허허벌판이 모두 내 땅이고, 당분간 당신의 주위에 심기를 불편하게 하는 상대도 없을 것이다.

(7) 기타 정보유형

슬로건이 할 수 있는 역할 가운데 하나는 기업이나 제품이 가지고 있는 전문성이나 혜택들에 대한 정보를 설득력 있게 제공하는 것이다. 기업의 능력이나 제품력에 대한 객관적이고 신뢰할 만한 정보가 슬로건을 통해 소비자의 마음에 기억되고 저장된다면 거액의 비용을 들여 노출하는 다양한 매체광고의 효과 못지않은 슬로건 효과를 기대할 수 있다.

- 10억 항균이 살아 있는－비오플
- 100% 손으로 만든－미스터피자
- 100% 현미의 영양 그대로－신양현미유
- 12시간 지속형 진해 거담제－카벤
- 12시간 지속형 향기 좋은 전자모기향－베이프매트 훈증기
- 124년의 침대역사－시몬스침대
- 3달 만에 7kg 이상을 목표로－누트리쿠키
- 3중으로 보온되는 내의－보온메리
- 3중 차콜필터의 부드러운 맛－캐빈85마일드
- 30대 여성피부를 위한 새로운 출발－뜨레아
- 4가지 복합 성분약 성인병 치료 예방약－포리감마론
- 4명까지 동시에 통화하는－KT멤버링
- 60일 액체 전자모기향－베이프60리퀴드
- 7~8분이면 염색되는－세븐에이트
- 70%는 바다를 건너 갑니다－스포티지
- 8일 모심기에 가장 적합한－국제산파이앙기
- 80% 절전되는 전구－롱세이브

숫자의 매력은 슬로건에서도 죽지 않는다. 슬로건에 구체적인 숫자를 활용함으로써 제품이 주고 있는 정보에 신뢰를 더하는 역할을 한다. 뿐만 아니라 그 효능이나 혜택을 구체화시켜 줌으로써 눈에 보이고 손에 잡히는 느낌을 전달해 주는 것이다. 막연한 우위를 말하는 슬로건보다 손에 잡히는 정보를 주는 슬로건의 힘이 입증되는 순간이다.

- 독일에서 온 종합 상처치료제–티로서겔
- 마시는 간장약–생력
- 마시는 비타민 C–비타500
- 몸에 뿌리는 모기 쫓는 약–리페란
- 물만 부어 사용하는 드라이몰탈의 대명사–레미탈
- 바르는 여성 호르몬제–샤랑드
- 원적외선이 나오는–삼성 바이오TV
- 자기 전에 씹는 껌–자일리톨
- 지하철 4호선 혜화역–동숭아트센터
- 통이 돌아 통째로 비벼줍니다–통돌이

슬로건을 통해서 소비자에게 정보를 전달하는 방법은 숫자 말고도 다양하게 있을 수 있다. 신뢰할 수 있을 출처를 밝히거나, 새로운 활용법을 소개하거나, 새로운 기능이나 새로운 소비자층을 대상으로 한다는 것을 밝힘으로써 관심을 끌고 새로운 욕구를 창출해 낼 수 있는 것이다. 원산지 표기는 횟집 말고 슬로건에서도 주효한가 보다. 이렇듯 한 줄의 슬로건은 다양한 문장구조와 핵심단어, 그리고 각양의 표현방법으로 주목도와 설득력을 높이려는 노력을 하고 있다. 이 가운데 무엇이 지금 우리에게 필요하고 효과적인 방법인지는 제품에 따라, 시기에 따라, 시장에 따라 그 적용의 예가 달라지기 때문에 전략가와 크리에이터가 머리를 맞대고 풀어 나가야 할 숙제다.

5. 슬로건의 지향성

명확한 광고목표(Advertising Object)나 핵심 인사이트(Key Insight)의 설정이 광고효과를 높여 주듯 슬로건의 다양한 지향성에 대한 세심한 배려가 보다 효과적이고 경쟁력 있는 슬로건을 창작하는 데 많은 도움을 준다. 즉, 해당 제품이나 브랜드가 지니고 있는 시장상황, 제품 자체의 특장점, 유통, 소비자 환경 등에 대한 세심한 고려를 바탕으로 하여 슬로건이 나아가고자 하는 명확한 방향을 제시하는 것은 마치 광고 메시지의 핵심인 콘셉트를 결정하는 것 못지않게 중요한 일이라 하겠다. 슬로건의 다양한 지향성에 영향을 주는 요소들로는 제품의 시장 점유율, 경쟁 제품, 제품의 수명주기, 제품의 특장점 및 유통상황 그리고 소비자 환경 등을 들 수 있다.

1) 타깃지향(Target Oriented)

성공 캠페인의 가장 대표적인 공통점을 찾으라면 아마도 정확한 목표소비자를 선택하고 그들에게 가장 설득력 있는 메시지를 찾아내어 전달하는 일일 것이다. 결국, 메시지를 찾아내는 일보다 선행되어야 하는 일이 그 메시지를 누구에게 전달할 것인가를 결정하는 일인데 그래야만 우리가 전달하고자 하는 메시지가 배달사고 없이 정확한 주소에 전달될 수 있기 때문이다. 일반적으로 우리가 광고전략을 수립하면서 접근하게 되는 소비자분석이나 행동분석 방법은 다양하다. 그중에서 가장 일반적으로 소비자의 특성을 구분해 내는 방법이 바로 인구통계학적 기준이나 심리학적 기준으로 소비자를 분석하는 방법이다.

• 인구통계학적 기준에 의한 소비자 특성 분류
• 심리학적 기준에 의한 소비자 특성 분류

소비자를 인구통계학적 기준에 의해 분석하는 방법은 소비자의 성별, 연령, 거주지, 직업, 수입, 교육정도 등을 기준으로 그 특성과 구분하여 분류하는 것이다. 이러한 분류 방법은 소비자를 분류하고 분석하는 데 가장 일반적으로 사용되고 있으며, 또 그 방법에 있어서 쉽다는 장점이 있으나, 보다 구체적이고 심도 있는 분석이나 특성분류를 필요로 하는 경우에는 다소의 부족함이 있는 것도 사실이다. 이 경우 심리학적 기준에 의한 소비자 특성 분류를 병행함으로써 그 부족한 부분을 채울 수 있다.

심리학적 기준에 의한 소비자분석 방법은 소비자들의 개성과 라이프스타일, 구매 동기 및 태도와 같은 표면적으로 쉽게 파악하기 힘든 부분들에 대한 세밀한 검토를 통해 이루어진다. 인구통계학적 기준에 의한 분석에 비해 명확성을 갖기 어렵다는 단점이 있음에도 불구하고 보다 깊이 있고 구체적인 특성분석이 가능하다는 이유로 현대 광고에서의 소비자 분석에 중요한 역할을 하면서 활용되고 있다. 이 가운데 특히, 제품의 사용 정도나 상표 충성도 정도에 의한 소비자 분석, 그리고 VALS 분석 등은 제품 판매에 직접적인 효과와 관련한다는 점에서 슬로건 제작에도 중요한 의미를 가지고 활용할 수 있다.

• 제품 사용 정도에 의한 분류
• 상표 충성도 정도에 의한 분류
• VALS 분석에 의한 분류

제품의 사용 정도를 기준으로 소비자를 분류하는 방법은 제품 사용자를 '다량 사용자', '보통 사용자', '소량 사용자'로 구분하여 자사의 광고 전략이나 제품의 특성에 따라 타깃을 달리하고자 할 때 유용하게 활용될 수 있다. 또한 해당 브랜드나 제품에 대한 충성도가 어느 정도 위치에 있는가를 파악하는 일 역시 제품 판매를 위한 다양한 전략과 전술을 수립하고 집행하는 데 있어서 매우 유용한 역할을 하게 된다. VALS 분석은 추구하는 가치와 라이프스타일에 의해 소비자들을 네 집단으로 구분하여 정리하고 있다

① 욕구추구 소비자(needs driven consumers) 집단
② 외부지향 소비자(out directed consumers) 집단
③ 내부지향 소비자(inner directed consumers) 집단
④ 통합적 소비자(integrated consumers) 집단

욕구추구 소비자 집단은 제품에 대한 좋고 나쁨, 또는 그 이미지에 의해 제품을 선택하기보다는 기본적인 욕구를 충족하거나 생계를 유지하기 위한 수단으로 제품을 구매하는 집단을 말한다. 류진한(2011)은 연구논문 「신제품광고의 소구유형에 따른 광고 정보처리 과정에 관한 연구」에서 외부지향 소비자 집단은 제품의 구매나 사용에 다른 사람들의 시선을 많이 의식하는 집단으로 '자기감시(Self-Monitoring) 수준'이 높은 사람들이 속해 있다고 말하고 있다. 이에 반해 내부지향 소비자 집단은 자기중심적이거나 자신의 경험을 중시하거나 사회적 이슈에 관심이 많은 집단으로 대체적으로 독자적으로 행동하는 소비자들을 지칭한다. 마지막의 통합형 소비자 집단은 일반적이지 않으나 앞서 소개한 외부지향 소비자의 특성과 내부지향 소비자의 특성을 혼용하는 매우 성숙된 소비성향을 지닌 소비자 계층을 말한다.

위에 언급한 바와 같은 다양한 광고전략을 바탕으로 탄생한 전략적 슬로건은 카피라이터 개인의 감성적 능력에 의존하는 슬로건이 지니는 리스크를 줄이고 보다 효과적이고 설득력 있는 슬로건을 만드는 데 큰 역할을 할 것이다.

우리는 위급한 상황이 벌어졌을 때 막연하게 "Help Me!"를 외치는 것만으로는 보다 적극적인 도움을 이끌어 내기에 부족하다는 것을 잘 안다. 그때는 주위에 보이는 사람들 중에서 자신을 도와 줄 수 있는 또는 도움을 받고자 하는 사람을 직접적으로 지칭하여 도움을 청하는 것이 효과적이다. 예를 들면, "저기, 청바지 입고 모자 쓰신 두 분 저 좀 도와주세요"라고 구체적인 대상을 가리키라는 것이 그 사람에게 도움을 받을 확률을 더욱 높일 수 있다는 것이다.

슬로건이 '타깃 지향(Target Oriented)'이어야 하는 이유도 그러하다. 슬로건에서 특정한 타깃(Target)을 지칭하여 호명하거나 구분하는 것은 마치 카피의 헤드라인에서 특정 소비자를 구분하여 지칭하는 것처럼 광고에 대한 주목률을 높이고 메시지 전달의 효과를 높이는 데 큰 역할을 한다고 볼 수 있다. 즉, 제품을 구매하는 타깃을 직접 지칭하거나, 제품을 사용하는 타깃을 지칭하거나, 제품을 사용하여 이루고자 하는 모습으로 변화된 모습의 소비자를 거론함으로써 그들에게 보다 관심을 받는 슬로건이 될 수 있는 것이다.

- 10대를 위한 파운데이션 란제리–틴틴
- 20대의 꿈꾸는 외출을 위하여–요하넥스
- 30대 여인의 새로운 경험–아뜨레
- 갱년기 여성을 빛나게 하는–효성 우메켄 석류환
- 꼬마신사 꼬마숙녀–해피아이

• 어린이 직업체험 테마파크–키자니아
• 어린이 치즈–앙팡
• 여성이 행복한 스마트폰–EVE
• 유아에서 고교까지–빨간펜
• CMA를 아는 사람들의 CMA – THE CMA plus

2) 행위지향(Action Oriented)

광고가 항상 소비자들의 최종적인 구매행위에 영향을 주는 것을 목표로 삼지 않는다 하더라도 다양한 모습으로 소비자들의 태도나 행동을 유지하거나, 강화시키거나, 바꾸어 주는 데 역할을 한다. 슬로건도 이와 마찬가지다. 특히, 특정한 캠페인을 이끌어 가는 캠페인 슬로건의 경우 소비자들이 광고주가 원하는 대로 움직일 수 있게 한다면 이보다 효과적인 일은 없을 것이다.

• 닦지 말고 씻자–웅진룰루비데
• 뜨겁게 살자–하이트진로
• 재수 없이 대학 가자–이통대가
• 토요타에 가자–TOYOTA
• 함께 가요, 더 나은 미래–LH
• Play English–TOSS ENGLISH
• Play it 상상–KT&G

AIDMA 이론은 소비자가 제품에 대한 정보를 접하면서 구매에 이르기까지 어떤 과정을 거치게 되는지를 설명하는 것으로 일반적으로 Attention(주의), Interest(흥미), Desire(욕구), Memory(기억), Action(행동)에 이르는 일련의 단계를 거친다는 것이다.

- Attention(주의): 소비자에게 최대한의 집중도를 높여 주의를 갖게 하는 단계
- Interest(흥미): 첫인상에서 주어진 강한 인상을 통해 호기심을 불러일으키게 하는 단계
- Desire(욕망): 소유욕을 유발시켜 심리적 최종 단계(구매)로 연결시키는 단계
- Memory(기억): 가장 강하게 인식된 부분이 기억에 남아 행동(구매)하게 하는 단계
- Action(행동): 소비자가 제품을 직접 구매하는 행동을 취하는 마지막 단계.

(그림 14) AIDMA 모델

또한 AISAS 이론은 AIDMA 이론에 기초한 이론으로 인터넷을 활용하는 마케팅 커뮤니케이션의 과정은 단순히 구매에 그치는 것이 아니라, 다양한 네트워크를 통해 다양한 사람들과 제품에 대한 정보를 공유하고 있다는 것에 초점을 두고 있으며, 특히 부정적인 정보의 경우 그 파급효과가 큼을 강조하고 있다.

위의 두 모델의 공통점은 그 궁극적인 목적이 결국 소비자의 행동(Action and Share)에 있음을 확인할 수 있다.

"슬로건을 통해 소비자를 움직이게 하라!"
"내가 원하는 소비자의 행위를 주문하라!"

우리는 종종 '소비자들은 생각보다 단순하다'라는 것을 느끼곤 한다. 때로는 소비자들은 우리가 주문을 거는 대로 움직여 주기도 한다. 슬로건에서 당신이 원하는 소비자의 행위를 주문 걸어 보라! 어느 날 문득, 시장에서 당신이 원하는 행위를 일삼는 소비자들을 보게 될 것이다.

3) 혜택지향(Benefit Oriented)

소비자들이 가장 원한 것은 그 제품을 구매하여 소비함으로써 자신이 얻게 되는 혜택일 것이다. 그것이 물리적 혜택이든 심리적 혜택이든 간에 궁극적으로 소비자가 제품을 구매하는 이유는 이로부터 얻게 되는 혜택이나 효능을 구매하는 것이나 다름없기 때문이다. 특히, 제약제품이나 기능성 제품들의 경우 소비자가 원하는 혜택에 대한 약속만큼 강력한 이슈는 없다.

- 갈증해소를 위한 음료—게토레이
- 공기처럼 가벼운 스마트—Mirach A
- 누리세요! 쇼핑특권—OK캐쉬백쿠폰
- 다리가 길어 보이는 학생복—아이비클럽
- 서민이 활짝 웃는 그날까지—미소금융중앙재단
- 성공할 수밖에 없는—English Bus
- 수학내신 100% 잡아주는—노개명수학
- 어깨가 편안한 정장—바쏘
- 오래가는 관절염 치료엔—오스테민

- 입 냄새 싹–후라보노
- 재수 없는 인터넷 수능학습–이통대가
- 펀드를 키우는 좋은 계획–하나대투증권
- 피를 잘 돌게 하는–써큐란
- DHA가 머리를 좋게 한다–엘리트

소비자들은 각기 자신이 가지고 있는 문제를 해결하기 위해 제품을 구매한다. 그것이 생리적인 욕구 충족에 관한 것이든 심리적 욕구충족에 관한 것이든 말이다. 그렇다면 당신의 소비자가 '광고를 통해서 어떤 욕구를 충족하기를 원할까?'를 파악하는 일은 그 어떤 전략보다도 선행되어야 할 일임에 틀림이 없다.

매슬로우(A. H. Maslow)는 인간의 욕구를 다음의 5단계로 나누어 설명하고 있다

- 제1단계: 생리적 욕구
- 제2단계: 안정(안전)의 욕구
- 제3단계: 사랑과 소속의 욕구
- 제4단계: 존경의 욕구
- 제5단계: 자아실현의 욕구

지금 우리가 쓰려고 하는 슬로건의 제품이 소비자의 어떤 욕구를 충족시키기 위한 것인지를 곰곰이 생각해 보자. 무작정 멋드러진 슬로건을 만들어 내는 것만이 능사가 아니라는 것을 깨닫게 될 것이다. 왜냐하면, 인간은 매슬로우(A. H. Maslow)가 제시하는 몇 가지 욕구 중 한두 가지를 충족시키면서 살 수 있는 존재가 아니기 때문이다. 즉, 다양한 제

품을 구매하여 소비하면서 다양한 욕구를 충족시키며 살아가는 존재이기 때문에 우리가 광고하고자 하는 제품마다 그 제품이 충족시켜 주어야 하는 욕구가 다르다는 것이다. 이는 그 충족욕구에 따라 슬로건에서 충족시킬 수 있는 욕구도 달라져야 한다는 것을 의미한다.

◎ 생리적 욕구를 충족시키는 슬로건

배고픔이나 갈증, 아픔, 추위나 더위와 같은 인간의 육체적인 불만족이나 고통으로부터 탈피하고자 하는 욕구를 충족시키는 슬로건

- 갈증해소를 위한 음료–게토레이
- 두통 · 치통 · 생리통엔–게보린
- 먹고 싶은 이유식–거버
- 쾌변–불가리스

◎ 안정(안전)의 욕구를 충족시키는 슬로건

주택이나 의류, 재산 등을 통해 보다 안전하고 안정적인 생활을 유지시키고자 하는 욕구를 충족시키는 슬로건

- 생활을 편리하게–오트론후리콘
- 생명을 소중히 하는 차–VOLVO
- 안락하고 튼튼한–우방주택
- 편안한 패션내의–트라이

◎ 사랑과 소속의 욕구를 충족시키는 슬로건

생리적 욕구나 안정에의 욕구보다는 한 차원 높은 수준의 욕구로 상대

로부터 사랑받고자 하는 욕구나 자신이 속해 있는 조직으로부터 인정받고자 하는 욕구를 충족시키는 슬로건

- 가정에 행복을 주는–울트라믹서
- 다리가 길어 보이는 학생복–아이비클럽
- 예쁘게 걸어요–캐리부룩
- 함께하는 즐거움–크라운맥주

◎ 존경의 욕구를 충족시키는 슬로건

자신에 대한 만족과 성취의 느낌이 강한 욕구, 사회로부터 인정받고자 하는 욕구, 특권이나 사회적 지위를 누리고자 하는 욕구를 충족시켜 주는 슬로건

- 가치를 아는 사람, 당신은 다릅니다–SM5
- 귀한 분을 위한 귀한 차–재규어
- 누리세요! 쇼핑특권–OK캐쉬백쿠폰
- 당신이 사는 곳이 당신이 누구인지 말해줍니다–Lotte Castle
- 성공한 남자의 이미지–YVSSAINTLAURENT

◎ 자아실현의 욕구를 충족시키는 슬로건

자신의 능력과 기술 또는 잠재력을 최대한 실현시키려는 욕구를 충족시키는 슬로건

- 그 여자의 자기발견–디크라쎄
- 사랑의 실천–한양대학교

- 세계경영-대우
- 세계를 향해 빛을 여는-계명대학교
- 인류에 봉사하는-오리리화장품

뿐만 아니라, 로버트 세틀(Robert Settle)과 파멜라 알렉(Pamela Alreck)은 그들의 저서 《상품 구매의 이유: 미국 소비자의 겉과 속》에서 매슬로우(A. H. Maslow)의 인간의 5단계 욕구가 포함하고 있지 않은 세부적인 소비자 성향까지 다루어 나열하고 있다. 매슬로우(A. H. Maslow)의 5단계 욕구가 수직적인 관계에 있음에 비해 로버트 세틀(Robert Settle)과 파멜라 알렉(Pamela Alreck)이 주장하는 욕구는 수평적 관계를 지니고 있다는 데 가장 큰 차이가 있다. 따라서 이 같은 소비자들의 욕구를 만족시켜 주는 슬로건 커뮤니케이션 방법을 찾아내는 것 또한 의미 있다고 하겠다.

- 성취의 욕구: 어려운 일을 수행하여 성과를 이루고자 하는 욕구
- 독립의 욕구: 자율적이며 남들과 다른 개성을 지니고 싶어 하는 욕구
- 전시의 욕구: 대중 속에서 관심을 끌고 주목받고자 하는 욕구
- 인정의 욕구: 타인으로부터 긍정적인 평가를 얻고자 하는 욕구
- 지배의 욕구: 타인을 상위에서 지배하거나 감독하고자 하는 욕구
- 제휴의 욕구: 타인과 조직에서 친밀한 관계를 조성하고자 하는 욕구
- 보호의 욕구: 사람이나 동물, 사물 등을 살피고 보호하고자 하는 욕구
- 의존의 욕구: 타인의 도움으로 안정적인 생활을 유지하고자 하는 욕구
- 성적 욕구: 성적인 매력과 만족을 느끼기 원하는 욕구
- 자극의 욕구: 심신을 자극하고 단련하여 건강한 생활을 유지하기 위

한 욕구

- 기분전환의 욕구: 피로를 풀고 즐거움과 행복을 느끼고자 하는 욕구
- 새로운 경험의 욕구: 일상에서 탈피하여 새로운 변화를 경험하고자 하는 욕구
- 이해의 욕구: 학습하고 이해하여 지적 수준을 높이고자 하는 욕구
- 일관성의 욕구: 불확실한 변화보다는 안정적인 일관성에 가치를 두는 욕구
- 안전의 욕구: 위험으로부터 자신을 보호하고자 하는 욕구

"제품이나 브랜드에서 경쟁력 있는 특성을 찾아내라!"
"제품에서 찾아낸 특성으로 슬로건을 통해 소비자에게 매력적인 약속을 하라"

그 약속 자체가 소비자들에게 행복을 선물할 것이고, 제품을 통해 그 약속을 지킨다면 그 제품과 슬로건은 아마도 아주 긴 기간 동안 소비자들의 사랑을 받을 것이다.

4) 개성지향(Personality Oriented)

본 장에서 다루고 있는 개성지향(Personality Oriented) 슬로건과 다음 장에서 다루고자 하는 차별지향(Differ Oriented) 슬로건은 다소 동일한 맥락에서 해석되어져야 할 부분이 있다. 즉, 제품이나 브랜드의 개성이나 차별점을 중심으로 접근하는 전략 가운데 몇 가지가 맥을 같이하기 때문이다. USP(Unique Selling Proposition) 전략이 그렇고, SMP(Single Minded Proposition) 전략이 그렇고, 또 브랜드 이미지(Brand Image) 전략이 그 맥을 같이한다고 볼 수 있다. 그것이 생산자

중심의 제품에서 비롯된 것인지, 소비자 중심의 인식에서 비롯된 것인지, 또 얼마만큼 장기적이고 탄탄한 전략의 결과인지가 다소 차이를 보일 뿐 그 핵심이 제품이나 브랜드의 개성이나 차별화에 초점을 두고 있는 것은 사실이기 때문이다. 제품이 다양해지고 기술이 발달하여 제품간의 차별화된 특성을 자랑하기가 쉽지 않은 것이 현실이다. 설령 차별화된 제품을 개발하여 생산한다 하더라도 발달된 기술로 인해 금방 유사하거나 더욱 경쟁력 있는 제품이 시장에 나오는데까지 걸리는 시간은 그리 오래 걸리지 않기 때문이다. 그럼에도 불구하고 개성 있고 경쟁력 있는 제품 개발을 위한 지속적인 노력과 이를 찾아내고 강조하여 소비자에게 전달하고자 하는 노력은 계속되어야 한다. 그 역할의 중심에 다름 아닌 슬로건이 있다. 제품이 지니고 있는 개성을 찾아내고 그 개성을 특성화시킨 설득력 있는 슬로건을 만들어 내는 일이야말로 시장에서 제품의 판매를 돕고 제품의 수명을 늘리는 일에 일등공신이라고 할 수 있는 것이다.

- 100% 손으로 만든 피자–미스터피자
- 100% 우리 쌀로 바르게 빚은 술–화랑
- 3중 차콜필터의 부드러운 맛–캐빈85마일드
- 48년 최씨고집–우황청심원
- 7~8분이면 염색되는–세븐에이트
- 눈으로 마시는 맥주–카프리
- 80% 절전되는 전구–롱세이브
- 기름 뺀 수타피자–미스터피자
- 마시는 간장약–생력
- 야채가 신선한 집–채선당

- 제대로 만든 크래커–ZEC
- 활동주의 젖병–엔젤젖병2000
- 힘 좋은 세탁기–매직파워세탁기

개성지향적인 슬로건은 위와 같이 단순히 구체적이고 객관적인, 즉 눈에 보이는 차별화를 꾀하기도 하지만 우월한 고급감 등의 감성적 개성을 강조하여 접근하기도 한다.

- 귀족의 품위–다우닝산업
- 귀족의 멋과 향취–체스
- 가죽패션의 신귀족주의–샤샤
- 영국이 낳은 스포츠의 귀족–슬레진저

때로는 제품의 다소 부족한 부분마저도 개성 있고 경쟁력 있는 슬로건 한 줄의 힘으로 일으켜 세우는 경우도 종종 보게 된다. 개성 있고 경쟁력 있는 슬로건을 만들어 내는 일은 경쟁력있는 제품을 만드는 일 못지않게 노력을 기울여야 할 일이다.

5) 차별지향(Differ Oriented)

사실 차별화라고 하는 것은 차별지향(Differ Oriented) 하나만을 가지고 형성되는 것은 아니다. 앞서 언급한 타깃(Target), 행위(Action), 혜택(Benefit), 개성(Personality) 등의 노력이 시너지를 이루어 비로소 차별지향(Differ Oriented)적인 슬로건을 탄생시키게 되는 것이다. 본 장에서는 이 가운데 경쟁적 차별성을 지니는 슬로건에 제한하여 살펴보고자 한다. 설득력 있는 광고나 슬로건이 필요한 이유의 가장 근원적인 배경에는 '경쟁'이라는 피할 수 없는 시장환경 속에 놓여 있기 때문이다. 즉, 세계유일의 독점제품이 아닌 경우 대부분의 제품들은 지금 시장에서 함께 경쟁하고 있는 수많은 제품들과 얼마만큼 차별화된 경쟁력을 지니고 있느냐가 승패의 관건일 것이다. 지금까지 시장에 없었던 새로운 제품, 지금까지보다 더 효과적인 성능이나 매력, 또는 전혀 새로운 이슈의 창조와 전달 등 지금까지와는 '다름'의 매력을 보여 주어야 하는 것이다.

- 거품 없는 여행–노랑풍선
- 대한민국 1등 할인점–emart
- 더 빠르고 더 안전한–한진해운
- 독일에서 온 종합상처치료제–티로서겔
- 라면은 농심이 맛있습니다–농심라면
- 라면이 아니라 뉴면입니다–뉴면
- 비교할수록–아이퍼스트
- 삼성이 만들면 다릅니다–삼성자동차카드
- 소주 위에 소주–김삿갓
- 이젠 요구르트가 아니라 이오입니다–이오
- No.1 AD Portal–TVCF
- 그녀는 프로다. 프로는 아름답다–베스띠벨리

그러나, 잊지 말아야 할 것은 단순히 '차별화를 위한 차별화'가 아니어야 한다는 것이다. 즉, 그 차별화는 철저하게 소비자의 니즈에서 출발한 것이어야 한다는 것은 두 번 언급할 필요가 없다.

6. 명작 슬로건이 숨어있는 곳

좋은 슬로건은 어디에 숨어 있을까? 슬로건의 아이디어는 어디에서 출발하는가? 부자의 눈에는 돈의 흐름이 보인다고 한다. 좋은 슬로건이 시작되는 곳과 좋은 슬로건의 호재가 머무는 곳을 보는 눈을 가진 카피라이터가 있다면 그는 아마 명작 슬로건을 창작해 내는 달인이 될 것이다.

1) 좋은 슬로건은 제품(서비스) 속에 있다.

모든 광고의 빅 아이디어가 그렇듯, 좋은 슬로건의 핵심적인 아이디어는 어쩌면 지금 당신의 눈 앞에 있는 제품 속에 있을지도 모르는 일이다. 제품을 만들게 된 계기, 제품이 탄생하게 된 역사, 제품이 가진 장점과 심지어는 단점까지도 슬로건을 만들어 주는 좋은 아이템이 될 수 있다는 것이다. 좋은 슬로건을 창조하기 위해 제품을 고민하고 만들어 낸 연구자를 만나라. 좋은 슬로건을 창조하기 위해 제품을 생산하는 공장에 직접 찾아가 보라. 좋은 슬로건을 창조하기 위해 제품을 직접 써 보고 느껴 보라. 좋은 슬로건을 창조하기 위해 기꺼이 세상에서 가장 까다로운 소비자가 되어 보라. 좋은 슬로건을 만들어 낸 카피라이터라면 아마도 공장이나 연구원의 어느 직원보다도 그 제품을 더 잘 알 것이다. 현미경으로 제품의 상하좌우, 안과 밖을 꼼꼼히 살펴보라. 그 속에서 소름 돋는 아이디어를 발굴해 내라.

(1) 브랜드 네임에서 찾은 슬로건 아이디어

- 고뿔에는–고프레
- 매트 매트–홈매트

- 쌍둥이 할 때 쌍, 감기 할 때 감–쌍감탕
- 알 만한 사람은 다 안다구요–알마겔
- 오래 써서 롱, 절약해서 세이브–롱세이브
- 이가 탄탄–이가탄

(2) 제품의 특징에서 찾은 슬로건 아이디어

- 7~8분이면 염색되는–세븐에이트
- 겔타입의 휴대용 위장약–겔포스
- 마시는 간장약–생력
- 線이 매혹적인 구두패션–비제바노
- 숨쉬는 고무장갑–보성라텍스

(3) 제품의 역사에서 찾은 슬로건 아이디어

- 100년의 資材를 100년의 石材로–일신석재
- 48년 최씨고집–우황청심원
- 국내최초 보험금 현장지급 서비스–캐쉬익스프레스
- 삼보컴퓨터의 역사가 한국컴퓨터의 역사입니다–삼보컴퓨터
- 좋은 책 만들기 반세기–동아출판사

(4) 제품 생산과정에서 찾은 슬로건 아이디어

- 100% 현미의 영양 그대로–신양현미유
- 기름 뺀 수타피자–Mr. Pizza
- 독일에서 온 종합상처치료제–티로서겔

(5) 제품 유통과정에서 찾은 슬로건 아이디어

- 세계 50여 개국에 수출하는–한국도자기
- 수퍼에서 따는 신선한 아가용 과일–아기밀베이비쥬스
- 원료에서 배달까지 신선하게–풀무원녹즙
- 직영목장에서 식탁까지–신세계한우

- 진짜 피로회복제는 약국에 있습니다–박카스

(6) 제품 포장에서 찾은 슬로건 아이디어

- 60일 액체 전자모기향–베이프60리퀴드
- 주머니 속의 액체 위장약–겔포스
- 칙~뿌리는 무좀약–토오졸
- 캡슐형의 진통제–세다핀A

(7) 제품 타깃에서 찾은 슬로건 아이디어

- 깔끔한 숙녀들의 깔끔한 맛–밥알없는정식혜
- 골프가 좋은 사람들–Promate
- 상위 1%를 위한 장타 드라이버–BIG BaNG
- 어르신을 위한 즐거운 임플란트–락플란트치과의원
- 활동파 비즈니스맨을 위한 소프트슈즈–Mr. SOFT
- CMA를 아는 사람들의 CMA–THE CMA plus

(8) 가격이나 A/S에서 찾은 슬로건 아이디어

- 80% 절전되는 전구–롱세이브
- 달리는 合理主義–피아트크로마
- 도시감각의 3만 원대 패션구두–브랑누아
- 사서 바로 쓰고, 충전해서 또 쓰는 건전지–알카바
- 오래 써서 롱, 절약해서 세이브–롱세이브
- 적은 연료비, 거뜬한 파워–가스부스터

2) 좋은 슬로건은 소비자 마음속에 있다.

결국 좋은 제품은 소비자들의 열렬한 욕구가 만들어 낸다. 때문에 좋은 슬로건 역시 소비자들의 욕구 속에 몸을 감추고 있을 가능성이 높다. 노크를 하고 소비자의 마음속으로 들어가 보라. 그리고 정중하게 소비자에게 물어라. 아마도 좋은 슬로건을 써 주지는 못해도 좋은 슬로건을 창조할 수 있는 매력적인 힌트는 줄 것이다. 소비자가 주지 않으면 그것을 느끼고 뽑아내는 것이 바로 능력있는 카피라이터의 몫인 것이다.

(1) 소비자의 욕구를 찾아내라

기업이나 제품이 소비자에게 줄 수 있는 이점은 다양하다. 그러나 광고를 통해 소비자에게 이점을 전달하는 방법으로 USP나 SMP를 이야기하듯이 슬로건에 있어서도 제품을 통해 얻을 수 있는 소비자의 다양한 혜택들을 찾아내고, 그 혜택들 가운데 가장 경쟁력 있는 욕구를 찾아내어 그것을 슬로건으로 승화시켜라. 그것이 소비자에게 사랑받고 오래도록 살아남는 슬로건을 만드는 지름길이다.

- 7~8분이면 염색되는–세븐에이트
- 가능성 있는 한 방–토토
- 겔타입의 휴대용 위장약–겔포스
- 다리가 길어 보이는 학생복–아이비클럽
- 단 하루라도 높은 이자–대구투자금융
- 뒤끝이 깨끗한–패스포트 그린
- 뿌리 뽑는 무좀약–라미실
- 아, 날씬해지고 싶어!–화이버트 · 정
- 인생역전–로또
- 입 냄새 싹–후라보노
- 최고로 키우세요–베비라
- 치아 미백제–나츄랄화이트
- 쾌변–불가리스
- 크는 아이들 영양 보급에–클레오 · 산

(2) 소비자의 욕구를 증대시켜라

소비자가 지금까지 가지고 있었던 욕구를 슬로건을 통해서 증대시키는 일은 소비자의 욕구를 찾아내는 일보다 적극적인 마케팅 노력이다. 소비자 마음속에 새로운 욕구를 만들어 주거나 식어가는 욕구를 다시 불태우게 함으로써 제품에 대한 매력과 구매욕구가 다시 살아날 수 있다.

- 구김으로부터의 자유–wrinkle free
- 급할수록 귀할수록–DHL
- 이제, 목으로 느낀다–OB ICE
- 자일리톨이 들어 있는–자일덴트치약
- 졸음 없는 코감기약–지미코
- 폼나는 새치염색–비겐크림폼
- 환경은 녹색풍, 생활은 미래풍–귀빈타운

(3) 소비자의 욕구를 창조하라

신제품이나 소비자가 아직 실생활 속에서 절실한 필요성이나 불편함을 느끼지 못하고 있는 제품이라면 슬로건을 통해 적극적으로 제품이나 브랜드에 대한 필요성이나 욕구를 창출해 내는 것도 좋은 방법이다. 어차피 완전히 새로운 제품이 세상에 탄생한다는 것은 불가능에 가까운 일이며, 따라서 슬로건을 통해 아직 소비자가 인식하지 못하고 있는 특정한 욕구를 능동적으로 찾아 소비자에게 전달해 주는 것도 훌륭한 방법이라 생각되는 것이다.

- 12시간 지속형 향기 좋은 전자모기향–베이프매트 훈증기
- 눈으로 마시는 맥주–카프리
- 세균까지 잡아먹는 공기 청정제–오조넥스
- 빅맨, 패션의 시작입니다–빅맨
- 화장을 잘 지우는 포인트–POINT

3) 좋은 슬로건은 시장 속에 있다.

우리는 소비자에게 공감과 임팩트를 줄 수 있는 훌륭한 카피를 찾아내기 위해 슈퍼마켓이나 대리점에서 몇 날 며칠을 서성인 경험이 비일비재하다. 이러한 노력은 다름 아닌 좋은 카피는 소비자와 제품이 만나는 접점에서 마치 스파크가 일어나듯이 '유레카'하고 떠오를 수 있기 때문이다. 이것은 슬로건도 예외가 아니다. 소비자가 공감할 수 있는 좋은 슬로건은 어쩌면 제품을 선택하는 시장 한복판에 잠재해 있는지도 모른다. 범인이 백주대낮에 거리를 활보하는데 우리는 그 정체를 못 알아보는 경우도 있다. 명작 슬로건을 만들기 위해 시장으로 나가자! 훌륭한 슬로건은 책상 앞에 가만히 앉아 탄생하는 것이 아니다. 카피라이터의 땀나는 발품 아래에서 탄생한다.

4) 좋은 슬로건은 경쟁제품이 가르쳐 준다.

우리는 때로 경쟁제품이나 경쟁회사에서 천우신조(天佑神助) 같은 빅 아이디어를 얻기도 한다. 경쟁제품 대비 우위에 있는 이미지나 제품력이 우리에게 경쟁력 있는 슬로건의 시초를 제공하기도 하지만, 때로는 경쟁사나 경쟁제품 대비 열세에 있는 상황이 전화위복처럼 힘있는 슬로건을 탄생시키기도 하는 것이다. 따라서 우리가 슬로건이나 카피를 창작해 내는 과정에서 꼭 제품의 경쟁력을 필요로 한다면 그것은 우리의 크리에이티브가 할 수 있는 역할의 폭을 그만큼 좁히는 것이라 할 수 있다. 우리 제품에 경쟁력 있는 이야깃거리가 부족하다면 내일부터라도 경쟁사나 경쟁제품에서 아이디어를 찾기에 혈안이 되어 보라! 분명히 후회하지 않을 만큼 만족스러운 슬로건 하나를 얻게 될 것이다.

• 기름 뺀 수타피자–Mr. Pizza
• 남는 게 있는 주스–과일촌
• 닦지 말고 씻자–웅진룰루비데
• 비교할수록–아이퍼스트
• 울타리 없는 학교–윤선생영어교실

7. 명작 슬로건 창작 단계

좋은 슬로건을 창작하는 데 있어서 방법이나 절차가 따로 있을 수 없다. 그러나 지난 21년 동안 카피를 쓰고 수많은 광고캠페인의 크리에이티브를 디렉팅하면서 나름의 효과적인 카피라이팅 방법을 몸으로 체득할 수 있었다. 특히, 본인이 직접 캠페인의 카피라이터로 참여할 때와 직접적인 카피라이팅 작업에서 반 발 떨어져 캠페인 디렉터로서의 역할을 할 때는 카피를 대하거나 보는 시야의 깊이와 넓이가 다르다. 지나고 보니 후자가 훨씬 더 넓은 시각에서 캠페인을 보게 되고, 따라서 어떻게 하면 좀 더 효과적인 방법으로 힘 있는 카피를 써 낼 수 있을까에 대한 고민도 그 시절에 관심을 가지고 숙고했던 부분이다.

슬로건을 창작해 내는 일은 헤드라인을 쓰거나 바디카피를 써 내는 작업과는 다소의 차이를 갖는다. 슬로건은 어쨌든 해당 브랜드나 제품에 모든 초점이 맞추어져야 하기 때문이다. 그리고 설득의 절차를 갖거나, 다른 광고 요소들과 시너지를 기대할 수 없는 상황에서 장기적인 수명을 혼자 연명해 나가야 하는 운명을 가지고 태어났기 때문이다. 거듭 말하지만 슬로건 창작에 있어서 가장 중요한 일은 브랜드에 대한 깊이 있는 이해이다. 따라서 슬로건 창작 작업의 8할 이상은 브랜드와 제품을 연구하고 이해하는 데 시간을 할애하길 바란다. 그 후에 당신의 카피라이팅

실력을 뽐내도 전혀 늦지가 않다.

1) 브랜드 정의하기

슬로건은 브랜드의 거울이다(이현우, 1998). 즉, 슬로건은 브랜드를 말해 주는 또 다른 표현이다. 좋은 슬로건을 만들어 내기 위해 가장 먼저 해야 할 일은 자신이 슬로건을 만들고자 하는 기업이나 브랜드 또는 제품에 관해서 상세하게 파악하고 정의하는 일이다.

우선, 기업이나 브랜드의 역사에서부터 철학과 비전, 그 브랜드나 제품이 탄생하게 된 스토리, 그리고 브랜드 네임 안에 담긴 의미나 가치와 같은 것들을 상세히 인식하고 이해하는 것이 명작 슬로건을 만들어 내는 데 있어서 든든한 주춧돌의 역할을 한다. 이렇듯 브랜드나 제품에 대한 객관적인 정보를 인식하고 나면 마치 우리가 빅 아이디어를 탄생시키기 위한 단계 중 잠시 모든 입력된 정보를 망각하고 부화의 단계를 거치는 것처럼 슬로건 창작에 있어서도 자연스럽게 지금까지의 정보가 머릿속에 입력된 상태에서 카피라이터 나름대로 브랜드를 다시 한 번 정의해 보는 단계에 이르게 되는 것이다. 이 단계는 슬로건을 창작하는 카피라이터가 그 슬로건의 주체가 되는 브랜드나 제품을 얼마나 실질적으로 이해하고 있는가를 판단하게 하는 척도의 역할을 하기 때문이다.

- 기업 또는 브랜드 역사 알기
- 브랜드 또는 제품의 탄생 스토리 알기
- 브랜드 네임의 의미 알기
- 브랜드에 대한 객관적 정보 입력하기
- 브랜드를 다른 한 마디로 정의하기

모든 커뮤니케이션이 결과적으로는 눈에 보이는 문자나 귀에 들리는 언어로 귀결되지만, 설득력을 좌지우지하는 결정력에 있어서는 그 표현의 내면을 받쳐 주고 있는 사실에 기반하는 것이 대부분이다. 이는 사실에 근거하지 않은 슬로건은 공허한 공약과 같아서 결국은 소비자들에게 믿음이 아닌 불신의 결과를 초래하기 때문이다. 뿐만 아니라 개인적인 경험에 의하면 효과적인 슬로건이나 카피는 그 제품에 대하여 애정과 끈기를 가지고 연구하고 몰입하는 과정에서 이미 숙성되어지고 있다는 것을 느낀다.

카피라이터가 브랜드를 자기 나름대로 새롭게 정의해 보기 위해서는 브랜드에 대한 기본적인 정보나 스토리 외에도 제품이 가지고 있는 개성이나 구체적인 특징을 찾아보는 것도 중요한 절차 중 하나이다. 여기서 말하는 특징이라고 하는 것은 지금 당신이 생각하고 있는 모든 것이다. 절대적 기능이나 특징뿐 아니라, 상대적으로 우월하거나 열세에 있는 특징까지도 빠짐없이 찾아내고 기록해야 한다. 제품이 가지고 있는 특별함 중 그 어떤 것도 카피라이터 스스로 판단하여 처음부터 제외시키는 일은 없어야 한다.

• 원산지	• 가격	• 기술	• 효능
• 혜택	• 크기	• 컬러	• 다양성
• 편리성	• 내구성	• 맛 또는 멋	• 디자인 및 포장
• 원료	• 제조방법	• 유통	• A/S 등

때로는 저렴한 가격이 특징이 되기도 하지만 반대로 비싼 가격이 특징이 되기도 한다. 제품의 원료에서 특징을 찾을 수도 있고 제조방법이나 유통과정에서 차별화된 특징을 찾아내기도 한다. 음식은 맛이 제일 중

요하다고 생각하는 사람도 있지만 음식을 멋으로 먹는 소비자도 있기 마련이다. 생산자 스스로 가장 중요한 특징이라고 생각하는 것뿐만 아니라, 경쟁제품에 의해 돋보이게 되는 특징도 있을 수 있다. 앞선 기술, 뛰어난 효능, 풍부한 혜택, 내구성, 디자인과 포장, 애프터 서비스에 이르기까지 어느 것 하나도 놓치지 말고 찾아내는 것이 중요하다. 목숨을 건 전쟁 같은 시장에서 승부는 어디에서 날지 모르니까.

2) 경쟁브랜드 파악하기

이미 위의 단계에서 자사 브랜드의 특징이나 기능과 함께 경쟁브랜드에 대한 기본적인 정보들은 어느 정도 파악이 되었다고 본다. 하지만 보다 예리하고 강력한 힘을 가진 슬로건을 창작해 내기 위해서는 경쟁브랜드가 가지고 있는 감추어진 정보와 전략까지도 샅샅이 찾아낼 필요가 있다. 기록경기를 제외한 대부분의 스포츠는 상대적이다. 프로야구를 보자. 괴물투수 류현진의 강속구를 꼭 타율이 높은 선수들이 잘 쳐내는 것은 아니지 않는가? 류현진의 투구에 강한 타자는 따로 있기 마련이다. FIFA 랭킹 1위가 랭킹 10위의 국가를 항상 이기는 것은 아니다. 이는 스포츠의 승패는 체력과 전략 이외에도 많은 것들이 상대적으로 영향을 미치기 때문이다. 그 가운데 상대에 대한 정보를 얼마만큼 가지고 있는가는 그날의 승패를 가르는 아주 중요한 역할을 한다. 한일전이 항상 흥미로운 것은 '영원한 숙적'이라는 타이틀도 있지만 상대에 대해서 서로가 너무 많이 알고 있다는 것이다. 우리는 가끔 복싱 같은 경기에서 혜성처럼 나타난 신예가 누구도 예상하지 못한 상태에서 챔피언을 쓰러뜨리는 경우를 가끔 본다. 신예는 챔피언을 너무 잘 알지만 챔피언은 신예를 전혀 몰랐던 경우가 대부분이다.

이처럼 한 줄의 슬로건을 찾아내는 작업뿐 아니라 마케팅 전반에 있어 경쟁브랜드를 파악하는 일은 아무리 힘주어 강조해도 지나치지 않다. 그리고 경쟁브랜드를 파악하기 위한 노력은 그것이 선발주자이건 후발주자이건 가리지 않는다. 후발주자는 항상 선발주자의 나태한 틈을 호시탐탐 노리고 있기 때문이다.

- 경쟁슬로건의 내용
- 경쟁슬로건의 용어 및 핵심어
- 경쟁슬로건의 표현방법
- 경쟁슬로건의 지향성

특히, 슬로건 창작에 있어서 경쟁브랜드의 슬로건 전략을 사전에 파악하고 이를 자사의 슬로건 창작에 참고하여 적용하는 일은 매우 중요하다. 이는 앞장에서도 언급하였듯이 브랜드나 제품의 포지셔닝이나 리포지셔닝이 슬로건 전략에도 유용하게 활용될 수 있기 때문이다. 지금 시장에서 경쟁브랜드가 사용하고 있는 슬로건의 내용이나 용어, 핵심어, 문체 또는 어투 등을 꼼꼼히 살펴 자사브랜드의 슬로건 창작에 참고하길 바란다. 물론 이는 단순한 차별화를 위한 참고가 아니라, 경쟁적 우위를 점유할 수 있는 기회로 삼길 바라는 마음에서다. 안타깝게도 우리는 가끔 같은 제품군의 브랜드에서 유사한 느낌을 주는 슬로건, 때로는 거의 흡사한 표현의 슬로건들을 보게 된다.

경쟁브랜드보다 늦게 탄생하는 슬로건은 최소한 경쟁브랜드의 생김새를 알고 창작된다는 장점을 가지고 있지 않은가? 상대가 무기로 삼고 있는 것이 스피드인지, 지구력인지, 아니면 강력한 펀치인지를 알고 있다면 우리는 최소한 그보다 유리한 고지를 차지할 기회를 얻는 것이다. 상대가 주먹을 내고 기다리는데 당신은 무엇을 낼 것인가?

3) 소비자욕구 파악하기

어떻게 하면 소비자들의 욕구를 정확하게 파악하여 새로운 슬로건 창작에 활용할 것인가?

가장 먼저 선행되어야 할 것은 소비자가 속해 있는 사회계층을 다양한 각도에서 파악하는 일이다. 사회계층은 그 안에 속해 있는 구성원들이 유사한 라이프스타일과 행동패턴을 가지고 있는 비교적 영속적이고 동질적인 집단이며, 소비자가 어떤 사회계층에 속해 있느냐는 그들의 구매행동에 상당한 영향을 미친다고 볼 수 있기 때문이다. 이러한 사회계층을 분류하는 기준으로는 소득과 소유물, 직업, 사교활동, 성취정도, 가치관 등을 들 수 있으며, 그 계층은 정태적인 것이 아니라 개인의 노력에 따라, 시대와 그 시대의 가치관의 변화에 따라 변화하는 동적인 특성을 지니고 있다.

슬로건 창작에 앞서 이처럼 다양한 각도에서의 사회계층에 대한 파악이 선행되어야 하는 이유는 계층에 따라 제품에 대한 문제인식과 평가기준이 다르고 소비행동 특성도 차이를 보이기 때문이다. 그리고 이러한 차이가 궁극적으로 소비자가 제품을 소유하고 싶어하는 이유를 파악하는 데 도움을 주기 때문이다. 이에 대한 구체적인 내용은 앞서 〈Chapter3〉에서 자세하게 언급한 바 있다.

(2) 가족관계와 역할 파악

가족은 혈연, 결혼, 입양 등을 통해 구성되어진 운명공동체 집단으로 개인의 구매에 가족이 다양하게 영향을 미치며, 가정의 수명주기에 따라 가족 구성원의 구매패턴이 달라지고, 가족관계에서 발생되는 전통적인 의례와 문화의식들이 다양한 시장기회를 조성하는 역할을 한다. 특히, 가정이라는 조직단위별로 구매하고 사용하는 제품이 많다는 점에서 가족은 소비자들의 구매 욕구를 파악하는 데 중요하게 다루어야 할 부분이다.

전통적인 가족생활주기단계를 살펴보면 비교적 경제적 부담이 없고 재정상태가 양호한 독신기와 보금자리기의 구매욕구나 구매패턴이 다른 것은 당연한 사실이다. 또한 보금자리기 내에서도 6세 미만의 막내를 가진 보금자리 1기, 6세 이상의 막내를 가진 보금자리 2기, 그리고 부양자녀가 있는 장년을 가족 구성원으로 가지고 있는 보금자리 3기의 선호하는 제품과 구매량의 차이도 있을 것이다. 물론 노부부기와 고독한 생존기라 불리는 사별노인들을 위한 실버마케팅도 이제는 신경을 써야 할 부분이다.

또한 하나의 제품을 구매하는 데 있어서 가족의 구성원들은 일정 부분 역할을 감당하게 된다. 다시 말해서 기본적인 구매욕구를 지닌 구성원과는 별개로 한 제품의 구매의사 결정과정에 있어서 정보수집자, 영향력 행사자, 의사 결정자, 구매자, 사용자 등의 역할을 나누어 행사하는 것이다.

4) 슬로건 창작하기

앞에서 언급한 몇 가지 과정들을 거치고 나면 이제 비로소 슬로건의 문장 표현 작업에 들어가도 좋다. 슬로건도 다른 카피요소와 마찬가지로 처음에는 일반적인 문장에서 시작하지만 그 문장에서 불필요한 가지들을 솎아내고, 심플하게 응축시키고, 차별화하는 작업을 거친다면 보다 정교하고 성숙한 슬로건을 탄생시킬 수 있을 것이다. .

앞의 단계들이 'What to say?'에 관한 부분이라면, 문장표현의 단계는 'How to say?'에 치중하는 단계라고 할 수 있다. 따라서 이 단계는 다른 어떤 단계의 작업보다 실제로 문장 작업을 하는 카피라이터의 열정과 노력이 필요하다. 뿐만 아니라, 결국 소비자가 각종 멀티미디어 매체를 통해 만나는 부분은 '단 한 줄의 슬로건'이기 때문에 심혈을 기울이는 화룡점정이 필요하다.

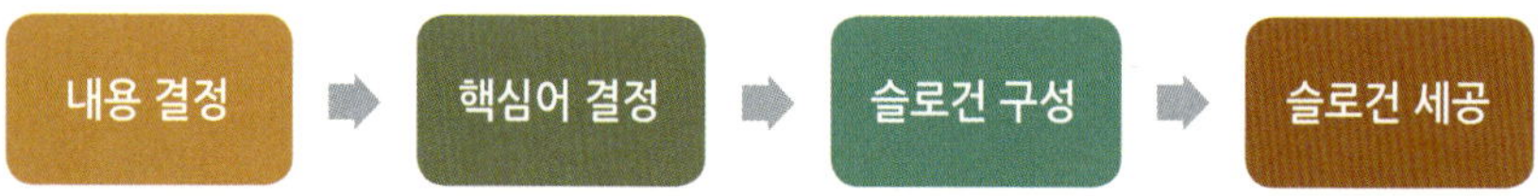

(그림 15) 슬로건 창작의 세부단계

가장 먼저, 어떤 내용의 메시지를 슬로건을 통해 전달할 것인지를 결정하라. 이 부분에서는 슬로건의 역할에 대한 명확하고 냉철한 판단이 필요하다. 즉, 슬로건은 헤드라인이나 바디카피 등의 다른 카피요소들과는 그 역할과 쓰임새가 다르다는 것을 알아야 한다. 슬로건은 커뮤니케이션 구축, 브랜드 연계, 정보전달과 입증, 욕구만족 및 욕구창출, 소비권유의 기능 등을 가지고 있다. 특히, 슬로건은 독자적 사용이 용이해야 하며 장기적인 사용을 염두에 두어야 한다는 점을 유념할 필요가 있다.

다음은 슬로건에 사용될 핵심어를 고르고 결정하는 것이다. 대부분의 경우 소비자에게 전달해야 하는 핵심 메시지 안에 슬로건의 핵심어가 들어 있으나, 때로는 특정한 메시지를 전달하기 위한 방법으로 전혀 새로운 범주의 핵심어가 탄생하여 역할을 하기도 한다. 따라서 핵심어를 고르고 결정하는 일은 이미 명작슬로건을 만드는 일의 마무리 단계에 있다고 해도 과언이 아니다.

이제, 그 핵심어를 중심으로 귀사의 브랜드를 대표할 한 줄의 슬로건을 만들어 보라. 시를 쓴다는 생각보다는 수필을 쓴다는 느낌으로 슬로건 작업의 첫 발을 내딛는 것이 부담을 줄이는 방법이다. 처음부터 군더더기 없는 완벽한 시 한 편을 써내는 시인이 없듯이 첫 줄에 빽 가는 명작슬로건을 써 내는 카피라이터는 아마도 이 세상에 없을 것이다. 최소한 한 번 더 생각하면 한 뼘 더 성숙한 슬로건이 탄생한다. 읽기 편한 수필로 시작해서 군더더기 없는 시로 줄이고, 이 시를 미니스커트처럼 아찔하고 명쾌한 슬로건 한 줄로 줄여 나가는 것이다. 잘 다듬어진 슬로건 한 줄에는 불필요한 한 글자도 없어야 한다. 불필요한 물음표 느낌표도 없어야 한다. 이것이 슬로건의 펀치를 강하게 만드는 비결이다.

마지막으로 세공의 단계이다. 앞의 단계 정도에서 대부분의 슬로건은 완성이 된다. 그러나 조금 더 갈고 닦아서 더 빛나는 슬로건으로 탄생할 수 있는지 마지막까지 개선의 끈을 놓지 말자. 물론 의무사항은 아니다. 때로는 지나친 세공이 다이아몬드의 크기를 줄일 수도 있으니까. 단어의 순서를 바꿔 보고, 문체나 어투를 달리해서 더 좋은 효과를 기대할 수 있는지 시도해 보자. 마지막까지 끈을 놓지 않는 몇 번의 시도가 때론 사상치 못했던 슬로건으로 재탄생하기도 하고, 대부분은 바로 전에 써 놓은 슬로건의 논리와 당위성을 더욱 단단하게 만드는 의미 있는 역할을 하기 때문이다.

① 콘셉트 결정단계
② 핵심어 결정단계
③ 슬로건 구성단계
④ 세공 단계

똑같은 악보를 보고 연주를 하더라도 연주자의 실력과 내공, 열정과 표현력에 따라 백인백색의 감동을 주는 것처럼 결국 긴 세월을 견디는 명작 슬로건은 마지막까지 섬세한 세공의 단계를 소홀히 하지 않을 때 탄생하는 것이다.

8. 슬로건에 대한 진실과 오해

슬로건은 참 아이러니하다. 길게 생각하면 할수록 짧은 슬로건이 탄생하고, 각고(刻苦)의 노력으로 고민하고 고민해서 태어나는 슬로건일수록 초등학생도 이해할 수 있을 만큼의 쉬운 슬로건이 나오게 된다. 그리고 유난을 떠는 시끄러운 사람일수록 알맹이를 찾기 힘들 듯, 최고니 최상이니 최초니 최강이니 떠드는 슬로건 치고 쓸 만한 슬로건 찾기가 쉽지 않음도 따지고 보면 우리 사는 모습과 참 닮았다는 생각이다.

1) 장고(長考) 끝에 짧은 슬로건

"좋은 슬로건은 詩와 같다."

개인적으로 소설 쓰기보다 시 쓰기가 더 어렵다. 한 권의 책을 빼곡하게 채운 소설, 몇 장을 넘기며 편안하게 풀어 나가는 에세이, 그리고 단 몇 줄을 가지고 오랜 여운을 남기는 시 한 편. 각기 주는 감동은 다르지만 모르긴 해도 작가의 땀과 노력은 많이 다르지 않을 것이다. 즉, 몇 줄의 시를 창작해 내는 고통이 한 권의 소설책을 엮어 내는 고통에 비해 왜소하지 않다는 것이다. 이는 광고 카피라이팅에서 표현되어지는 몇 가지 말(개인적으로 이제는 카피도 '글'이 아닌 '말'이라고 표현하고 싶다. 즉 'Copywriting'이 아닌 'Copytelling'으로)들을 예로 보면 한 줄의 헤드라인이나 슬로건이 십 수 줄의 바디카피보다 더 많은 생각과 노력을 필요로 하는 것과 다르지 않다. 아니, 어쩌면 더 짧게 정리하여 쓰기 위해서 더 많은 노력을 하고 있는 것이 사실이기 때문이다.

아마도 말은 안 하지만 카피라이터들이 가장 우습게 보는 친구들이 "야, 짧은 거 하나 쓰는 데 뭐 그리 오래 걸리냐? 시간 없으니까 대충 빨리 하나 써 줘! 내가 가서 잘 팔아 올게"라고 부탁하는 AE나 광고주일 것이다. 어찌 브랜드와 생명을 같이할 슬로건을 만드는 데 단 몇 시간만 주고 재촉할 수 있는가? 짧다고 무시한다면 당신의 이름에 비하겠는가? 만약 "급하니까 대충 빨리 하나 지어주소!"라고 해서 태어난 것이 당신의 이름이라면 기분이 어떻겠는가? 그래서 광고 카피라이터들은 긴 바디카피를 쓰는 시간에 비해 짧은 헤드라인을 쓰는 데 훨씬 많은 시간을 투자하는 것이다. 긴 카피를 짧고 임팩트있게 줄여 쓰는 작업이 얼마만큼의 고뇌와 고통의 소산인지는 카피라이터들은 잘 알 것이다.

- 쉿, 레간자
- 맞다! 게보린
- OK! SK!
- Hello!–푸르지오
- 고향의 맛, 다시다
- 피부의 꿈–IOPE
- 입 냄새 싹–후라보노
- 즐겨찾기–CJ mall
- It's SONY

군더더기 없이도 브랜드나 제품이 전달하고자 하는 이야기를 얼마나 잘 전달하고 있는가 보라! 어떤 첨언이 필요한가? 장고(長考) 끝에 나오는 짧은 슬로건은 오랜 기간 동안 제품이나 브랜드 대한 생각을 머릿속에 남기는 힘이 있다.

2) 각고(刻苦) 끝에 쉬운 슬로건

법정 스님이나 김수환 추기경님과 같은 분에게 "스님, 인생이 무엇입니까?" 또는 "추기경님, 사랑이 무엇이라 생각하십니까?"라고 묻는다면 그분들은 아마도 나를 보고 그냥 씩~하고 인자한 웃음만 날리실 것이다. 사랑이나 인생이라는 깊이 있는 화두(話頭)일수록, 그리고 이들에 대한 생각이 깊은 분들일수록 어렵게 이야기하지 않는 법이다. 그것은 어쩌면 깊은 생각 끝에 나오는 쉬운 한 마디가 가장 힘 있는 정답이기 때문이다.

이런 생각을 해 본 적이 있는가? 남이 생각해 놓은 발명품이나 아이디어를 보고 "저런 아이디어는 나도 낼 수 있겠다"라고 폄하하는 경우 말이다. 그것은 그만큼 그 아이디어에 욕심이 가기 때문이고, 그 아이디어가 대중적인 인정을 받을 만하다 라는 것을 반증해 주는 부분이기도 하다. 그리고 공전의 히트를 치는 노래들을 보자. 이 역시 대부분 대중들이 따라 부르기 쉬운 멜로디나 가사의 구조를 가지고 있다. 요즘 댄스 가수들의 춤이나 안무도 마찬가지다. 그러나, 이런 쉬운 아이디어나 쉽게 따라할 수 있는 노래들이 과연 하늘에서 뚝딱하고 쉽게 태어났을까? 그렇지 않을 것이다. 뼈를 깎는 노력이 있은 자 앞에만 하늘에서 툭~하고 떨어지는 것이다. 빅 아이디어란 그런 것이다. 우리는 지금, 쉬운 슬로건을 만들어 내기 위한 피나는 노력을 시작해야 할 때이다. 아마도 지금 우리가 기억하는 많은 훌륭한 슬로건들은 읽거나 말하기는 물론이고, 기억하기에도 어렵지 않은 슬로건일 것이다.

- 클릭, 뿅, 딩동~Yes24
- 한국 맛 좋다–비락식혜
- 휴대폰에 걸 땐–KT전화
- 내 차보다 편한 차–금호렌터카
- 샘플만 써 봐도 아는 화장품–참존
- 자극 없이 순하게–세바메드
- 이가 탄탄–이가탄

요즘처럼 사랑도 쉽게 하는 트렌드에 어려운 슬로건이 환영받을 리 없다. 초등학교 5, 6학년 학생들에게 학교 앞 문구점에서 슬로건을 판다고 생각하면 정답이다. 그들이 이해를 못하면 결코 좋은 슬로건이라 말할 수 없다. 지금부터 카피라이터는 자신이 쓴 슬로건 시안들을 가지고 초등학교 앞에 나가자. 동생들을 모아 놓고 어떤 슬로건이 쉽고 마음에 쏙쏙 들어오는지 한 번 물어보라. 그리고 그들의 리뷰를 결코 무시하지 말라. 아마도 당신은 꼬치어묵 몇 개에 웬만한 FGI 못지않은 전리품을 가지고 돌아올 것이다.

더 이상 어려운 슬로건을 가지고 잘난 체하지 말자!

슬로건을 가지고 지식의 깊이를 평가받으려고 하지 말라!

깊게 생각하고 준비한 좋은 슬로건일수록 쉽게 다가오는 법이니까….

3) 검소(儉素)해서 빛나는 슬로건

슬로건의 본래 의미는 '함성'이지만, 대부분의 명작 슬로건은 함성이 아니었다. 빈 수레가 요란하다고 했던가? 정말 가치 있고 들을 만한 이야기치고 큰 소리를 내는 법이 없다. 사람도 마찬가지다. 본인이 불안하고 자신이 없을 때 대부분 이를 감추기 위해 큰 소리를 지른다. 정작 중요한 이야기는 단 둘이 있을 때 조용하게 전해지는 법이다. 그래서 나는 거창하고 요란한 프로포즈에 행복해 하는 청춘들과 약간의 생각의 차이를 느낀다.

'세계 제일' '세계 최초' '세계 정상' '세계 최강' 등의 슬로건이 힘이 있다고 생각하는가? '일등' '선두' '최고'라는 말에 당신의 마음은 열리는가? 다시 한 번 생각해 볼 문제다. 시기와 상황에 따라 '최초' '최고' '최저'라는 직접적인 단어가 꼭 필요할 때가 있다. 그때를 잘 판단하길 바란다. "네가 원하면 별도 달도 다 따 줄 수 있어!" "난, 이 세상에서 네가 제일 예뻐!"와 같은 말들은 서로 죽고 못 살 정도로 사랑할 때 하는 이야기이고, 거짓말인 줄 알면서도 속아 받아들이는 것이 두 사람 사이가 행복할 때 통하는 이야기이다. 거창하고 화려한 슬로건보다 브랜드나 제품이 지니고 있는 본연의 모습, 그리고 경쟁력 있는 매력을 잘 찾아내어 진솔하고 단아한 슬로건을 만들어 내는 일에 욕심을 내자!

- 토요타에 가자!
- 맛있는 빵-샤니
- 피로회복엔-아로나민골드
- 피로한 눈에-펀클
- 생활창작-일룸
- 먹고 싶은 이유식-거버
- 처음 느낌처럼-LOCK & LOCK
- 쾌변-불가리스

화려한 액세서리처럼 꾸며 놓은 수식어는 없지만 담백한 매력과 경쟁력 있는 혜택들이 묻어 있는 부족함 없는 슬로건들이다.

잘 만들어진 슬로건은 화려한 수식이나 형용사에서 나오는 것이 아니다. 그 제품이 탄생하게 된 배경은 무엇인가? 그 제품을 통해 소비자가 채워지기를 원하는 욕구는 무엇인가? 우리 제품이 다른 제품에 비해 경쟁적인 우위를 지니고 있는 부분은 무엇인가? 어쩌면 경쟁적 열위에서도 활용할 만한 좋은 아이디어는 없는가? 브랜드나 제품을 둘러싼 스토리들 속에 우리의 슬로건을 빛나게 만들 보석이 숨어있다. 그 보석을 찾는다면 평생 질리지 않는 아니, 살면 살수록 사랑스러운 인생의 동반자와 같은 슬로건을 창조해 내는 데 결정적인 힌트를 얻을 수 있을 것이다.

4) 배려(配慮)해서 대우받는 슬로건

슬로건 역시, 일방적인 커뮤니케이션이 아닌 양방향적인 커뮤니케이션이 되어야 함은 두말할 나위가 없다. 즉, 기업이나 제품이 지니고 있는 자랑거리를 상대방의 의사에는 아랑곳하지 않고 늘어놓는 슬로건을 가지고서는 원하는 커뮤니케이션의 목적을 달성할 수 없기 때문이다.

① 브랜드나 제품이 지니고 있는 특징이나 장점을 찾아라!
② 그 특장점 가운데 소비자가 가장 듣고 싶은 이야기가 무엇인가를 먼저 생각하라!
③ 그런 다음 그 이야기를 슬로건으로 만들어 내는 일을 시작하라!

브랜드 슬로건을 만드는 데 있어서 가장 먼저 시작해야 할 일은 자신의 브랜드나 제품이 가지고 있는 특징이나 장점을 찾아내는 일임에는 틀림이 없다. 그러나 그 특장점을 바로 슬로건으로 자랑해 내기에 앞서 해야 할 일이 하나 더 있다. 그것은 당신이 찾아낸 수많은 특장점 가운데 당신의 소비자가 가장 원하고 듣고 싶은 이야기가 무엇인지를 찾아내는 일이다. 왜냐하면, 상대가 원하지도 않는 자신의 장점을 자랑하는 일만큼 어리석고 비효율적인 데이트는 없기 때문이다. 상대가 듣고 싶어 하고 다른 경쟁자에 비해 매력적으로 여길 확률이 많은 이야기로 소비자에게 접근하라. 그리고 그것을 슬로건의 화두로 활용하라. 이것이 소비자에게 대우받고, 광고 효과를 증대시킬 수 있는 슬로건을 창조하는 지름길이다. 브랜드 슬로건은 브랜드를 자랑하는 카피가 아니라, 그 브랜드를 선택할 소비자를 배려하는 카피가 되어야 하다.

- 아내가 선택한 남성 화장품-율리시즈
- 여자를 위해 여자가 만든 가구-동서컨셉트가구
- 가격은 꼬마키! 품질은 엄마손!-아몽
- 최고로 키우세요-베비라
- 따뜻하게 사람들을 모아주는-린나이 가스난방기구
- 말로 하면 글로 뜬다-015나래텔메신저
- 단 하루라도 높은 이자-대구투자금융
- 4명까지 동시에 통화하는-KT멤버링
- 재수 없는 인터넷 수능학습-이통대가

위의 사례들은 하나 같이 소비자를 생각한 흔적들이 물씬 묻어나는 슬로건들이다. 소비자가 원하는 기능을 잘 찾아 냈거나, 소비자의 심리상태를 잘 배려한 흔적이 보이거나, 최소한 소비자들이 쉽게 수용할 만한 단어나 어휘들을 가지고 슬로건을 만들어 내고자 하는 노력을 기울인 것이다. 길지 않은 슬로건에서 단어 하나 어투 하나에까지 소비자를 배려한 흔적이 배어 있다면 다른 어떤 슬로건보다 예뻐 보이는 것이 인지상정 아닐까?

Question & Solution

Chapter

09

전파광고 카피라이팅

Chapter 09

전파광고 카피라이팅

전파광고는 일반적으로 TV광고와 Radio광고를 총칭한다. 신문이나 잡지와 같은 인쇄광고가 지면을 구매하여 광고를 집행하는 매체인 반면, 전파광고는 방송의 시간대를 구매하여 집행하는 시간매체(Time Media) 광고다. Radio광고는 내레이션과 BGM, 효과음 등 오디오 요소로 구성되어 카피라이터만의 독특한 크리에이티브를 발휘할 수 있는 매체인 반면, TV광고는 카피라이터는 물론 촬영, 조명, 편집, 녹음 등을 담당하는 전문가들의 역량이 모여 빛을 발하는 매체이다.

1. TV광고 카피라이팅

"위대한 인쇄광고는 당신을 유명하게 만들고,
위대한 TV광고는 당신을 부자로 만들 것이다"

1) TV광고의 특성

TV광고는 말 그대로 TV라는 대중매체를 이용하는 커머셜(Commercial)이다. 즉, 대중적인 상업광고를 의미한다. TV라는 시청각적인 요소를 활용하기 때문에 이미지 광고나 총체적인 감각을 통해 설득해야 하는 메시지에 적합하다. 같은 전파광고 영역에 속하긴 하지만, TV광고는 Radio광고에 비해 오디오(Audio)와 비디오(Video)가 결합된 형태의 표현물을 창작해야 하기 때문에 보다 복잡하고 전문화된 작업을 필요로 한다.

(1) 광고효과가 크다

TV광고는 전통적인 '4대 매체' 가운데 다소의 변화는 있지만 여전히 중요한 역할을 하고 있는 매체이다. 제품과 서비스에 대한 다양한 정보 제공뿐 아니라, 잠재 소비자의 욕망을 자극하고, 자사 제품의 우월적 브랜드 이미지를 구축하는 데 상대적으로 효과적이다. 또한 TV는 세계적인 커버리지가 가능한 이른바 Global Marketing의 대표도구이다. 인터넷, 모바일 등의 다양한 새로운 매체의 등장에도 불구하고 여전히 TV매체가 빛을 잃지 않는 것은 아직도 TV의 뉴스, 드라마, 연예 및 오락 프로그램의 콘텐츠가 다른 어떤 매체보다 건재함과 무관하지 않다.

(2) 첨단 영상기술의 경연장이다.

TV는 최신 영상기술이 실험적으로 채용되는 분야이다. 영화에서 Computer Graphic이 본격적으로 구현된 것은 1993년 스티븐 스필버그의 〈쥬라기 공원〉부터지만, TV CM에서는 이미 그 전부터 CG기술에 활용되고 있었다. TV광고가 주는 감각적 영상미는 젊은 시청자를 광고로 끌어들이는 또 하나의 힘이기도 하다.

(3) 그 나라만의 정서가 녹아있다

오늘날 TV광고는 그 나라나 사회의 문화와 정서를 압축적으로 보여주는 '문화의 창' 역할을 하고 있다. 이는 TV를 통해 보여지는 각종 콘텐츠들과 다르지 않다.

(4) 다분히 이데올로기적이다

TV는 단순한 마케팅의 수단을 넘어 사회, 정치, 문화 등에 대한 인식의 틀을 바꾸고 새로운 틀을 제시하는 역할을 하기도 한다. 심지어 TV광고에서 표현되는 이미지를 실제 이미지와 착각하게 만들기도 한다. 대통령 선거 등에서 TV광고가 주는 이미지의 힘은 대단하다.

2) TV광고의 장단점

(1) 장점

① 임팩트: 영상과 음향의 결합이 주는 임팩트는 강력하다.
② 보편성: 거의 모든 가정에서 TV라는 매체를 보유하고 있다.
③ 규모성: 전 세계에서 슈퍼볼을 시청하는 인구는 10억 명이 넘는다.
④ 세분화: 프로그램 편성을 통한 타깃 세분화가 가능하다.
⑤ 통합성: 전체적인 캠페인을 묶는 통합마케팅의 수단이 된다.

(2) 단점

① 시간제한: TV광고의 시간은 15초, 20초, 30초로 제한된다.
② 비용부담: 광고 제작비용 및 매체비용이 상대적으로 높다.
③ 침투형태: 대부분의 시청자들이 광고가 TV프로그램 시청을 방해한다고 생각한다.

④ 회피기술: 예약녹화, Zapping 등 광고회피 기술이 발전한다.

3) TV광고 카피 작성법

(1) 미스키(M. D. Meeske)의 TV광고 카피 작성법

① 주목획득(Gaining Attention)

광고가 시작되자마자 소비자들에게 강력한 주목을 끌어내는 것이 TV CM 카피라이팅의 우선적인 관건이다. 그 내용이 무엇이든 광고를 통해 강조하려는 핵심 메시지를 먼저 주목시켜야 한다는 것이다. 제품의 디자인을 보여주는 것이 광고의 핵심이거든 디자인을 보여주고, 모델을 통한 이미지를 전달하려거든 시작과 동시에 모델을 제시하라.

② 광고주나 제품명 제시(Identifying the Client or Product Name)

광고 메시지가 분명해지기 위해서는 처음부터 제품명을 분명하게 알려주는 것이 좋다. 이를 위해 광고주나 제품명이 들어간 슬로건을 사용하는 것도 좋은 방법이다. 그리고 제품명은 여러 번 들려주는 것이 정석이다.

③ 오디오와 비디오의 균형(Balancing Audio and Video)

TV CM이 전달하고자 하는 메시지의 응집력을 가지려면 오디오와 비디오가 긴밀하게 연관되어 있어야 한다. TV CM에서 제시되는 카피가 비주얼과 절묘한 시너지를 이룰 때 광고 표현의 목표는 효과적으로 달성될 것이다.

④ 중심 아이디어의 강조(Emphasizing One Main Idia)

광고 안에서 하나의 아이디어만을 주력하여 강조하는 것은 현대광고의 기본이다. 이를 위해서는 주요 판매소구점(Major Selling Point)과 부수적 판매소구점(Minor Selling Point)을 구분해야 한다. 제품을 만든 광고주가 자신의 제품에 관하여 자랑하고 싶은 것을 모두 다 광고에 늘어놓는다면 아마 1시간짜리 광고로도 부족할 것이다. 카피라이터는 그중 가장 소비자에게 설득력 있고 중요한 단 하나만을 골라 강력한 아이디어로 발전시켜야 한다.

⑤ 마지막 장면 강조(Stressing the Final Shot)

대부분의 카피라이터들이 CM의 마지막 부분에 가장 신경을 곤두세우고 광고주나 브랜드 또는 슬로건을 뒤에서 강조하는 이유가 그것이다. 시청자의 기억 속에 다른 것은 기억시키지 못한다 해도 마지막 장면만은 기억시켜야 하기 때문이다. TV CM이 끝나기 전 3초야 말로 카피가 가장 심혈을 기울여야 할 광고의 진정한 클라이막스다.

(2) 블레이크와 블라이(Blake & Bly)의 TV광고 카피 작성법

① 잊혀지지 않는 방법으로 단일판매소구점을 만들어라(Make a single selling point in a memorable way): TV-CM의 카피라이팅은 결국 소비자에게 줄 수 있는 '단일한 경쟁적 편익'을 잊혀지지 않는 언어로 약속하는 것이다. 욕심을 버리고 그 경쟁력있는 단 한 가지 메시지를 소비자 마음속에 인상 깊게 남길 수 있는 방법을 고민하라.

② 반복해도 좋은 슬로건을 사용하라(Use slogans that bear repeating): 고객의 욕구와 연결되어 있고, 브랜드 이미지를 고양시키

는 슬로건을 제작하고, 그 슬로건을 장기간 반복하여 사용하라.

③ 제품과 사용시간, 특별한 행동이나 장소를 연결시켜라(Associate your product with a time, a specific activity, or a place): T.P.O.를 잘 활용한 카피를 써라. 즉, 특정 시간이 되면 소비자의 마음속에 자연스럽게 자신의 브랜드가 떠오르게 하라.

④ 주문을 끌기 위해 각운, 특히 이례적인 각운을 사용하라(Use rhyming, especially unusual rhymes): 각운은 둘이나 그 이상의 단어 끝 음절을 반복하는 것으로 문장에 독특한 흥취를 살려준다. 이것은 읽기 쉬울 뿐 아니라, 기억하기 쉽게 하는 데도 큰 역할을 하기 때문이다.

⑤ 동음이의어와 2중의미어를 사용하라(Use puns and double entendres): 섹스어필 논란을 일으켰던 캘빈클라인 청바지 광고의 카피다. "Nothing comes between me and my Calvins." 이러한 레토릭을 활용하면 평범한 카피에 여운이 살아나 말맛을 더해 주게 된다.

⑥ 시청자 마음속에 독창적 이미지를 창출하라(Create an original image in the viewer's mind): 추상적인 카피보다 비주얼과 결합된 카피가 기억하기 쉽다. 소비자의 머릿속에 카피에서 연상시키고자 하는 구체적인 그림을 떠올리게 하라. 그것이 TV CM의 효과를 극대화할 수 있는 카피와 이미지의 시너지인 것이다.

⑦ 활기찬 캐릭터나 제품 대변인을 만들어 경쟁제품과 구별시켜라

(Creating a lively character or spoke person for it): 차별화되고 자사의 제품이나 브랜드를 잘 대변해 주는 모델이나 캐릭터는 때로는 메시지 이상의 힘을 발휘한다. 켈로그의 '토니 호랑이', 미쉐린의 '타이어맨', 다시다의 '김혜자' 등은 제품의 개성뿐 아니라 TV CM 자체의 주목율과 신뢰를 높여 주는 역할을 한다.

⑧ 제품사용의 결과를 보여주어라(Show your product as it's being used): 'before and after' 이미지를 보여주는 테크닉은 카피라이팅에서도 여전히 강력하고 유효한 기법이다. 병을 치료하는 제약광고는 물론이고 화장품, 샴푸, 학습지, 패션, 금융 등 다양한 품목에서 '제품 사용이 주는 결과'는 소비자에게 가장 큰 혜택을 확인시켜 주는 것이기 때문에 효과가 있다.

2. Radio광고 카피라이팅

"Radio is Theater of Mind"
–C. Osgood–

1) Radio 광고의 특성

현대사회는 기존의 4대 매체라 불리는 광고매체 외에도 시대의 변화를 앞서가는 다양한 신규매체의 등장으로 소비자의 다양성만큼 매체의 다양화가 주목받는 시기이다. 그 가운데 Radio CM이 어떤 의미를 지니고 있는가를 살펴보는 일은 나름의 의의가 있다고 할 수 있다.

Radio CM은 다른 매체와는 다르게 사람의 음성, BGM, Sound Effect 등 청각적 요소만을 가지고 만들어지는 크리에이티브다. 따라서 여타의 광고가 모방할 수 없는 독특한 특성을 지니고 있다. 카피라이터가 이 같은 특성을 잘 활용한다면 보다 효과적인 광고를 만들 수 있다.

(1) 소리를 통해 상상력을 자극한다

Radio CM이 다른 광고와 본질적으로 다른 것은 소리를 통해 상상력을 자극한다는 것이다. 사람들은 소리만을 듣고도 충분히 그 그림을 상상할 수 있으며, 때로는 청각적 상상력이 시청각으로 접할 때보다 더 강한 이미지를 전달하기도 한다. Radio CM의 이 같은 특성은 카피라이터에게 큰 가능성을 제공한다. 훌륭한 아이디어 하나면 소리만으로도 무한한 상상을 현실화시킬 수 있기 때문이다.

(2) 개인적 호소에 적합하다

앞서 영국에서 실시한 설문조사 결과에서 볼 수 있듯 사람들은 Radio를 다른 어떤 매체보다 친근하게 생각하고 있다. 그리고 Radio는 프로그램 내용과 시간대에 따라 타깃이 정확하게 구분되는 다분히 개인적인 매체이다. Radio의 이 같은 특성은 Radio CM에서 타깃의 욕구와 필요에 개인적으로 호소하는 1:1 커뮤니케이션의 역할을 가능하게 한다.

(3) 제작비와 매체비가 경제적이다

같은 전파광고의 영역에 있는 TV CM에 비해 Radio CM은 상대적으로 제작비와 매체비용이 경제적이다. 이러한 경제성은 중소기업은 물론, 소규모 개인사업자까지도 부담 없이 광고 집행을 가능하게 한다. 상황에 따라 전국방송을 이용할 수도 있고, 특정지역에 국한하여 광고를 집행할 수 있는 선택적 커버리지가 가능하다. 이 같은 특성을 잘 이용하면 전자제품이나 자동차처럼 전국적인 네트워크를 이용할 필요성이 있는 브랜드와 음식점이나 예식장처럼 지역적인 네트워크를 활용할 광고를 효과적으로 구분하여 보다 경제적인 광고활동이 가능하다.

(4) 시장 변화에 빠른 반응이 가능하다

Radio CM은 순발력이 뛰어난 매체이다. 제작시스템이 비교적 간단하기 때문에 카피만 준비가 되면 비교적 짧은 시간 안에 제작이 가능하다. 광고주나 제품에 예상치 못했던 상황이 발생할 경우 Radio CM은 순발력 있게 그 사태에 대처해 나갈 수 있다.

〈Simulation〉

12:00_ 광고주로부터 돌발 상황을 통보 받음

13:00_ 새로운 카피 작성 완료

13:30_ 메일을 통해 Copy Confirm과 동시에 성우 및 녹음실 섭외

14:30_ 카피라이터와 PD, CD 녹음실 도착

15:30_ 녹음 완료

16:30_ 방송광고 심의 신청

(5) 다른 업무를 보면서 청취가 가능

Radio CM은 자기 일을 하면서 들을 수 있는 보조매체적 성격을 지닌다. 학생들은 공부를 하면서, 주부들은 설거지를 하면서, 운전자들은 운전을 하면서 자연스럽게 라디오를 접하게 된다. 이것은 Radio가 갖는 장점이면서 단점이기도 하다. 특히, 장시간 반복 업무를 하는 작업장과 같은 곳에서 Radio는 독점적인 메시지를 전달할 수 있는 매체이다. 또

한 Audio만으로 구성되어 그 메시지의 수용과정에서 비교적 저항이 적은 것도 장점이다.

(6) 카피라이터가 주도적 역할을 한다

Radio-CM은 다른 매체의 작업에 비해 아이데이션, 카피라이팅, 녹음 등 작업 전반의 업무를 카피라이터가 주도적으로 한다. Radio CM은 경력이 짧은 카피라이터에게도 자신의 소신과 책임감을 가지고 크리에이티브 능력을 발휘할 수 있는 절호의 기회를 제공한다. 따라서 카피라이터는 성우, 음악, 효과, 저작권, 오디오 프로덕션 등 Radio CM 제작에 대한 폭넓은 이해와 지식을 사전에 갖추어야 한다.

2) Radio 광고의 장단점

(1) 장점

① 접근의 용이성: 거실, 주방, 자동차, 도서관 심지어 등산을 하면서도 청취가 가능하다

② 지역의 다양성: 전국적인 브랜드는 물론 지역상품도 세분된 커버리지가 가능하다

③ 타깃의 세분화: 지극히 개인적인 매체로 특정 메시지를 원하는 타깃에게 전달할 수 있다

④ 반응의 순발력: 비교적 제작이 간편하고 쉽기 때문에 빠른 수정 보완이 가능하다

⑤ 무한한 창의성: 카피라이팅은 물론 효과음 등을 활용하여 무한한 상상력을 펼칠 수 있다

(2) 단점

① 배경매체: 라디오는 잡지나 신문처럼 적극적인 선택의 여지가 부족한 배경매체이다

② 정보미약: 정확한 정보전달을 위해서는 다른 매체의 도움을 받아야 한다

③ 시간제한: 대부분의 Radio광고는 20초로 구성된다

④ 통제불가: 실제 방송 청취여부를 확인하기 쉽지 않다

3) Radio광고 카피 작성법

(1) 필립 버튼(P. W. Burton)의 Radio 카피 작성 원칙

① 사람들은 귀를 통해서 너무 많은 정보를 수용할 수 없다

② 청취자들은 라디오를 흘려듣기 때문에 아이디어를 전달하기 어렵다

③ 제품이나 광고주를 빨리 확인시켜라

④ 그림이 연상되는 단어를 사용하라

⑤ 중요한 편익이나 단어, 요소, 이름을 반복하라

⑥ 첫 시작부터 주목을 끌어내라

⑦ 설득하라! 소리를 지르지 말고

⑧ 과도한 최상급, 진부한 표현, 경망스런 잡담을 피하라

⑨ CM 속의 대화를 신뢰감 있고 자연스럽게 만들어라

⑩ 귀에 들려주기 위해 카피를 쓰고 있다는 사실을 잊지 마라

⑪ CM 시간 계산에 주의하라

⑫ 커머셜의 마무리는 강력하고, 긍정적이며, 행동 제안적으로 끝내라

(2) 발라다레스(J. A. Valladares)의 6 가지 기준

① 청취자를 사로잡는 힘을 발휘하라 (Arresting power)

② 증명하고 구체화시켜라 (Justify, Substantiate)

③ 이야기의 흐름을 타라 (Get into story)

④ 제품에 대하여 이야기하라 (Talk product)

⑤ 경쟁제품의 주장을 무력화하라 (Eliminate competition)

⑥ 행동을 촉구하라 (Impel action)

(3) 펠튼(G. Felton)의 5가지 테크닉

조지 펠튼(G. Felton)은 Radio CM 카피라이팅을 위해 윈스턴 처칠이 주장한 연설문 작성 5대 규칙을 인용하였다.

① 강하게 시작하라 (Begin strongly)

② 한 가지 주제를 고수하라 (Have one theme)

③ 간단한 말을 사용하라 (Use simple language)

④ 듣는 이의 속 마음에 그림을 남겨라 (Leave a picture in the listener's mind)

⑤ 드라마틱하게 마무리하라 (End dramatically)

(4) 브레이크와 블라이의 원칙

① 청취자가 필요로 하는 핵심정보를 포함시켜라

제품명과 기능, 제품의 주요 특성과 소비자 혜택, 구입 가능 장소, 포지셔닝과 이미지, 만족스런 사용경험에 대한 증언 등이다.

② 카피를 적절한 라디오 카피 포맷에 맞춰라

'1,2,3,4,5'는 '일,이,삼,사,오' 또는 '하나, 둘, 셋, 넷, 다섯'으로 구분해서 써야 읽을 때 혼동이 없다. 영어의 경우 60초 CM은 20줄, 10초

CM은 3줄 정도 분량으로 제한하고 있다.

③ 중요한 정보는 반복하라

저자의 경우 60초 광고 동안 6번의 브랜드 네임 반복을 권장하고 있다.(우리나라의 경우 브랜드 연호의 횟수를 제한하였으나, 현재는 자유롭게 활용할 수 있다.) 주소나 전화번호와 같은 정보는 받아 적을 수 있을 정도의 시간 또는 반복의 배려가 필요하다.

④ 청취자의 주목을 재빨리 붙잡아라

Radio CM에서는 광고를 시작하자마자 청취자의 주목을 끌어야 한다.

⑤ 청취자가 상상력을 펼치도록 하라

카피와 BGM, 효과음 등으로 듣는 사람의 마음 속에 그림이 떠오르게 하라.

⑥ 고객을 신속하게 골라내라

예를 들어 광고가 시작되자마자 “요즘, 탈모 때문에 고민이시죠?”라고 메시지를 던진다면 동일 증상으로 힘들어 하는 청취자의 즉각적인 주목을 받을 수 있다.

⑦ 지역행사를 활용하라

유행이나 패션, 뉴스와 사건, 날씨, 축제 등과 카피를 연결시켜라. 마치, 초콜릿 판매업자가 발렌타인데이를 효과적으로 활용하는 것 처럼….

⑧ 청취자에게 행동을 요청하라

고객들에게 지금 즉시 제품이나 서비스를 사용할 것을 요청하라.

⑨ 라디오 유명인사의 위력을 활용하라

유명 DJ나 MC는 충성스런 청취자를 이미 확보하고 있는 강력한 무기다. 이들을 잘 활용한다면 Radio CM의 광고효과에 많은 도움이 될 것이다.

(5) 우에조 노리오의 3원칙

① 하기 쉬운 말일 것

② 듣기 쉬운 말일 것

③ 카피의 구성을 단순화시킬 것

Question & Solution

Chapter

10

인쇄광고 카피라이팅

Chapter 10

인쇄광고 카피라이팅

일반적으로 인쇄광고에서 카피(Copy)의 개념은 '헤드라인이나 바디카피와 같은 광고에 활용되는 문안'이라고 정의할 수 있는 협의(狹義)의 개념과 '시각적인 표현을 포함한 광고물을 구성하는 모든 요소'로 정의되는 광의(廣義)의 개념으로 나눌 수 있다. 카피는 메시지를 유지하고 지탱하는 등뼈의 역할을 하고, 카피를 어떻게 작성하는가에 따라 광고의 설득효과가 달라지는 것은 두말할 이유가 없다.

1. 인쇄광고 카피의 구성요소

1) 헤드라인(Headline)

헤드라인은 광고의 핵심 메시지이다. 보다 구체적으로 정리하자면 광고 콘셉트를 아이디어에 알맞게, 광고의 타깃에게 쉽고 강력하게 전달하는 핵심 메시지라고 할 수 있다. 인쇄광고에서의 헤드라인은 대체로 가장 큰 글씨체로, 전파광고에서의 헤드라인(Key Copy)은 가장 강조하여 표현하는 것이 일반적이다. 바디카피를 읽거나 듣도록 유도하고, 한 번 보고 들어서 오래 기억할 수 있는 헤드라인이 좋은 헤드라인이다.

(그림 16) 헤드라인의 예(한화 칸스톤)

2) 오버라인(Overline or Overhead)

오버라인이란 헤드라인 위에 배치되어 헤드라인으로 시선이나 의미전달을 유도하는 문구이다. 광고 실무에서는 '오버헤드(overhead)'라는 용어가 일반적이나, 버튼(Burton, 1996)은 오버라인(overlines)이 보다 정확한 용어라고 지적한 바 있다. 광고에서 오버라인은 꼭 필요하진 않으며, 헤드라인만으로 메시지 전달이 충분할 때는 헤드라인만 사용하는 것이 가장 바람직하다.

(그림 17) 오버라인의 예(타임스퀘어, 시안 이미지)

3) 서브헤드(Subhead)

서브헤드는 헤드라인 아래에 배치되어 헤드라인의 내용을 보완하는 역할을 하는 문구이다. 헤드라인만으로 핵심적인 광고 메시지를 전달하는 것이 바람직하지만, 부족할 경우 서브헤드(또는 오버라인)를 써서 이를 뒷받침한다. 그러나, 하나의 헤드라인에 오버라인과 서브헤드 등을 동시에 활용하는 것은 가독성 측면이나 내용 전달에 있어서 일반적으로 효과적이지 못하기 때문에 카피라이터는 가능한 한 헤드라인에 메시지의 핵심을 담으려 노력하여야 한다.

(그림 18) 서브헤드의 예(타임스퀘어 시안 이미지)

4) 바디카피(Body copy)

바디카피는 헤드라인을 읽고 난 독자에게 보다 구체적인 정보를 전달하기 위해 덧붙이는 광고메시지의 본문이다. 바디카피를 통해 소비자들의 구매 욕구를 높이는 설득력을 발휘하게 되며, 이를 위해 흥미성, 통일성, 단순성, 강조성 등의 요소가 조화를 이루어야 한다.

(그림 19) 바디카피의 예(하나은행)

5) 슬로건(Slogan)

슬로건은 브랜드가 주는 혜택이나 기업철학 등을 짧고 기억하기 쉬운 소비자 언어로 표현하여 장기간 반복하여 사용하는 문구이다. 때로는 쉽게 쓰여지고, 쉽게 바뀌어지기도 하지만, 슬로건은 그 기능과 용도에 있어서 헤드라인 못지않은 중요성을 지니고 있으며, 좋은 슬로건은 신중하게 만들어져 장기적으로 활용하는 것이 가장 효과적인 카피의 활용이라 할 수 있겠다. 슬로건이야말로 '카피의 핵'이라 할 수 있다.(류진한, 카피의 핵 슬로건)

(그림 20) 슬로건의 예(두산중공업)

6) 캐치프레이즈(Catchphrase)

캐치프레이즈(Catchphrases)는 슬로건에 비해 단기간 사용되는 목적으로 창작되며, 구매 등의 소비자의 구체적인 행위를 촉구하는 문구이다.

7) 캡션(Caption)

캡션은 광고에서 제시된 상품, 일러스트, 쿠폰, 인물 등의 광고사진 주변에 붙어 그 내용을 설명하는 문구이다. 바디카피와는 별도로 사용되며, 소비자가 사진에 대한 자의적 해석을 하지 않도록 하는 역할을 한다.

8) 기타

- 로고(Corp Logo, Brand Logo)
- 추천문(Blurb)
- 말풍선(Balloon)
- 서명(Signature)

2. 헤드라인의 중요성

'헤드라인'은 광고에서 가장 중요한 요소이다.
그것은 독자들이 카피를 읽느냐 읽지 않느냐를 결정하는 전보(電報)이다.
평균적으로 바디카피를 읽는 사람의 5배가 헤드라인을 읽는다.
광고가 만약 헤드라인에서 뭔가를 팔지 못하면 당신은 광고주의 돈을 80%나 낭비하는 셈이다.

-David Ogilvy-

1) 헤드라인은 왜 중요한가?

헤드라인의 중요성을 이야기하는 데에는 오늘날의 광고환경과 밀접한 관련성을 가지고 있다. TV 및 케이블광고의 다양한 채널, 세분화된 타깃에 맞추어진 다양한 인쇄매체(신문, 잡지, 무가지 등), 그리고 새롭게 등장하는 인터넷, 모바일…. 이렇듯 날로 복잡해지고 다양해지는 광고들 속에서 주목을 받으려면 그 광고 내용에 눈과 귀를 잡아 둘 수 있는 헤드라인의 역할이 무엇보다 중요할 수밖에 없다.

명작으로 불리는 광고 캠페인은 예외 없이 헤드라인으로 기억된다. 그것은 헤드라인이 광고에 정체성을 부여하는 핵심이기 때문이다. 즉, 광고가 전달하고자 의도하는 메시지를 가장 구체적이고 정확하게 전달하는 역할을 하는 것이 헤드라인이라는 것이다. 헤드라인은 바디카피나 비주얼 등 광고의 구성요소 중에서 소비자의 기억을 활성화시킬 가능성이 가장 높은 카피요소이다. 광고에서 가장 저비용 고효율의 기능을 자랑하는 것이 바로 카피이며 헤드라인이다.

2) 헤드라인의 기능 또는 역할

(1) 블라이(Bly)가 말하는 헤드라인의 기능

① 수용자의 주목 유발: 헤드라인은 AIDMA(Attention - Interest - Desire - Memory - Action) 법칙에서 가장 첫 번째 단계인 수용자의 주목을 유발하게 하는 기능(Getting Attention)을 수행한다.

② 수용자의 선택: 헤드라인은 불특정 다수의 소비자 중에서 광고의 표적

수용자를 선택(selecting the audience)하여 호명하는 기능을 한다.

③ 전체 메시지의 전달: 좋은 헤드라인은 그 자체로 구매행동을 유발해야 한다. 광고를 보는 '독자의 80%가 헤드라인을 읽는다'는 전제에서 보면 목표 수용자들은 바디카피보다 헤드라인을 읽은 가능성이 더 높다. 따라서, 설득에 필요한 구체적인 내용을 바디카피로 미루기보다는 헤드라인 자체에서 전달할 수 있다면 자신의 역할을 보다 충실히 해냈다고 할 수 있다.

④ 바디카피로의 유인: 헤드라인은 그 자체로 전체 메시지를 전달해야 하지만, 목표 수용자로 하여금 바디카피를 읽고 싶은 마음이 일어나도록 유인(drawing the reader into body copy)할 수 있어야 한다. 그것이 목표수용자를 소비자로 만드는 더욱 효과적인 길이기 때문이다.

(2) 오귄, 알렌 & 시메니크가 말하는 헤드라인의 기능

① 브랜드에 대한 뉴스 제공

모든 헤드라인은 본질적으로 브랜드에 대한 '뉴스 제공'의 성격을 지닌다. 따라서 카피라이터는 수용자의 주목을 끌어 구매욕구를 자극하는 역할을 하는 헤드라인 작성에 노력해야 한다.

② 브랜드의 주장을 강조

헤드라인은 '브랜드 주장(claim)'을 강조하기 위해 인쇄광고나 전파광고에서 가장 눈에 띄고 가장 잘 들려 주목받을 수 있도록 강조하여 처리되어야 한다.

③ 수용자에게 권고

헤드라인은 수많은 수용자 중에서도 본 광고에서 목표로 삼고 있는 사람에게 광고 제품의 사용을 권유할 수 있어야 한다. 이는 직접판매 광고의 메시지뿐 아니라, 이미지 광고에서도 마찬가지다.

④ 잠재고객의 선별

헤드라인은 독자나 시청자가 헤드라인을 보고 들어서 "아, 나에게 필요한 이야기를 하고 있구나!"라고 느낄 수 있어야 한다. 즉, 헤드라인을 접하는 순간 이미 광고 타깃(잠재고객)의 관심을 끌 수 있어야 한다.

⑤ 수용자의 호기심 자극

헤드라인만 읽거나 듣는 것만으로 잠재고객의 호기심을 자극할 수 있다면 그것은 헤드라인이 해야 할 많은 역할 중에 대부분을 했다고 볼 수 있다. 광고에 대한 호기심은 바디카피로의 유인과 구매욕구를 자극하는 능선의 반 이상을 넘은 것이나 다름없기 때문이다.

⑥ 광고의 분위기나 느낌 확정

헤드라인에서 이미 그 광고의 전체적인 분위기(T&M)를 느낄 수가 있다. 이성적 광고인지? 감성적 광고인지? 유머 광고인지? 실증 광고인지? 즉, 광고하고자 하는 제품과 잘 어울리는 분위기의 헤드라인을 작성하는 것도 제품판매에 큰 역할을 한다고 할 수 있다.

⑦ 브랜드의 성격 규정

헤드라인을 통해 그 브랜드가 가지고 있는 성격이 잘 나타난다면 소비자는 광고를 통해 그 제품이 가지고 있는 특장점에 대한 결정적인 힌트를 얻은 것이나 다름없다.

3) 니시오 타다히사가 말하는 헤드라인의 기능

① 독자의 주의를 끌 것

주의(Attention)는 모든 카피요소에서 요구되는 기본적인 속성이지만 '헤드라인'이 가장 큰 역할을 해야 함에는 두말할 여지가 없다. 이미지 광고표현의 경우 카피의 역할보다는 비주얼의 역할이 강조되기도 하지만 대부분의 제품에 있어서 구체적인 설득을 위한 주의집중은 강력한 헤드라인에서 출발한다. 따라서 목표고객에 의해서 '주의집중을 위한 헤드라인의 테크닉'이 달라져야 한다. 즉, 구체적인 목표고객을 타깃으로 한 경우에는 제품에 대한 고객의 관심이 이미 높은 상태이기 때문에 이 점을 강하고 구체적으로 설명하는 헤드라인이 효과적이며, 그 반대의 경우 보편적이고 인간적인 흥미를 높여주는 것이 효과적일 수 있다.

② 매스 오디언스(Mass Audience) 중에서 목표고객을 골라낼 것

목표고객의 세분화(Target Segmentation)는 광고전략뿐 아니라 헤드라인에서도 중요한 역할의 하나이다. 카피라이터는 정확한 타깃 프로파일을 통해 좁고 구체화된 카피를 제작할 수 있어야 한다. 그것이 우리 제품을 집중적으로 사용하는 주사용자(Heavy User)나 메인타깃(Main Target)의 강력한 반응을 이끌어 내는 카피의 역할을 다하는 길이다.

③ 독자를 메인 카피(Main Copy)로 끌어 들일 것

헤드라인은 메인카피에 눈길조차 줄 여유가 없는 소비자의 눈과 귀를 끌어들이는 역할을 해야 한다. 카피라이터는 자신만의 정교한 전략적

계산 아래 독자의 호기심을 자극시켜 바디카피를 읽게 하고, 궁극적인 설득에 성공해야 한다.

④ 때에 따라서는 소비자를 움직여 행동하도록 할 것

원문에서는 헤드라인의 마지막 역할로 '소비자 행동'을 이끌어 내는 능력을 발휘하는 것으로 정리되어 있다. 그러나 세일 광고 등의 특수한 경우를 제외하면 헤드라인이 구매에 직접적 영향을 미친다는 것은 말처럼 쉬운 일이 아니다. 따라서 김동규(카피라이팅, 2003)는 이를 '고객에 대한 강력한 편익(Benefit)' 제시로 바꾸어 설명하고 있다. 여기서 이야기하는 편익(Benefit)이란 보편적 편익이 아닌 특정 목표고객에 대한 '경쟁적 편익'을 뜻한다.

Question & Solution

Chapter

11

창의적인 프레젠테이션

Chapter 11

창의적인 프레젠테이션

"광고주를 유치하는 가장 좋은 방법은 좋은 광고를 만드는 것이다"

-D. Ogilvy-

광고대행사에서 진행되는 업무 가운데 가장 중요한 일을 꼽으라면 바로 새로운 광고주를 유치하기 위한 프레젠테이션이라고 할 수 있다. 이는 궁극적으로 광고대행사는 광고주 유치를 통한 광고물의 제작 및 대행 수익이 대부분 살림의 근간이 되기 때문이다. 일반적으로 광고대행사에서 실시하는 프레젠테이션은 기존 광고주를 대상으로 정기적으로 실시하는 '에뉴얼 프레젠테이션(Annual Presentation)'과 새로운 광고주를 영입하기 위해 복수의 광고회사들과 프레젠테이션을 실시하는 '경쟁 프레젠테이션(Competition Presentation)'으로 나누어 볼 수 있다. 본 장에서는 경쟁 프레젠테이션의 절차와 방법에 관하여 중점적으로 살펴보기로 한다.

1. 공고 및 오리엔테이션

경쟁 프레젠테이션의 여정은 광고주의 공고로부터 시작된다. 이는 광고주가 새로운 캠페인의 진행을 위해서, 또는 기존 캠페인을 다른 광고회사에 의뢰하기 위해서 새로운 광고 파트너가 필요하다고 판단하여 내부적으로 경쟁 프레젠테이션 실시를 결정하고 외부에 이를 공지하는 것을 말한다. 경쟁 프레젠테이션을 실시할 광고회사를 선정하는 방법에도 여러 가지가 있을 수 있는데, 크게 보면 공지 형태와 초청 형태, 그리고 공지와 초청 형태가 어느 정도 융합된 형태로 나눌 수 있다. 공지 형태는 말 그대로 특정 매체 등을 활용하여 당사의 프레젠테이션 내용을 공지하고 참여사를 접수하는 형태를 말한다. 초청 형태는 광고주가 매출 규모, 구성인원, 성과 등을 기초로 특정한 몇 개의 회사를 사전에 선정하여 경쟁 프레젠테이션에 초청하거나 해당 회사에 참여의사를 묻는 형태를 말한다. 또는 10대 대행사, 독립대행사, 글로벌 대행사 등의 기준으로 공지 또는 초청하여 참여사를 정하는 방법도 있을 수 있다.

공지 또는 초청 형태를 통해 경쟁 프레젠테이션에 참여할 광고회사가 정해지면 광고주는 경쟁 프레젠테이션을 위한 오리엔테이션(Orientation)을 실시하여야 한다. 오리엔테이션에는 대상 브랜드나 제품, 경쟁 프레젠테이션을 실시하는 이유, 광고 예산, 제안 내용 등에 대한 상세한 자료를 준비하여 참여회사에 전달해야 한다. 그리고 참여회사가 추가적으로 궁금해 하는 점에 대해서는 적극적인 응답과 자료의 공유가 필요하다. 광고주의 오리엔테이션은 상황에 따라 참여사가 모두 모인 자리에서 실시하는 경우와 개별적으로 실시하는 경우가 있고, 공식적인 질의와 응답을 허용하는 경우와 허용하지 않는 경우가 있다. 이는 프레젠테이션을 주최하는 광고주의 여건과 성향에 따라 달라질 수 있으나, 자사의 성공 캠페인을 위한 파트너라는 생각으로 가능한 범위 안에서 최대한 오픈된 마인드로 적극적인 응대가 필요하다.

광고주 오리엔테이션에 참여하는 참여사 입장에서 이 자리는 경쟁 프레젠테이션 준비를 시작하는 첫 자리이자, 전체적인 방향과 틀을 잡는 가장 중요한 자리임을 인식해야 한다. 단순히 광고주가 준비한 내용을 전달받는다는 생각보다는 이번 프로젝트의 핵심적인 힌트를 찾는다는 생각으로 오리엔테이션에 참석해야 한다. 회사에 따라 참석인원의 수를 제한하는 경우가 대부분이지만, 그렇지 않다면 프로젝트에 참여하는 각 분야별 담당자가 함께 참여하는 것이 좋다. 또한 궁금한 점에 관해서는 규정에 따라 오리엔테이션 자리나 향후 개별적 문의를 실시할 필요가 있다. 개인적인 경험에 의하면 광고주로부터 받는 첫 오리엔테이션은 전체 프레젠테이션을 준비하는 데 있어서 50% 정도 중요한 비중을 두고 있다. 광고주가 주는 가시적이고 객관적인 정보 이외에 광고주의 성향이나 성격, 기업 분위기 등을 잘 파악한다면 성공적인 프레젠테이션을 실시하는 데 많은 도움이 될 것이다.

2. 기획서 작성 및 내부 오리엔테이션

광고주로부터 오리엔테이션을 받은 담당자는 그 내용을 정리하여 경쟁 프레젠테이션에 참여할 부서원들과 1차적으로 내용을 공유한다. 물론, 향후 정식으로 정리된 내부 오리엔테이션을 실시해야 하지만, 가능한 빠른 시일 안(당일 또는 1~2일)에 광고주에게 전달받은 내용을 전달하는 것이 좋다.

기획팀은 광고주로부터 받은 기초자료를 토대로 추가 조사 등을 통해 경쟁력 있는 기획서의 기초자료인 내부 오리엔테이션 자료를 준비한다. 특히, 이 단계부터는 외부는 물론 경쟁 프레젠테이션에 참여하지 않는 내부의 다른 구성원에게도 준비 내용에 대한 철저한 보안이 필요하다. 내부에서 실시하는 오리엔테이션의 경우 수정 불가한 확정된 내용이라기보다는 참여 구성원들에게 담당 기획자의 의견을 전달하고 추가적으로 경쟁력을 배가시킬 수 있는 전략적 방안을 함께 모색하는 자리라는 생각을 갖는 것이 중요하다. 어떤 기획자는 마치 본인의 기획방향을 다른 부서원들이 왈가왈부하는 것에 대하여 불쾌하게 생각하기도 하는데 이는 협업이라는 차원에서 보면 바람직하지 못한 자세라고 할 수 있다. 광고 기획서는 돌에 새기는 십계명이 아님을 명심하자.

일반적으로 경쟁 프레젠테이션 준비에 주어지는 시간은 짧게는 2주 길게는 3~4주 정도의 시간이다. 이 시간의 초반에 담당 기획자는 수시로 관련 부서와의 미팅을 통해 자신의 기획서를 정리하고 업그레이드하고 공유할 필요가 있다. 1~2주 후에 갑자기 들이미는 기획서가 전체적인 공감을 사기에 부족하다면 남은 시간이 매우 촉박하기 때문이다. 시작 단계부터 긴밀한 협조가 이루어진 상태로 준비된 기획서가 더 탄탄하고 결속력 있는 힘을 발휘한다. 물론, 기획, 제작, 마케팅, 매체 등 각 구성원은 각 담당자들의 전문성을 훼손하지 않는 범위 안에서 조언과 의견을 전달할 필요가 있다.

1차 기획서가 완성되는 단계에서 이미 관련부서를 대상으로 한 오리엔테이션을 완료되었을 것이다. 이후 광고 제작팀은 기획 담당자로부터 받은 오리엔테이션과 1차적인 광고 전략을 바탕으로 아이데이션(Ideation)에 돌입하면 된다. 그 사이 기획 담당자는 지속적으로 기획서를 검토하고 수정 보완하여 최종 프레젠테이션용 PPT를 만드는 일에 집중해야 한다. 최종 프레젠테이션은 대부분 짧은 시간 동안 진행되므로 적당한 분량의 PPT와 별도로 전달하는 상당 분량의 프레젠테이션 기획을 위한 BOOK이 별도로 제작된다. 특히, 프레젠테이션 PPT의 경우 많은 내용을 담기보다는 주어진 시간 안에 타사 대비 경쟁력을 가질 수 있는 핵심 내용 중심으로 임팩트 있게 준비하는 것이 좋다. 물론, 형식 보다는 내용이 중요하지만 시간의 여유가 있거나 별도로 도움을 받을 수 있는 방법이 있다면 가시성과 디자인 감각을 돋보이게 만드는 PPT 형식에 대한 수준도 무시할 수 없다.

3. 크리에이티브 아이데이션 및 시안 제작

원론적으로는 광고기획서나 콘셉트가 정해진 다음에 제작팀의 아이데이션이 시작되는 것이 맞지만 현실적으로 그럴 만한 시간적인 여유가 없기 때문에 수시 미팅을 통해 어느 정도 프로젝트 콘셉트에 대한 공감이 이루어졌다면 제작팀은 크리에이티브 아이데이션(Creative Ideation)에 돌입하는 것이 효율적이다. 대부분 경쟁 프레젠테이션의 핵심은 프레젠테이션에서 제시되는 '경쟁력있는 크리에이티브'라는 데 이론을 제기할 사람은 없을 것이다. 심지어 어떤 광고주는 "자! 죄송한데 제가 시간이 없어서…. 제작물만 봅시다!!"라고 양해를 구하는 광고주도 있을 정도다. 물론, 프레젠테이션이 제작물만을 판단하는 자리이기보다는 전체적으로 자사 브랜드와 성공을 함께할 파트너로서의 역량을 평가하는 자리지만, 결국 모든 마케팅 전략이나 광고 전략을 통해 최종적으로 소비자에게 전달되는 광고 제작물이기 때문이다.

경쟁 프레젠테이션에서 제시되는 제작물의 아이디어는 일반적으로 실제 제작되는 아이디어의 제시와 다소 달라야 하는 게 현실이다. 즉, 짧은 시간 안에 광고주를 설득할 목적으로 만들어지는 제작물이기 때문에 다소 과장되고 때로는 자사의 전략이나 크리에이티비티(Creativity)를 극대화하여 보여줄 수 있는 기회로 삼아야 한다. 경험에 의하면 이 역시도 '한 줄의 키워드'가 대부분 강력한 여운을 남긴다. 왜냐하면, 광고주는 그날 다수의 대행사들이 제안하는 다수의 아이디어를 봤기 때문에 세세한 아이디어의 내용보다는 자신을 사로잡은 '한 줄의 키워드'를 기억할 확률이 높기 때문이다.

4. 리뷰 및 리허설

프레젠테이션용 기획서와 광고물의 시안이 완성되면 담당 팀은 내부 임직원을 대상으로 하는 리뷰(Review)의 자리를 갖는다. 사실 이 시점이 프로젝트를 준비하는 담당자나 팀장의 입장에서는 가장 예민하고 스트레스를 받기 쉬운 자리이다. 그리고 2~3주 동안 준비한 전략이나 아이디어가 프레젠테이션 한 주 전이나 심지어 하루 전에 물거품이 되어 처음부터 다시 시작하게 되는 경우도 적지 않기 때문이다. 그러나, 이런 리뷰의 자리가 필수적으로 필요한 것은 이 기회를 통해 혹시라도 있을 수 있는 결정적인 오류를 사전에 발견하여 수정 및 보완을 하거나 임직원들의 더 좋은 아이디어를 반영할 수 있는 기회로 삼을 수 있기 때문이다. 따라서 효율적인 업무처리를 위해서는 공식적인 리뷰 일정 이전에 수시로 프로젝트 상급자와의 교류를 통해 진행상황을 보고하여 큰 이견이 없는 상태에서 리뷰를 진행하는 것이 기술이다.

특히, 프레젠테이션 리허설(Rehearsal)은 D-Day가 있기 전 최소 3회~5회 정도는 필수적으로 실시해야 한다. 필자는 협업 근무시절 대형 프로젝트 프레젠테이션('K'은행, 당시 800억 빌링)을 담당하면서 30번의 리허설을 실시한 경험이 있다.(리허설을 30회 실시하면 30분 분량의 프레젠테이션 시놉시스를 토씨 하나도 틀리지 않고 외울 수 있다는 경이적인 경험을 했다) 이러한 리허설이 프레젠테이션을 앞두고 수차례 실시되는데, 팀원과 팀장 앞에서나 부서장에게 기획서나 제작된 시안을 설명하는 일도 리허설의 기회로 생각하고 실시할 수도 있다. 어쨌든, 초기의 리허설은 해당 부서원들을 앞에 두고 러프하게 실시되지만 어느 정도 준비가 완료되고 D-Day가 다가오면 본격적인 리허설에 돌입해야 한다. 특히, 프레젠테이션 전날 실시되는 리허설은 전체적인 프로젝트를 최종 점검하는 자리인 만큼 프레젠터나 리허설에 참여하는 사람들의 마음가짐이 달라야 한다.

최종 리허설은 프레젠테이션 당일과 동일한 조건으로 실시되는 것이 정석이다. 기획서나 제작물은 당일 제시될 100% 완성된 것이어야 함은 당연하다. 발표자는 발표 시에 착용할 의상을 입고 최종 리허설 장소에 서야 한다. 가능하면 리허설 시간이나 장소도 프레젠테이션을 실시하는 장소와 동일한 환경이면 좋다. 최종 리허설에 참여하는 인원 역시 당일 참석 인원은 모두 참석하는 것이 정석이다. 리허설은 단순히 발표자만의 무대가 아니라, 참석하는 모든 조직원들이 함께 만들어야 하는 무대이기 때문이다. 간혹 최종 리허설에 참석하지 않았던 임원이나 대표이사가 당일 엉뚱한 질문이나 답변으로 대박 사고를 치는 경우는 허다하다. 최종 리허설에 배석하는 사람들도 자신이 프레젠테이션 장에 참석한 광고주라는 시각으로 발표나 PPT 구성에 어색한 부분은 없는지, 발표가 느리거나 빠르지는 않는지, 내용의 이해는 잘 되는지, 목소리의 크기는 적당한지를 꼼꼼하게 체크해 주는 것이 좋다. 그리고 리허설을 마치면 프레젠테이션을 실시한 내용을 중심으로 폭넓고 깊이 있는 질의응

답을 진행하는 것이 좋다. 현장에서 어떤 질문이 우리를 난처하게 할지 모르기 때문에 리허설에서 나온 엉뚱하거나 난처한 질문들은 현장에서 많은 도움이 된다.

이제 공은 던져졌고, 마지막으로 필요한 것은 '확신'뿐이다.

5. 프레젠테이션

오리엔테이션(Orientation), 아이데이션(Ideation), 프레젠테이션(Presentation)은 경쟁 프레젠테이션의 승패를 좌우하는 세 축이다. 이 가운데 프레젠테이션은 장기간 준비한 프로젝트의 '화룡점정(畵龍點睛)'을 찍는 결전의 행사다. 그러나 머피의 법칙처럼 중요한 행사일수록 구성원들의 부담이 가중되기 때문에 어이없는 실수를 하거나 챙겨야 할 것들을 챙기지 못하는 결정적인 실수를 하기도 한다. 물론 이 시점에서 가장 중요한 것은 '확신'이다. 최선을 다했고, 잘 될 것이라는 확신 외에 도움이 되는 것은 없다. 준비에서부터 프레젠테이션을 마치기까지 세심하게 챙겨야 할 요소들을 정리해 보고자 한다.

1) 비품 준비

특히, 자사가 아닌 광고주나 외부에서 하는 프레젠테이션의 경우 가장 먼저 꼼꼼하게 챙겨야 할 것은 '비품 준비'이다. 과거의 경우 노트북이나 프로젝터 및 레이저 포인터는 물론 빔 프로젝터를 쏘기 위한 스크린이나 스피커, 그리고 화질 좋은 영상을 표현하기 위해 대형 모니터의 TV까지 미리 준비하여 챙겨가기도 했다. 가장 중요한 것은 실제로 프레젠테이션을 할 데이터를 이상 없이 챙기는 것이다. 가능하면 노트북도 전날 최종 리허설에서 사용했던 노트북을 준비하는 것이 좋다. 간혹 PT환경이 바뀌어 서체가 깨지거나 영상 구현이 원활하지 못한 경우가 생길 수 있기 때문이다. 물론, 데이터도 잘 챙겨야 한다. 만약의 경우를 대비하여 지참하는 노트북의 배경화면에 깔아두는 것은 기본이고, 별도의 USB를 챙기고, 메일이나 별도의 온라인 저장 공간에도 저장해 두는 것이 좋다. 또한 각종 음향 및 영상기기와 노트북을 연결하는 라인들은 물론이고 여분의 익스텐션과 콘센트 등을 챙기고 현장에서 무리 없이 진행을 도울 수 있는 인력도 동참하는 것이 안전하다. 현장에서 준비된 오디오나 영상의 구현이 원활하지 못할 때 광고주가 나서서 도움을 주리라는 생각은 매우 위험하다. 또한 참석인원을 사전에 파악하여 배부할 자료와 제출한 자료를 넉넉하게 챙겨야 한다. 만약의 경우를 대비하여 여분의 노트북을 챙기는 것도 추천한다.

이렇게 모든 것을 꼼꼼하게 준비한다고 하더라도 당일 출발 전에 우왕좌왕하거나 현장에서 간혹 몇 가지를 빠뜨리고 온 것이 확인되어 난처함을 경험하지 않기 위해서는 사전에 '프레젠테이션 비품 준비 담당자'를 정하여 한 사람이 준비를 책임지고 하는 것이 좋다. 왜냐하면 서로 당연히 챙겨왔을 것이라고 생각하는 것들이 가장 중요한 것이고 가장 놓치지 쉬운 것이기 때문이다. 따라서 비품 준비 담당자는 사전에 '비품 체크리스트'를 준비하고 당일 그 페이퍼에 일일이 체크를 하면서 비품을 챙겨야 한다.

- 비품 준비 담당자
- 비품 준비 체크리스트

2) 이동 준비

두 번째로 해야 할 일은 당일 이동을 준비하는 일이다. 가까운 거리라면 큰 걱정은 없지만, 이동거리가 상당하거나 이동 시간이 출퇴근 시간이라면 긴장해야 한다. 가장 안전한 방법은 대중교통, 특히 지하철을 이용하는 것인데 챙겨야 할 장비들이 많다면 부득이 승용차를 이용하는 경우가 대부분이다. 물론, 출퇴근 시간이 아니어도 최소 1시간 정도의 여유 시간을 가지고 출발하는 것을 추천한다. 프레젠테이션 장소 내에 대기실이 있다면 미리 도착하여 편안한 마음으로 대기하거나 인근 카페에서 차를 한 잔 마시면서 팀원들끼리 편안한 담소를 나누는 것이 좋다. 시간이 촉박한 상태로 도착하게 된다면 프레젠터의 심리상태가 불안할 뿐만 아니라, 간혹 준비가 완벽하게 되지 않은 상태로 프레젠테이션을 시작해야 하는 경우가 생기기 때문이다.

이동 역시 비품 준비와 마찬가지로 당일 이동 차량을 운전할 직원을 미리 결정하고 그 직원은 전일이나 전주의 같은 요일 같은 시간에 실제 이동경로를 주행하여 파악해 두는 것이 좋다. 그리고 주의할 것은 당일 가장 중요한 업무를 맡은 주인공은 프레젠터이기 때문에 설사 프레젠터가 하위 직급의 직원이거나 평소에 광고주 방문 시 운전을 담당했던 직원이라 하더라도 그날 만큼은 드라이버가 아닌 차량의 상석에서 편안한 마음으로 이동할 수 있도록 배려할 필요가 있다.

- 담당 드라이버
- 사전 답사이동
- 도착시간 여유
- 프레젠터 배려

3) 프레젠테이션

프레젠테이션이 시작되기 전부터 프레젠테이션은 시작된 것이다. 프레젠테이션 룸에 들어가서 처음 만나는 광고주와 인사를 나누고, 장비를 설치하는 과정에서부터 그 회사의 팀워크와 시스템을 어느 정도 가늠할 수 있기 때문이다. 부담스럽고 형식적인 자리보다는 청중들도 편안한 마음으로 제안을 받는 자리가 되도록 유도하는 것이 좋다.

광고주 담당자로부터 시작 사인을 받으면 참석자 중 선임이 간략한 인사 또는 소개와 함께 프레젠테이션이 시작된다. 프레젠테이션에서 가장 중요한 것은 주어진 시간을 효율적으로 활용하는 것이다. 자칫 서두가 너무 길다보면 정작 중요한 콘셉트나 크리에이티브 부분에 할애할 시간이 부족하여 낭패를 보는 경우가 있다. 또한 광고주에 따라서는 시간 초과 시 페널티를 부여하거나 심지어 프레젠테이션을 중단시키는 경우도 있다.

일반적으로 도입, 전개, 제시, 마무리 정도의 절차로 진행된다. 프레젠테이션의 첫 인상은 매우 중요하다. 따라서 무난한 스타트보다는 청중들에게 강한 인상과 호감을 줄 수 있는 '오프닝 멘트'를 준비하는 것이 좋다. 물론 너무 부담스러운 퍼포먼스나 준비된 듯한 인상을 주기보다는 자연스러운 진행이 필요하고, 프레젠테이션의 핵심주제와 결부되는 메시지를 준비해야 함은 당연하다. 사실, 오프닝만 봐도 어느 정도 내공을 알 수 있다. 오프닝이 성공적으로 이루어졌다면 비행을 위한 안전한 이륙이 시작된 셈이다.

이제 본인이 준비한 내용을 확신을 가지고 진행하는 일만 남았다. 우선, 프레젠터는 프레젠테이션 내용을 완벽하게 숙지하여 청중과 커뮤니케이션해야 한다. 즉, 프레젠터가 노트북이나 스크린을 보면서 읽어가는 형태의 PT는 바람직하지 않다. 또한, 목소리의 크기나 빠르기가 적당한지를 항상 체크할 필요가 있다. 만약 필요하다면 자리에 배석한 동료가 이를 조절해 주어야 한다. 가능하면 많은 청중들과 눈을 마주치며(eye contact) 커뮤니케이션하는 것이 효과적이다. 광고주의 이해가 필요한 부분이나 중요하여 강조가 필요한 부분은 다소 시간을 할애하여 설명하고 그렇지 않은 부분은 명확하고 신속하게 넘어가는 것이 좋다. 경쟁 프레젠테이션의 경우 순서에 따라 전개부분의 진행을 다르게 운영할 필요가 있다. 특별한 경우가 아니라면, 처음 순서에서는 다소의 자세한 설명이 필요하지만, 마지막 순서인 경우에는 다소 중복되고 지루할 수 있으니 아이디어의 제시에 시간을 할애하는 것이 좋다.

프레젠테이션에서 전개의 과정은 본 프로젝트의 핵심 콘셉트나 아이디어에 대한 기대와 궁금증을 증폭시키기 위한 과정이다. 따라서 프레젠테이션의 핵심은 자사에서 준비한 아이디어를 설득력있게 제시하는 일이다. 시간과 상황에 따라서 전반부의 전개(기획)와 후반부의 제시(크리에이티브)를 각각의 담당자가 발표하기도 하고, 한 사람의 디렉터가 진행하기도 한다. 중요한 것은 전략과 크리에이티브를 완벽하게 이해하고 진행할 수 있는 능력을 지닌 사람이 프레젠테이션을 진행해야 한다는 것이다. 아디이어를 제시하는 방법은 다양하고, 그 방법은 매체전략이나 제시환경, 또는 광고주의 수준이나 성향에 따라 다르게 판단해야 한다. 매체가 TV 등의 동영상이거나 라디오라면 당연히 시청각 자료를 활용한 제안이 효과적인 것이다. 반대로 신문이나 잡지 등의 인쇄매체라면 광고 시안을 출력하여 페이퍼로 제시할 것인지 데이터를 모니터를 통해 제시할 것인지를 판단해야 한다. 또한 광고주가 광고 집행이나 경쟁 프레젠테이션의 경험이 많은 경우와 그렇지 않은 경우도 차이를 두어야 함은 당연한 일이다.

광고안에 대한 제시가 마무리되면 어느 정도 프레젠테이션의 반응이 느껴지는 상황이다. 이제는 마무리 절차로 전체의 내용을 간략하게 정리하고 본인이 제시한 전략이나 크리에이티브에 대한 확신을 주기 위한 절차가 필요하다.

- 인사 및 준비
- 오프닝 맨트
- 자신감
- eye contact
- 프레젠테이션 순서
- 광고주 수준
- 집행 매체
- 제안 방법
- 정리
- 강조
- 확인

4) 사후 보안 및 대행 계약

프레젠테이션이 끝났다고 프레젠테이션이 끝난 것은 아니다. 즉, 계약서에 도장을 찍고, 그 도장이 마르기 전까지 프레젠테이션은 '현재진행형'임을 명심해야 한다. 간혹, 프레젠테이션을 훌륭하게 완료하고 사후 보안을 등한시하거나 미리 축배를 들어 낭패를 보는 경우도 종종 있다. 특히, 프레젠테이션을 마쳤다고 해서 경쟁사에 자사의 콘셉트나 모델, 광고 아이디어 등을 오픈하는 경우는 매우 위험하다. 당신이 경쟁사 담당자이고 프레젠테이션 결과가 2등이라면 어떻겠는가? 그리고 상대 회사가 제안한 모델을 우연히 알게 되었고, 그 모델에게 감춰진 부정적인 스캔들을 알고 있거나, 경쟁사의 아이디어와 비슷한 아이디어를 어디선가 본 듯하다면 어떻겠는가? 이런 경우로 순위가 바뀌거나 심지어 계약이 취소되는 경우는 없지 않다. 프레젠테이션을 마치고, 광고대행 계약서에 도장을 찍고, 광고 캠페인을 제작하고, 그 캠페인이 매체를 통해 집행될 때가 비로소 당신의 아이디어가 세상에 알려지는 것이다. 사실은 그 후로도 경쟁회사의 소위 디스(?)는 계속된다. 철저한 방어 논리가 필요하다.

- 보안

Question & Solution

Chapter 12

창의적인 크리에이터로 성공하기

Chapter 12

창의적인 크리에이터로 성공하기

"광고를 공부하는 학생(또는 주니어)들에게 해주고 싶은 한 가지 충고는 과거의 것을 배우는 데 너무 많은 시간을 보내지 말라는 것이다. 이는 미래의 것을 찾기보다 과거의 것들을 모방하려고 노력한다는 것을 의미한다. 우리가 하는 일이 어떻게 변화하는지를 이해할 필요가 있다. 우리는 여전히 스토리텔러다"

–David Droga–

광고가 왜 하고 싶은가? 광고를 왜 하고 있는가? 광고가 좋아서 하고 있는가? 광고를 잘해서 하고 있는가? 그래서 지금, 당신은 행복한가? 뭐 이런 구태의연한 질문들을 늘어놓지 않더라고 광고하기로 마음을 먹었거나, 이미 광고세계에 발을 들여 놓았다면 성공하는 광고인이 되기를 바란다.

어떻게 하면 성공하는 광고인, 성공하는 크리에이터로 성장할 수 있을까? 《창의적 콘셉트와 파워풀 라이팅》의 마지막 장인 본 장에서는 영국의 크리에이티브 디렉터인 사이먼 벅스너(Simon Veksner)가 집필하고 필자가 번역한 《광고 크리에이터 성공백서. HOW TO MAKE IT AS AN ADVERTISING CREATIVE》에 거론된 내용을 중심으로 첨삭하여 정리하고자 한다. 역서 작업을 하면서 느낀 가장 큰 진실과 오해는 소위 광고 선진국이라고 하는 미국이나 영국의 광고 크리에이터가 겪는 기쁨과 애환이 대한민국 크리에이터들의 경험과 다르지 않다는 것이다. 매우 현실적이고, 매우 인간적이고, 매우 광고적인 문제와 솔루션이다.

1. 당신은 크리에이터가 되기 위해 필요한 것들을 가지고 있는가?

DO YOU HAVE WHAT IT TAKES TO BE A CREATIVE?

1) 어떤 유형의 사람들이 훌륭한 크리에이터가 되는가?

최고의 크리에이터들은 스펀지와 같다. 이 세상에 일어나는 모든 것들을 집요하게 빨아들인다는 것 이외에 크리에이터를 어떤 유형으로 정의할 수는 없다. 확실한 것은 당신은 광고대행사 크리에이티브 팀에서 당신이 상상할 수 있는 가장 다양한 유형의 사람들을 볼 수 있다는 것이다. 그리고 그것은 그들이 가진 매력의 '빙산의 일각'이다. 누군가는 외향적이고, 누군가는 내향적이다. 누군가는 사고형이고, 누군가는 감성형이다. 누군가는 자발적이고, 누군가는 좀 더 심사숙고하는 스타일을 지녔다. 결론은 다양하다는 것이다.

◎ 직관(intuition)

마이어스 브리그스(Myers-Briggs) 교육과정의 책임자인 여성 심리학자는 20년 넘는 전문적인 크리에이터에 대한 실험 연구에서 강력한 직관이 없는 사람을 만난 적이 없다는 것을 확인했다. 어떤 디렉터는 소비자 보고서를 읽지 않은 상태에서 소비자들의 생각을 읽기도 하고, 제품의 성분구성을 알지 못해도 그 제품이 소비자에게 줄 수 있는 혜택을 이해하기도 한다. 그리고 대부분 그의 직관이 옳다는 것이 더욱 놀라운 사실이다.

◎ 열망(desire)

크리에이터의 성공 여부를 결정하는 또 하나의 요인은 당신이 이 일을 얼마나 열망하는가이다. 광고회사에 입사하기는 쉽지 않다. 그리고 직장을 얻어도 자신의 자리를 유지하기가 쉽지 않다. 당신이 하는 일은 매우 가시적이고, 경쟁적이기 때문이다. 직업의 자리보다 더 훨씬 더 많은 사람들이 그 자리를 원한다. 거의 모든 경쟁적인 분야와 마찬가지로, 일을 잘하는 사람들은 열망과 끈기와 추친력에서도 뒤지지 않는다.

◎ 관심(strong interest)

사이먼 벅스너(Simon Veksner)는 어릴 적 놀이터에서 광고 징글(jingle)을 부르면서 놀았다고 한다. 그의 부친은 1980년대 레오 버넷(Leo Burnett)을 통하여 환상적인 포스터 광고를 했던 선데이 타임즈(The Sunday Times) 광고 매체 영업을 하셨고, 그는 아버지에게 포스터를 갖고 싶다고 부탁하여 자신의 방에 붙여 놓았다고 한다. 요즘 광고를 꿈꾸고 광고회사 취업을 준비하면서 정작 광고를 보지 않는 세대들이 주의 깊게 들어야 할 부분이다.

◎ 주도적(hustle)

주도적이라는 것이 크리에이터의 본질은 아니지만 주도적인 성격이 훌륭한 크리에이터로 성장하는 자질인 것은 분명하다. 특히 직장 생활 초기 단계에서는 스스로 어떤 일이 일어나도록 만들어야 한다. 좋은 업무를 찾아낸다거나, 작은 광고를 직접 만든다거나 하는 시도는 당신에게 분명히 도움이 될 것이다.

◎ 철면피(thick skin)

기자가 쓴 기사의 95%가 신문에 실린다면, 카피라이터가 쓴 카피의 95%는 버려진다. 크리에이터의 일상을 한 단어로 표현한다면 어쩌면 '퇴짜'일 수 있다. 당신의 아이디어가 쓰레기통에 버려졌을 때 당신에게 슬퍼할 수 있도록 주어진 시간은 매우 짧다. 대부분의 크리에이터들은 이러한 난관을 빠르게 극복하는 방법을 안다. 다시, 곧바로 말에 올라타 달린다. 심지어 자신의 아이디어가 승인되었을 때도 자신의 강인함을 확인시켜줄 필요가 있다.

◎ 다름(different)

당신은 남들과 다르면 다를수록 더 좋다. 다르고 흔하지 않은 광고를 만들어 내기 위해서 광고회사에는 꿈꾸는 사람, 별난 사람, 특별한 분야에 강박관념이 있는 사람, 생각이 깊은 사람, 추친력 있는 사람, 아이디어가 좋은 사람, 프레젠테이션을 잘 하는 사람 등처럼 남들과 다른 사람들이 필요하다.

2. 광고회사라는 직장을 얻는 방법 | HOW TO GET A JOB

1) 대학에 가는 것

만약 당신이 광고 크리에이터로 일하고 싶고, 그 직업을 얻기 위한다면 그 대답은 간단하다. "대학을 가라" 많은 대학들이 관련 전공에 직업을 가질 수 있도록 도와주는 일에 전문적이다. 특히, 요즘은 많은 대학들이 광고업계와 좋은 관계를 맺고 있으며, 현직의 크리에이터들을 만날 수 있는 기회를 많이 제공하고 있다. 광고의 전략과 아이디어 그리고 프레젠테이션 등 실질적인 업무와 관련된 기술을 배울 수 있는 기회가 많은 것도 사실이기 때문이다. 안타깝게도 대한민국의 교육현실과는 다소 동떨어진 이야기이지만, 성적이나 등록금이 얼마나 되는지, 어느 지역에 있는지도 중요하겠지만 본인이 향후 진로를 희망하는 분야와 관련하여 필요한 효율적인 교육을 받을 수 있는 대학을 선택하는 일은 궁극적으로 좋은 광고회사를 얻는 일과 무관하지 않다.

2) 아트디렉터 또는 카피라이터

영국의 경우 대학의 과정에서 본인의 진로(카피라이터와 아트디렉터)를 결정하는 시기가 온다고 한다. 기본적으로 카피라이터는 글을 쓰는 직군이고, 아트디렉터는 그림을 그리는 직군이기 때문에 그 구분은 비교적 어렵지 않다. 그러나 대한민국 대학의 경우 일반적으로 '광고를 할 것인가?' '홍보(PR)를 할 것인가?'를 결정하는 일이고, 광고에 국한해서는 '광고기획자(AE)가 될 것인가?' '광고 크리에이터(카피라이터)가 될 것인가?'를 결정하는 일인데 쉽지 않은 일이다. 물론 대학 교육의 과정에서 본인이 선택한 전공직군은 변동이 가능하다. 대학생활에서 이러한 형식상의 구분이 필요하고 효율적인 것은 당신에게 필요한 구체적인 기술을 본인 스스로 또는 수업을 통해 깊이 있게 배울 수 있기 때문이다.

3) 대학에서 하는 것

당신은 대학에서 실제로 카피를 쓰고, 다양한 매체를 다루는 방법, 그리고 실제 제품에 대한 모의 캠페인 경험도 하게 될 것이다. 그리고 프레젠테이션 방법을 배우거나 경험도 하게 될 것이다. 교우들과의 관계는 대학생활에서 매우 중요한 부분이다. 그들은 본인의 광고관을 형성하는 데 교수 못지않게 영향을 미친다. 그들은 미래에 당신이 조언을 구해야 할 사람들이고, 어쩔 수 없이 경쟁상대가 될 사람들이다. 목표는 좋은 파트너들과 좋은 포트폴리오를 가지고 졸업하는 것이다. 당신의 포트폴리오는 회사를 얻을 만큼 매우 훌륭한 것이 아닐 수도 있지만 현업의 선배들이 흥미롭게 이야기할 수 있을 정도는 되어야 한다.

4) 현장실습에서 일자리를 얻는 방법

현장실습은 월급이 적을 수도 있고, 받지 못하는 경우도 있고, 심지어 자신의 돈이 들어가는 경우도 있을 수 있다. 그러나 현장실습의 가치는 업무를 경험하는 것에 있다. 중요한 것은 그 시스템과 시간을 자신에게 도움이 되도록 활용하는 것이다. 그리고 현재 대부분의 광고회사가 현장실습을 통해 인정받는 학생을 채용하는 시스템을 활용하고 있다는 것을 감안하면 당신이 첫 직장을 얻기 위한 매우 중요하고 효과적인 기회임은 분명하다.

> "쓸모 있는 것만으로는 충분하지 않다.
> 쓸모 있으면서 훌륭한 인재로 주목 받아라"

현장실습 기간 중에 자신의 빛을 발휘할 수 있는 기회를 끊임없이 만들어라. 가장 중요한 것은 현장실습을 하는 대행사에 잘 적응하는 것이다. 선배직원들과의 좋은 관계는 채용의 가능성을 매우 높인다. 현장실습에서 맡았던 몇 가지의 프로젝트는 당신의 포트폴리오에 추가될 수도 있을 것이다. 또한 실제로 한 편의 광고가 제작되는 과정을 경험하는 일은 돈 주고도 못 배울 일이다. 그리고 잊지 말아야 할 것은 당신이 지금 잘하고 있는지를 적극적으로 묻고 대처하라.

긍정의 에너지와 할 수 있다는 자신감은 매우 중요하다. 나는 항상 정규업무 이외의 다른 일에 적극적으로 동참하고 성과를 이루는 팀과 직원에 큰 인상을 받는다. 그리고 개성 있는 인재가 되려고 노력하라. 팀은 현재 자신들이 가지고 있지 않은 다른 어떤 인재를 원하는 경우가 많다.

3. 어떤 광고회사에 취업할 것인가?
WHERE TO GET A JOB?

1) 여러 유형의 대행사들

세계에는 다양한 유형의 광고회사들이 있다. 일반적으로는 국제적 네트워크의 지사들을 운영하는 규모가 큰 글로벌 대행사(Global Agency)와 현지에서만 사업을 하는 작은 규모의 로컬 대행사(Local Agency)로 구분한다. 또 다른 유형은 네트워크 대행사와 신생 대행사, 그리고 마이크로 네트워크 대행사(Micro-Network Agency)로 구분하는 것이다. BBDO, DDB, TBWA, JWT, Leo Burnet, Ogilvy와 같은 대행사들이 네트워크 대행사에 속한다. 이들은 많은 국가에 지사를 두고 있고, 경우에 따라서는 100개 이상의 지사를 둔 회사도 있다. 그리고 이들 중 일부는 거대한 지주회사가 소유하기도 한다. 예를 들면, BBDO, DDB,

TBWA 등은 모두 뉴욕의 '옴니콤(Omnicom) 그룹' 소유의 회사다. 이러한 네트워크 대행사들은 거대한 글로벌 브랜드들에 대한 서비스를 위해 만들어 졌다. 만약 당신이 포드, 맥도날드, 아메리칸 익스프레스나 펩시와 같은 거대하고 유명한 브랜드들의 캠페인을 원한다면 네트워크 대행사가 적합할 것이다. 2010년대 초만 하더라도 기존의 규칙을 깨고 창의적인 광고를 만들어 내는 소규모의 신생회사들이 넘쳐났으나 최근에는 크리에이티브보다는 회사의 성장에 중점을 두는 경향이 있다. 2000년대 이후로 또 다른 유형으로 나타나기 시작한 대행사가 마이크로 네트워크 대행사다. 비비에이치(BBH)나 와이든 앤 케네디(Wieden & Kennedy) 같은 회사로 한 국가에 한 개의 지사가 아니라 한 지역에 한 개의 지사를 기반으로 세계 시장에 서비스하는 것을 목표로 한다.

2) 이 회사는 훌륭한 업무를 할 수 있는 회사인가?

회사의 규모 못지않게 당신에게 영향을 미치는 요소는 그 회사의 기풍(ethos)이다. 즉, 뛰어난 성과를 이루어 회사의 명성을 쌓고자 하는 의지가 있는 회사인가를 판단하는 것인데, 이를 위해 가장 쉬운 방법은 '인원 대비 광고상 수상비율'을 파악하는 것이다. 이견의 여지가 있음에도 불구하고 광고상은 그 회사의 크리에이티비티를 평가하는 가장 일반적인 잣대가 된다. 하지만, 회사가 수상한 전체 광고상의 수를 보기보다는 인원 대비 광고상 수상비율을 보는 것이 더욱 정확하다고 할 수 있다. 또한 회사의 위치나 분위기도 중요하다. 당신이 젊은 광고인이라면 트렌디한 도시에 위치한 회사를 선호할 것이다. 반면, 경력이 쌓이면서 화려한 도시보다는 자녀들의 학교 근처의 도시나 고용을 보장해주고 스트레스가 적은 회사를 우선적으로 선택하기도 한다. 우리나라의 경우도, 소위 메이저 대행사라고 불리는 회사들은 서울의 주요 번화가에 위치해 있다. 또한 회사의 분위기나 다루는 매체도 중요하다. 일반적으로 ATL(Above the Line), BTL(Below the Line), TDL(Through the Line), 그리고 종합광고대행사(Integrated Agency, Through the Line) 등으로 나눌 수 있다. 크게 오프라인(Off line) 광고회사와 온라인(On line) 광고회사로 나누어 불리기도 한다. 또한 다소 작은 규모의 회사로 크리에이티브 부티크(Creative Boutique)나 크리에이티브 컴퍼니(Creative Company)로 자칭하며 광고 제작 중심의 회사로 운영되는 곳도 있다. 사실, 회사의 규모 등은 전문 잡지나 홈페이지 등에서 충분히 파악이 가능하지만 구체적인 회사의 분위기는 면접이나 사적인 방문 등을 통해서 접견실에만 앉아 봐도 느낄 수가 있다.

그러나 이보다 더욱 중요한 것 두 가지가 있다. 첫째는 그 회사가 '성장하는 회사인가?' '쇠퇴하는 회사인가?'를 판단하는 일이다. 성장 동력이 충분한 회사에서 일을 시작하는 것이 당신의 경력에 더욱 도움이 되고 재미있다는 것은 두말할 필요가 없다. 둘째는 그 회사의 '어느 팀에서 일을 할 것인가?' 즉, 어느 크리에이티브 디렉터 밑에서 일을 배울 것인가에 따라 당신의 광고 인생은 많이 달라질 것이기 때문이다.

3) 연봉에 관련된 문제

대행사들의 보수는 천차만별이다. 국내의 경우 일반적으로 규모가 큰 광고회사가 높은 연봉을 보장해 주는 경우가 대부분이지만 글로벌 광고회사의 경우 꼭 그렇지만은 않다. 왜냐하면, 훌륭한 캠페인을 할 수 있는 기회를 얻는 것만으로도 충분히 좋은 인재를 영입할 수 있기 때문이다. 대부분 처음 경력을 시작하는 회사의 경우 만족하지 못하는 경우가 많다. 중요한 것은 당신이 그곳에서 어떤 일을 담당하는가? 그리고 얼마나 지속적으로 성장하는가이다. 많은 연봉을 원한다면 기회는 충분히 많다. 당신의 능력이 탁월하다면….

4. 팀에서 일하는 방법 | HOW TO WORK IN A TEAM

1) 올바른 파트너 찾기

1950년대 후반 DDB의 설립자인 빌 번벅(Bill Bernbach)은 광고계에서는 처음으로 카피라이터 1명과 아트디렉터 1명으로 구성된 소단위 크리에이티브 팀을 구성하여 운영하였다. 그 시도가 효과를 보면서 오늘날 많은 광고회사에서 소팀(cell) 제도를 운영하고 있다. 소위 '케미(chemistry)'가 통하는 파트너를 만나는 일은 매우 중요하다. 당신에게 언제나 함께 아이디어를 의논할 사람이 있다는 것이다. 모든 관계가 그렇듯이 즉각적인 관계보다는 한동안 업무를 함께하면서 본인과의 궁합을 느껴보는 것이 좋다.

잘 구성된 팀은 일반적으로 팀원 간의 호흡이 잘 맞고, 비슷한 광고 철학을 가지고 있으며, 동일한 목표를 공유하는 관계다. 그럼에도 불구하고 자신과 다르게 생각하는 파트너가 효율성이 높다. 업무적으로 보면, 언어적으로 생각하는 카피라이터와 시각적으로 생각하는 아트디렉터인데, 꼭 업무적인 구분이 아니더라도 이성적이고 감성적인, 논리적이고 창의적인, '햄릿형'과 '돈키호테형' 등의 만남이 상호 이상적일 수 있다. 중요한 것은 서로 호의적이고 흥미를 느껴야 한다. 매일 그와 마주하며 근무해야 하고, 식사를 같이 하고, 회의실이나 편집실을 같이 가고, 출장도 같이 다녀야 하기 때문이다.

2) 파트너와 훌륭하게 일하기

기본적인 것은 인간관계와 같다. 서로의 말을 경청하고, 관점을 존중하며, 서로에게 완벽을 바라지는 않으면 된다. 당신도 완벽하지 않기 때문이다. 각자 크리에이티브 작업에 들어가기 전에 광고 브리프(Ad Brief)에 관하여 정확하게 이해하고 합의하라. 파트너가 좋은 헤드라인을 쓰거나 훌륭한 비주얼 아이디어를 제안하면 칭찬을 아끼지 말라. 지속적으로 정보를 공유하라. 그리고 서로의 강점과 약점을 잘 파악하는 것도 중요하다. 파트너와는 올해의 목표나 향후 경력 발전 방향에 관해서 허심탄회하게 상의해도 좋다. 일반적으로 두 사람이 모두 좋아하는 아이디어가 선정되는 것이 옳지만, 만약 당신이 싫어하는 아이디어에 파트너가 필사적이라면 일단 수용하라. 이런 경우 어차피 해결되지 않고 많은 시간과 감정을 소비하기 때문이다. 이로 인한 결과는 시안을 한 번 더 만드는 일뿐이다.

대부분의 아이디어는 주관적이기 때문에 의견충돌은 불가피하다. 이러한 논쟁을 회피하지는 말라. 단, 서로의 논쟁을 다루는 팀만의 방법을 터득하라. 가장 좋은 방법은 '아니요'라는 단어 대신 긍정적으로 '예'라는 단어로 브레인스토밍을 시작하라. 많은 경우 '아니요'라는 말은 팀원으로 하여금 화를 나게 하거나, 내성적이 되게 하거나, 비협조적으로 변하게 만드는 원인이 된다. 다소 의견이 달라도 차라리, '네….'라고 말하는 것이 좋다. 단, 장시간의 논쟁은 피하라. 시간이 유일한 자산이다.

〈표 3〉 언쟁을 막는 언어 사용법(사례)

말하고 싶은 내용	말하는 표현 방법
"좋아요, 하지만 내가 생각하기에는..."	"좋아요!"
"전략적으로는 좋은데 재미가 없어요"	"효과가 있을 것 같아요(중립적 어조)"
"재미는 있는데 전략적으로 맞지 않아요"	"재미있네요(중립적 어조)"
"좋긴 한데, 지금은 효과가 없을 것 같아요"	"좋아요, 발전시켜보죠"
"방향도 다르고 좀 멍청해 보여요"	"음...(중립적 어조)"
"기획 방향에서 많이 벗어났어요"	"다시 말해주실래요"
"엄청나게 지루하네요"	"좋아요"
"두서없고, 멍청하고, 흥미롭지 않아요"	"우리 점심 먹고 할래요?"

파트너십은 결혼생활과 흡사하다. 논쟁거리를 가지고 침대에 들지 마라. 헤드라인이나 카피에 관련한 것들은 카피라이터가 비주얼이나 서체와 관련한 것들은 아트디렉터가 최종 판단하도록 하는 것이 논쟁을 해결하는 현명한 방법이다.

3) 파트너와 헤어지기

경험으로 볼 때 훌륭한 업적을 이룬 팀이 불행한 경우는 드물다. 너무 성급하게 파트너를 비난하지 마라, 어쩌면 그것이 당신의 문제일 수도 있기 때문이다. 만약 일이 잘 안되고, 즐겁지 않고, 불만이 지속된다면 파트너와 헤어질 때가 된 것이다. 적어도 파트너에게 직접 이야기하는 용기와 예의가 필요한 때다. 그리고 새로운 파트너를 찾는 일을 두려워하지 마라. 지금까지 수많은 사람들이 새로운 파트너를 찾는 일에 성공했다. 또한 지금의 파트너와 어렵고 힘든 대화를 시도하는 것도 두려워하지 마라. 역시 수많은 사람들이 대화를 통해 파트너와의 관계를 회복했다. 그냥 아무 것도 두려워하지 말고 시도하라.

5. 광고 아이디어 파는 방법 | HOW TO SELL YOUR WORK

1) 참고자료를 수집하라

참고자료(reference)는 당신이 아이디어를 내는 일뿐만 아니라 당신의 아이디어를 설명하는 데 도움을 준다. 이미지나 동영상 같은 것들이다. 물론, 당신의 아이디어와 너무 똑같은 자료라면 당신의 아이디어가 독창성이 없는 것이 되기 때문에 제작 스타일이나 기법에 관한 자료를 말하는 것이다. 간단한 스크립트나 아이디어 스케치만 보고도 당신의 의도를 파악하거나 완성된 제작물을 시각화하는 능력을 가진 내공 있는 광고주나 팀장에게는 필요 없지만, 한 대 맞은 엉덩이 사진을 보여주기 전까지는 빨갛게 부어 오른 엉덩이를 상상해 내지 못하는 사람들에게는 참고자료는 효과적인 역할을 한다.

2) 아이디어의 의도를 이해시켜라

광고를 제작할 아이디어가 선정되었다 하더라도 그 아이디어가 어떻게 표현될지에 대해서 AE나 광고주가 충분히 이해하지 못했다면 그들은 각자의 생각대로 이해하고 기대할 것이다. 이는 제작물이 완성된 다음에 결과적으로 더 큰 문제를 초래할 수 있다. 따라서, 적절한 이미지,

적절한 음악, 직접 그린 스토리보드, 영화의 한 장면, 또는 직접 행동을 통해서라도 당신의 아이디어의 의도를 관련 파트너들에게 충분히 이해시키는 일에 소홀하지 말라.

3) 크리에이티브 디렉터에게 광고안 제시하기

크리에이터가 자신의 광고안을 제시할 때는 누구에게 제시하느냐에 따라 방법이 달라져야 한다. 일반적으로, 광고주는 과장된 설명을 좋아하고, 어카운트 팀은 약간 좋아하고, 크리에이티브 디텍터는 좋아하지 않는다. 그들은 시간이 없고 당신의 의도를 이미 충분히 알고 있기 때문이다. 디렉터에게 당신의 아이디어를 설명할 때는 '서론'은 생략하라. 그 아이디어가 왜 좋은지를 설명하지 마라. 소비자들이 설명을 듣고 광고를 보는 것이 아니기 때문이다. 따라서 크리에이티브 디렉터에게는 당신이 어떤 광고주의 어떤 안을 보여주었는지를 확실하게 기억시키는 일이 가장 중요하다. 그의 방에 들어서면서 이렇게 이야기하면 된다. "스티브, 반가워요!" "오늘은 도요타 캠리의 라디오 광고 '신뢰편'을 들려드리기 위해 왔어요!"라고….

① 어떻게 제시할 것인가?

최대한 간단하게 하라. TV 아이디어라면 상단에 아이디어에 대한 내용을 간단하게 요약하여 정리하는 것이 좋다. 인쇄광고라면 간단한 CG 작업이 가미된 시안이면 더욱 좋다. 이러한 노력이 당신의 아이디어를 보다 빨리 쉽게 이해하게 만드는 데 도움을 주기 때문이다. 찬반의 논란은 있지만 팀장에게 아이디어를 보여주기 위해 파워포인트를 사용할 필요는 없다. 사이먼 벅스너는 그 이유를 파워포인트를 만드는 데 허비되는 노력과 시간을 언급하였고, 필자는 비슷한 맥락에서 파워포인트 작업이 당신의 아이디어의 폭을 제한하기 때문이다.

② 언제 제시할 것인가?

정말 대박의 빅 아이디어(Big Idea)가 나온 다음에 크리에이티브 디렉터를 찾을 것인가? 아니면, 어느 정도 마음에 드는 4~5개의 아이디어를 가지고 디렉터를 찾을 것인가? 이는 디렉터의 성향에 따라 다를 수 있지만 현업에서나 학교에서의 경험에 의하면 최종안을 가지고 상의하는 경우보다는 어느 정도 정리된 안을 가지고 리뷰를 하면서 제안하는 크리에이터의 의견을 충분히 들어보는 것이 주어진 시간의 효율성을 더하는 방법이다. 데이비드 드로거(D. Droga)도 그랬다. 어떻게 보면 디렉터는 답을 결정해주는 사람이라기보다는 솔루션을 찾아가는 가장 효율적인 길을 찾아주는 역할을 하는 사람이기 때문이다. 일반적으로 경험이 많은 팀이나 팀워크가 좋은 팀일수록 서로 상의해야 하는 아이디어의 수가 줄어드는데 스스로 또는 서로 좋은 아이디어를 추려내는 능력이 있기 때문이다.

4) 팀에게 아이디어 제시하기

여기서 말하는 팀(team)이란, 기획팀이나 마케팅팀처럼 광고대행사에서 크리에이티브 팀과 함께 일하는 사람들을 말한다. 중요한 것은 팀들과의 좋은 관계를 유지하는 것이다. 그리고 강한 확신을 가지고 다른 팀원들을 맞이하는 것이 좋다. 궁극적으로는 성공적인 캠페인을 진행해야 하는 같은 목표를 지닌 사람들이기 때문에 당신의 아이디어에 대한 기대와 호기심이 많을 수밖에 없고, 당신의 아이디어에 대한 첫인상도 매우 중요하기 때문이다. 따라서 문제를 해결할 수 있는 좋은 아이디어가 준비되었다면 자신감을 가진 표현이 필수적이다. 만약 그렇지 않다면 이 역시도 솔직하게 표현하여 파트너 팀의 기대를 관리할 필요가 있다.

시작은 해당 프레젠테이션 과제에 대한 간략한 요약으로 하는 것이 좋다. 이는 목적의 공유뿐만 아니라, 과제의 올바른 이해와 수용이라는 확신을 주고 수용성을 높이는 데 역할을 하기 때문이다.

5) 광고주에게 광고안 제시하기

광고주에게 광고안을 제시하는 역할을 크리에이터가 해야 하는가? 아니면 어카운트 핸들러(AE)가 해야 하는가? 이것은 예민한 문제 중의 하나다. 미국에서는 크리에이터들이 그들의 아이디어를 광고주에게 직접 프레젠테이션하는 것이 표준화된 행동이지만, 영국에서는 있을 수 없는 일이다. 대한민국의 경우 당신이 다니고 있는 회사에서 이에 대한 확실한 규칙이 있다면 그 규칙을 따르면 된다. 또는 해당 캠페인의 팀이나 디렉터의 성향에 따라 다를 수 있다. 개인적인 의견은 크리에이터의 능력이 된다면 직접 프레젠테이션하는 것을 추천한다.

◎ 크리에이터가 광고안을 제시하는 것의 장점

- 제작물에 대한 크리에이터의 애착과 열정이 설득에 도움이 된다
- 아이디어에 대한 더욱 생생하고 정확한 재현이 가능하다
- 반대의견이나 추가 아이디어에 대한 효율적인 대응이 가능하다
- 장기적으로 광고주와의 긍정적인 관계구축에 도움을 준다

◎ 어카운트 핸들러가 광고안을 제시하는 것의 장점

- 어카운트 핸들러(AE)가 크리에이터보다 더 매력적이고 명확하게

설명한다.

- 어카운트 핸들러(AE)가 크리에이터보다 광고주를 더 잘 이해한다.
- 중립자적 입장에서 아이디어를 판단하고 설명하여 신뢰를 높일 수 있다.

6) 거절에 대응하는 방법

사실, 거절은 크리에이터뿐 아니라 광고인들에게 일상이다. 그들에게 거절이 고통스러운 이유는 '거절'이 매우 빈번하게 일어나기 때문이다. 또한 그러한 거절은 대부분 인정사정 없다. 그것이 어마어마한 예산이 투입되는 선택이라는 관점에서 보면 당연한 일이기도 하고, 상당 부분의 거절이 개인적인 성향이나 취향에 의한 경우에는 좌절감이 상대적으로 큰 것도 사실이다.

> "만일 내가 외과의사고 나의 환자 10명 중 9명이 사망했다면
> 나는 이 직업을 계속해야 하는지를 심각하게 고민할 것이다.
> 하지만 광고 크리에이터들에게 그러한 종류의 실패는 매우 일상적이다."
>
> 데이비드 드로거(D. Droga)

이러한 거절로 인해서 프로젝트를 준비한 한 달이라는 시간 전체가 날아가기도 하고, 심지어 프로젝트 전체가 무산되기도 한다. 그러나 불행하게도 '거절'이라는 것을 없애는 방법은 없다. 다만 현명하게 대응하는 방법이 최선의 방법이다.

우선 거절에 대한 '긍정적 시각'이 필요하다. 어떤 아이디어가 거절되었을 때는 그만한 이유가 있다고 생각하고, 그 거절이 당신의 아이디어

에 대한 새로운 정보를 주는 역할을 한다고 생각하는 것이다. 이러한 관점은 거절을 가치 있게 하고, 실제로 더 좋은 크리에이티브로 가게 하는 지침의 역할을 한다. 거절은 단순히 '크리에이티브'에 대한 거절이지 '크리에이터'에 대한 거절이 아님을 명심해야 한다.

6. 함께 일하는 사람들로부터 최선의 것을 얻는 방법

HOW TO GET A BEST OUT OF THE PEOPLE YOU WORK WITH

1) 개인비서들과 일을 잘하는 방법

오래 전 광고회사에는 팀마다 부서에 각종 스크립트나 서류들을 타이핑해 주는 비서직원들이 있었다. 요즘은 PC나 스마트폰의 등장으로 이러한 역할을 하는 개인비서는 경영자나 일부 임원들에게만 남아 있다. 개인비서의 역할은 임원의 일정 관리나 외부 인사들의 방문 및 전화 응대 업무를 비롯해서 각종 예약업무와 서류 정리, 커피를 준비하거나 집무실 분위기를 위해 꽃을 구입하여 세팅하는 일까지 다양하다. 이 가운데 경영진의 결재나 리뷰 일정을 관리하는 역할은 크리에이티들과 밀접한 업무 관계에 있다. 왜냐하면, 대부분 경영자들의 일정은 과부하가 걸려 있기 때문이다. 따라서 개인비서와의 좋은 관계 유지는 당신의 리뷰를 가장 빠르고 편리한 시간으로 잡는 데 도움을 줄 것이다.

2) 트래픽 담당자들로부터 최선의 업무를 얻는 방법

트래픽(trafic) 담당자는 공항에서 항공 운항을 관리하는 것과 비슷한 역할을 하는 사람으로, 일반적으로 프로젝트 매니저라고 하는 분야이다. 대행사 전체 업무의 흐름을 관리하고 각 프로젝트가 안전하게 수행되도록 돕는다. 트래픽 부서는 어카운트 팀장 및 크리에이티브 디렉터와 함께 해당 업무를 어떤 팀에 배정할지를 의논한다. 예를 들어 FIFA 월드컵을 후원하고 있다면, 그 업무는 축구 종목의 스포츠를 좋아하거나 지식이 많은 팀원들에게 맡기는 것이 효과적이기 때문이다. 국내에 트래픽 팀이 활성화되어 있는 회사는 드물지만 이러한 경우 TF(Task Force)팀을 꾸려 운영하는 것이 대부분이다.

업무가 배정되면 트래픽 담당자는 향후 진행되어야 하는 모든 미팅을 준비하고 일정을 관리한다. 광고 제작을 위한 아웃소싱 업체의 선정을 협의하고, 향후 정산에도 관여한다. 국내에서는 '제작관리'라고 불리는 부서의 업무가 이에 가깝다.

그들은 아마도 좋은 업무나 회사에 중요한 프로젝트가 오는 시기를 당신보다 더 잘 알 가능성이 높다. 그리고 당신을 좋아한다면 그 정보를 당신에게 주거나 이 프로젝트가 당신에게 갈 수 있도록 노력할 것이다.

3) 감독들로부터 최선의 것을 얻는 방법

물론 요즘은 감독들도 대부분 자신만의 경쟁력을 가진 분야가 있어 시작부터 그 선택에 신중을 기해야 하지만, 특히 광고 제작물의 완성단계에서 감독은 다른 누구보다 큰 영향을 미친다. 따라서, 크리에이터가 감독이나 포토그래퍼와 같이 광고의 완성도에 지대한 영향력을 가진 프로들과의 관계를 원활하게 유지하는 것은 당연히 필요하다. 특히, TV 광고와 같은 동영상 매체의 제작의 경우 감독은 제작의 진행 과정에서 촬영 및 조명 스탭의 선택, 캐스팅, 세트 디자인, 편집 및 녹음 관련, 그리고 해외 촬영의 경우 로케이션 매니저 및 촬영 장소의 선택 등 크리에이터보다 더 많은 실무적인 판단과 결정을 내린다. 물론 큰 틀에서는 당신과 상의하지만 말이다. 이런 관점에서 보면 감독으로부터 최선의 것을 얻어 내는 능력은 크리에이터의 매우 중요한 능력이라고 할 수 있다. 그런 면에서 크리에이터는 항상 충분한 감독 후보군의 명단을 보유하고 있어야 한다.

최선의 감독을 선택하는 일은 가장 친하고 편안한 감독을 선택하는 것과는 다른 일이다. 때로는 다소 관리가 까다롭고 친근하지 않은 감독과 일을 함께해야 하는 경우도 종종 있게 된다. 꼭 그런 상황이 아니라 하더라도 감독과 크리에이터 간에는 종종 긴장감이 발생한다. 대부분이 긴장은 촬영 현장에서 발생한다. 이는 한정된 시간이라는 것과 결과를 되돌릴 수 없다는 상황이 감독이나 크리에이터로 하여금 스트레스를 극대화시키기 때문이다. 현장에서 발생하는 대부분의 판단은 감독의 몫이다. 크리에이터는 촬영 현장 이전의 단계(PPM)에서 자신의 모든 아이디어와 의도를 감독에게 완벽하게 전달하는 것이 가장 좋은 업무 태도이다. 물론 촬영 현장에 크리에이터와 광고주가 배석하지만 이는 관리나 관여의 목적보다는 만약에 발생할 수 있는 사태를 대비하는 목적이 커야 한다. 그러나 경험에 의하면 크리에이터가 개입해야 할 필요가 있는 시점은 항상 있기 마련이다. 이 경우가 서로 긴장감이 도는 경우인데, 그런 경우라 하더라도 현장에서 광고주나 크리에이터의 의견을 표면적으로 강조하기보다는 감독과 표현의 의도와 방법에 관하여 상의하고 감독의 입을 통해서 수정된 방향으로의 진행을 유도하는 것이 옳다. 최선의 길은 현장에서 광고주나 크리에이터의 개입 없이 감독이 준비한 대로 촬영을 무사히 마치는 일이다.

4) 어카운트 핸들러(Account Handler)로부터 최선의 것을 얻는 방법

어카운트 핸들러의 기본 업무는 광고주의 브랜드가 발전할 수 있는 방향을 조언하고 이를 위한 대행사 자원의 제공을 관리하는 것이다. 이들은 광고의 모든 단계에 관여한다. 당신이 어카운트 핸들러와 반대의 입장이 아니라 파트너의 관계를 갖는다면 당신은 더 좋은 광고 제작물을 만들 수 있는 기회가 훨씬 많아질 것이다. 광고 전략의 방향이나 광고주의 판단에 불만을 갖는 일로 시간을 허비하지 마라. 문제가 무엇이고 기회가 무엇인지에 생각의 초점을 맞춰라. 그리고 광고주에 대한 사소한 정보라도 그들을 통해 얻고자 노력하라. 파트너로 하여금 당신의 아이디어의 핵심이 무엇이고, 어디까지는 양보할 수 있고, 어디까지는 양보할 수 없는지를 잘 이해하게 하는 것도 당신의 몫이다. 어차피 둘은 파트너고 적군이 아닌 우군이다. 때로는 어카운트 핸들러가 던진 카피가 훌륭한 캠페인을 만들기도 한다. 자존심 상해할 문제가 아니다. 어차피 훌륭한 판단도 당신의 몫이기 때문이다.

5) 크리에이티브 디렉터와 훌륭하게 일하는 방법

크리에이티브 디렉터(Creative Director)의 주된 업무는 대행사가 광고주에게 어떤 시안을 제시할 것인지를 결정하는 일이다. 크리에이티브 디렉터가 당신의 시안을 훑어보고 리뷰하는 일은 그의 업무의 1/4에 불과하다. 그는 플래너와 함께 광고의 콘셉트를 결정하고 기획안을 완성시키는 일, 어카운트 팀과 함께 당신의 아이디어에 관하여 의견을 나누는 일, 사내의 파트너 업무부서는 물론 경영자와의 원활한 관계를 조성하고 유지하는 일, 광고주에게 당신의 시안을 설득력 있게 제시하는 일, 광고주와 함께 담당 브랜드의 성장을 위한 수많은 의견을 나누는 일들이 끊이지 않는 그의 일들이다. 한마디로 줄이면, 그들은 매우 바쁘다. 따라서 당신이 크리에이티브 디렉터와 좋은 관계를 유지할 수 있는 가장 좋은 방법은 그의 업무를 빠르고 깔끔하게 해결해 주는 것이다.

> "대부분의 크리에이티브 디렉터는 단순히 '얼마나 크리에이티브한가?'로 당신을 평가하지 않는다.
> BBDO 뉴욕의 ECD인 데이비드 루바스(D. Lubars)는 '우리는 당신이 얼마나 깊고 얼마나 빠른지, 그리고 얼마나 기꺼이 본질로 돌아오는지, 그리고 심한 골칫거리가 아닌지 등을 고려한다.' 라고 한 바 있다."

탱고를 추기 위해서는 두 사람이 필요하듯, 혼자가 아닌 파트너와의 좋은 관계를 통해 하나의 광고가 만들어진다. 모든 일에는 시간이 걸리고, 모든 일을 첫 번째 시도에 완성할 수는 없다. 당신이 디렉터의 말에 동의할 수 없다면 질문 형태의 대화를 이어가는 것이 좋다. 솔직하게 이야기하자면, 디렉터도 편애하는 크리에이터가 있을 수 있다. 당신이 편애의 당사자라면 다소 의심이 되는 아이디어라도 당신에게 유리한 판단을 해 줄 수 있다. 서로 자연스러운 호감이 없는 경우 당신이 할 수 있는 최선의 방법은 더 친해지기 위해 더 노력하는 것이다.

중요한 프로젝트를 담당하게 되었다면, 그 업무에 관하여 디렉터가 원하는 특별한 것이 있는지를 직접 물어봐라. 이는 좋은 아이디어를 창출하고 공유하고 결정하게 하는 데 소요되는 많은 시간을 절약하게 만든다. 그리고 공식적인 리뷰 외에 한두 번 정도의 비공식적인 대화를 갖는 것이 좋다.

세상에는 수많은 유형의 크리에이티브 디렉터가 있고, 그 가운데 바람직하지 않은 유형의 크리에이티브 디렉터들에 대응하는 몇 가지 방법을 살펴보면 아래와 같다.

◎ 우유부단(indecisive)형

마치 구두를 고르는 공주처럼 당신에게 지속적으로 다른 대안을 요구한다. 이를 악물고 기다려라. 결국 당신이 처음 보여주었던 것을 선택할 것이다.

◎ 자신감 부재(unconfident)형

당신의 아이디어가 좋지만 확신을 갖지 못한다. 클라이언트를 걱정한다면 참고자료와 논리를 제공하고, 좋은 광고인지를 확신하지 못하면 다른 사람들의 긍정적인 반응과 향후 촬영 스태프(staff)를 거론하여 확신을 갖게 하라.

◎ 변덕(erratic)형

어제는 맞고 오늘은 틀리다는 디렉터 밑에서 당신이 정상적인 멘탈을 유지하기는 힘들 것이다. 가장 좋은 방법은 어카운트 팀을 이용하여 그가 원하는 것이 무엇인지는 정하도록 하는 것이다. 그들은 당신보다 더 직접적인 질문들로 디렉터의 정확한 판단을 끌어낼 수 있다.

◎ 광고주 친밀(client friendly)형

이유가 무엇이든 간에 이러한 유형의 크리에이티브 디렉터와 좋은 성과를 낼 수 있는 최선의 방법은 극히 평범한 것처럼 보이게 만드는 것이다. 즉, 제품군에서 자주 쓰이는 단어와 이미지를 사용하되 무언가 흥미로운 방법을 찾아야 한다.

◎ 완벽주의(perfectionist)형

기본적으로 당신의 결과물에 만족하면서도 끊임없는 수정을 요구한다. 첫 번째 해결책은 우선 수정을 하고, 그것을 트래픽 담당자로 하여금 그 수정된 안을 채택하도록 하는 것이다. (크리에이티브 디렉터의 역할을 15년 동안 해 온 개인적인 생각으로는 디렉터는 이유 없이 끊임없이 수정을 요구하지 않는다. 디렉터에게도 팀원들의 시간은 중요하기 때문이다. 가장 좋은 방법은 요구하는 수정의 의도를 명확하게 파악하는 것이다.)

◎ 공로갈취(credit hog)형

당신이 쓴 카피에 점 하나를 추가하는 것으로 그 카피를 자신의 것으로 생각하고 업적으로 삼는 유형이다. 당신이 할 수 있는 일은 아무것도 없다. 이 업계의 많은 사람들이 이러한 디렉터를 알고 있고 경험했다. 손해 볼 것 없으니 그냥 웃어 넘겨라.

◎ 도둑질(thieving)형

당신의 아이디어를 자신의 스크립트에 재작성하거나, 다른 팀에 자신의 아이디어인 것처럼 제공하는 유형인데, 이런 경우 매우 까다롭고 힘들다. 그가 좋은 사람이라면 당신의 아이디어를 본 것조차 기억하지 못하고 있을 수 있으니 당신의 스크립트를 가지고 가서 당신이 이미 보여주었던 내용이라는 것을 기억하도록 정중하게 이야기하라. 그러나 그가 그러한 일을 일삼는 사람이라면 당신이 할 수 있는 일은 없다. 피하는 것이 상책이다.

◎ 자기중심(egotistical)형

리뷰의 대부분 시간을 자신의 사적인 일상 이야기로 허비하는 사람이다. 당신이 할 수 있는 선택은 두 가지다. 하나는 그냥 웃어주는 일이고, 다른 하나는 정중하지만 단호하게 지금 시간이 없어 즉시 승인을 받아야 한다고 말하는 것이다.

◎ 문제보유(has issues)형

음주, 마약, 우울, 이혼, 중년의 위기, 자녀의 문제, 경제적 문제 등 당신의 디렉터가 어떤 문제를 가지고 있다면 적당한 시기에 만나 그 문제에 대하여 이야기하고 도움을 주기를 바란다. 만약 당신의 디렉터가 알코올 중독이라면 저녁 시간에 회사에 없을 수 있으니 오전이나 이른 오후에 시안을 보여 주어라.

7. 경력관리 | MANAGING YOUR CAREER

1) 좋은 광고 업무를 찾는 방법

광고 경력을 발전시키기 위해 가장 필요한 것은 '좋은 광고 업무'다. 좋은 광고 업무란, 이미 모두가 알고 있는 유명브랜드나 성공한 캠페인, 또는 이미 좋은 성과를 성취한 업무로 생각할 수 있으나, 여기서의 '좋은 광고 업무'란 앞으로 큰 성공의 기회를 제공할 업무를 말한다. 이미 선배들이 성공한 캠페인으로 성장시킨 브랜드나 광고보다는 당신이 열정을 가지고 성공시킬 가능성이 있는 브랜드가 무엇인지를 아는 일이 중요하다. 그 유명한 나이키도 처음에 누군가에게는 단지 '성공할 가능성이 있는 브랜드'에 불과했을 수도 있기 때문이다. 물론, 쉽지는 않다.

2) 기회를 찾아라

'광고주가 지출하는 예산의 양이 성과의 차이를 만든다.'라는 명제는 바람직하지 않지만 사실이다. 광고주가 가장 많은 예산을 투자하는 브랜드는 광고대행사에서 가장 중요한 브랜드이고, 가장 중요한 브랜드는 사내에서 가장 능력 있는 인력들을 투입하기 때문에 좋은 광고성과를 이끌어 낼 가능성이 가장 높다. 또한 예산이 많은 브랜드는 예산을 충분히 사용할지, 아니면 적은 예산으로 효과적인 캠페인을 진행할지를 선택하면 된다. 즉, 충분한 예산은 선택의 폭을 넓혀준다.

3) 보다 나은 업무를 배정받는 방법

특별한 경우가 아니고서는 자신의 업무에 선택권을 가진 크리에이터는 없다. 광고회사의 성향에 따라 오랜 기간(때로는 그 회사에 근무하는 동안) 같은 광고주의 같은 브랜드를 담당하기도 하고, 고정적으로 광고주를 담당하기보다는 일정 기간을 두고 유동적이기도 하다. 당신이 또는 당신의 팀장이 이제 광고 또는 팀장의 역할을 시작하는 주니어 팀이라면 상대적으로 다소 명성이나 중요도가 떨어지는 클라이언트의 브랜드를 담당하게 될 것이다. 만일 당신이 좋지 않은 업무를 배정받았다면 해결방법은 단 하나다. 담당하는 업무가 무사하도록 노력하는 일이다. 당신이 담당하는 업무가 무사할 뿐 아니라 비공식적으로라도 더욱 익사이팅한 다른 팀의 업무를 맡을 수 있도록 노력해야 한다. 공식적인 업무시간이 공식적으로 주어진 업무를 소화하는 데 모두 사용된다면 저녁 시간이나 주말을 이용하여 노력해야 한다. 그러나 비공식적인 업무를 하는 팀을 좋아하거나 그렇지 않은 회사도 있기 때문에 이 역시 신중해야 한다.

4) 자신에게 맞는 미디어를 찾아라

TV광고가 신문광고나 잡지광고보다 어려운 것은 사실이다. 그것은 광고의 제작 단계가 상대적으로 많고 복잡하며, 소요되는 예산의 규모가 크기 때문이다. 그리고 협업해야 하는 파트너의 규모도 만만치가 않다. 특히, 미디어의 선택 못지않게 중요한 것은 업무의 난이도인데, 가장 어렵고 중요한 업무는 '신규 브랜드'광고이다. 왜냐하면, 대부분 매우 신중한 전략적 사고를 포함할 뿐만 아니라, 그 광고 캠페인의 성패가 브랜드의 존속 여부를 결정하는 데 결정적인 역할을 하기 때문이다. 일을 하면서 당신은 특정 미디어에 대한 선호도가 높아질 수 있다. 만일 특정 미디어에 끌린다면 그 매체에 대한 전문가로서 경력에 대한 고려를 해 보는 것도 좋은 방법이다. 예를 들면 '디지털 광고'나 '오디오 PD' 같은 분야이다. 그러나 분명한 것은 당신이 최종적으로 크리에이티브 디렉터가 되기를 원한다면 다양한 미디어에 대한 업무 능력을 쌓고 이를 입증할 필요가 있다.

5) 스스로 만드는 프로젝트 위장광고

'위장광고(scam ad)'는 대행사가 광고주를 위해 인쇄광고를 만들고, 그 광고를 포스터 부문의 수상을 위해 광고제에 출품하는 것이다. 또 다른 경우는 광고주가 최종안으로 결정하지 않은 시안(대부분 이러한 안이 더욱 흥미로울 수 있음)을 제작하여 1회에 한하여 매체 집행 승인을 득한 후 출품하는 광고의 유형이다. 여기까지는 그래도 합법적인 절차를 거친 '위장광고'에 속한다. 그러나 바람직하지 못한 한 경우는 광고주가 광고의 제작 및 집행을 거절했거나 알리지 않은 광고를 제작하여 집행하고 출품하는 경우이다. 광고주는 출품 사실조차 모른다. 회사에 따라 유명 국제광고제의 출품과 수상을 위해 '위장광고' 제작만을 목적으로 하는 부서가 있다는 루머가 있을 정도다. 이러한 경우 예상하지 못한 큰 문제를 야기할 우려가 있으니 조심스러운 부분이다.

6) 경쟁 프레젠테이션

글로벌 광고대행사 오길비는 1962년부터 '아메리칸 익스프레스' 광고를 대행해 오고 있다. 이처럼 일부 광고주들은 대행사와 상당한 충성도와 파트너십을 유지해 오고 있다. 하지만 대다수의 광고주들은 심심치 않게 자주 대행사를 교체한다. 대행사의 업무수행에 만족하지 않거나, 관계가 깨지거나, 새로운 마케팅 디렉터가 새로운 파트너를 원하는 등의 다양한 이유로 경쟁프레젠테이션을 하게 된다. 기존의 광고주를 수성하는 입장이든 새로운 광고주를 개발하는 입장이든 광고대행사에게 경쟁 프레젠테이션은 가장 중요한 행사 가운데 하나다. 정상적인 광고대행사에 근무하는 크리에이터라면 경쟁프레젠테이션은 그냥 일상일 것이다.

경쟁 프레젠테이션을 승리로 이끌기 위해 중요한 것은 '한 가지 방향'을 강력하게 제시하는 것이다. 광고대행사의 입장에서는 한 가지 방향이지만 광고주의 관점에서 보면 경쟁회사의 수 만큼 많은 방향이기 때문이다.

7) 광고상

Cannes Lions는 물론 Clio Award, D&AD, The One Show 등의 광고 페스티벌에 출품하기 위해 세계 각국의 광고대행사들은 상당한 비용을 지불한다. 세계적인 광고제에서 수상의 영예를 안은 크리에이터들의 연봉이 오르거나 스카우트 제의가 오는 것은 공공연한 사실이다. 그리고 그 수상경력이 개인의 경력일 뿐 아니라, 회사의 크리에이티브 능력을 가늠하는 잣대로 작용하기도 한다. 어떤 유형의 광고들이 상을 받는가? 단순하고, 주의를 끌고, 강력하고, 보상과 연관성이 있어야 하고, 독창적이어야 하고, 실행 가능성이 높아야 한다. 일부 크리에이터들은 이미지 중심으로 비주얼을 트위스트하고, 광고주나 브랜드를 한쪽 구석에 작게 집어넣어야 한다고 말한다. 그리고 각 광고제마다 수상 가능성을 높일 수 있는 유형이 있다는 것도 사실이다. 이는 광고상이 그만큼 중요한가? 또는 광고상을 수상하기 위한 다양한 윤리적 문제와는 별개의 문제다.

8) 수입

> "그 일을 하기로 결정했을 때 나는 26살이었고,
> 그렇게 빨리 승진한다는 것은 정말 신나는 일이었다.
> 그리고 총리 월급의 2배를 받았고, 슬로네 스퀘어(Slonae Square)에 집도 소유하게 되었다."

광고인 피터 메일(Peter Mayle)이 처음 크리에이티브 디렉터로 이사직을 제안 받았을 때의 느낌을 옮긴 글이다. 1965년이 일이다. 그 이후로 집값은 계속 올랐고, 광고인의 월급은 상대적으로 계속 내려갔다. 광고인이 페라리(Ferrari)를 탈 정도로 화려했던 시절은 이미 지나갔다. 그럼에도 불구하고 광고인들은 아직까지 평균적으로 꽤 많은 연봉을 받는다. 이는 아직도 광고를 매력적인 직업이라고 생각하는 사람들이 많고, 그 업종에서 경쟁력을 가지고 능력으로 인정받고 있는 사람들이 많다는 것을 입증하는 것이다.

대부분 광고인들의 연봉이 큰 폭의 변화를 맞는 경우는 회사를 옮기는 경우다. 옮기고자 하는 회사의 면접관이나 인사팀에서 최종 단계에 빼놓지 않고 하는 질문이 이전 회사에서 받은 연봉의 수준이다. 아주 특별한 경우가 아니고서는 회사에서는 일반적으로 5% 정도의 인상 수준을 염두에 둔다. 그러나 그 어떤 사람도 특별한 경우(본인의 해고 등)가 아니라면 자신이 5%의 인상으로 회사를 옮길 정도의 인재라고 생각하는 사람은 드물다. 따라서 대부분 이직을 경험한 사람들이라면 이전 회사의 연봉에 대한 거짓말을 하게 된다. 그리고 대부분의 회사도 15%에서 30% 정도의 인상 폭을 염두에 두고 있다는 사실도 나중에 알게 된다. 스스로에게 다시 냉정하게 물어라. 자신이 과연 30% 정도로 인상된 연봉을 받을 자격이 되는지? 만일 그 정도의 가치가 된다고 확신한다면 꼭 이 회사가 아니어도 다른 곳에서 곧 당신을 원할 것이다.

9) 시간

성공은 재능 때문인가? 노력 때문인가? 그래드웰(Malcolm Gladwell)은 아웃라이어에서 '1만 시간의 법칙(10,000 hour rule)'을 설명하고 있다. 어떤 분야든지 전문가가 되기 위해서는 1만 시간 동안 훈련이 필요하다는 것이다. '1만 시간'이라는 단위는 앤더스 에릭슨(Anders Ericson)이 베를린 음악학교의 바이올리니스트들을 연구하는 광정에서 나온 결과이다. 일부 크리에이터들은 성공할 가능성이 높은 일을 만나는 것이 더 중요하다고 말한다. 물론 그렇다 하더라도 지금보다 더 열심히 하면 지금보다 더 성공적인 결과를 얻을 수 있는 것은 분명한 일이다.

또 한 가지 잊지 말아야 할 것은 지금 근무하고 있는 대행사의 지배적인 문화를 따르라는 것이다. 와이든 앤 케네디(Wieden & Kennedy)는 주말도 없이 긴 시간 근무하는 것으로 유명하여 '위캔드 앤 케네디(Weekend & Kennedy)'라는 별명을 얻었다. 만일 이런 회사에서 야근이나 주말근무를 할 용의가 없다면 회사생활이 즐겁지 못할 것이다. 다행인 것은 그렇지 않은 회사도 많다는 것이다. 그러나 확실한 것은 오전 9시에 업무를 시작하여 오후 5시에 일을 마치는 광고회사는 찾기 힘들 것이다.

10) 회사를 옮겨야 할 때

일반적으로 다음과 같은 몇 가지 이유로 회사를 옮긴다.

① 더 많은 수입

그들은 결코 수입이 회사를 옮기는 직접적인 이유라고 말하지 않음에도 불구하고 '수입의 증가'는 회사를 옮기는 중요한 동기 요소다. 회사에서는 가능한 한 적게 주려고 하지만, 직원들은 가능하면 많이 받고자 한다. 그리고 나이가 들어 가족의 형태가 변하면서 양육비, 교육비, 주택구입비 등 추가적인 수입이 필요하게 되는 것도 사실이다. 회사를 옮길 때가 시장에서 자신의 가치를 재평가받을 수 있는 좋은 기회이다. 그럼에도 불구하고 이직은 위험도 동반한다. 밖에서 보아 왔던 모습과는 전혀 다른 실망스러운 모습들을 만나게 되는 경우도 있기 때문이다. 이러한 난관을 어느 정도 증가된 수입으로 상쇄할 수 있을까? 그 판단은 쉽지가 않다. 특히, 이제 광고를 시작하는 광고 초년생들이나 좋은 캠페인 경력이 필요한 주니어들에게는 연봉보다는 좋은 광고를 하는 것이 장기적으로 자신의 몸값을 높일 수 있는 현명한 선택임을 강조하고 싶다.

② 더 많은 기회

회사를 옮기는 두 번째 이유는 '더 많은 기회'를 얻기 위함이다. 조금의 금전적 여유보다는 좋은 일에 대한 더 많은 기회를 선택하라고 충고하고 싶다. 그렇기 때문에 규모가 더 크거나 더 좋은 회사로 옮김에도 불구하고 확인해야 하는 것은 자신이 어떤 일을 하게 될 것인가에 대한 부분이다. 가장 훌륭한 광고회사에도 매력적이지 않고 모두가 기피하는 광고주는 항상 있기 마련이다. 가능하면 회사의 수익에 많은 도움이 되고, 회사를 대표하는 브랜드를 담당한다면 좋을 것이다. 또 하나의 기회는 회사를 옮기면서 크리에이티브 디렉터의 업무를 시작할 수 있는 기회를 얻는 것이다.

③ 변화의 갈망

때로는 회사를 옮기는 이유가 단순히 '변화'를 원하기 때문일 수도 있다. 다른 나라에서 일하고 싶거나, 다른 지역에서 일하고 싶거나, 다른 광고주의 다른 브랜드를 담당하고 깊은 열망이 이직으로 이어지기도 한다.

④ 헤드헌터들

광고대행사를 옮기는 가장 일반적이고 좋은 방법은 헤드헌터를 통하는 방법이다. 특히, 어느 정도 경력이 쌓이면 능력 있는 헤드헌터와 좋은 관계를 유지하는 것도 좋다. 그들은 새로운 직장을 의논하는 일에 적극적이다. 그들에게는 자신이 원하는 바를 모두 솔직하게 이야기 할 필요가 있다. 크리에이터가 불편하게 생각하는 '협상'이라고 하는 일을 그들이 효율적으로 대신해 준다. 만약 관심이 있는 회사라면 시기가 적절하지 않아도 우선 만나는 것이 좋다. 당신이 능력이 있거나 그 회사에서 원하는 인재라는 전제하에 좋은 기회는 지금이 아니라도 유효하기 때문이다. 최선을 다해서 좋은 인상을 남기고 와라.

11) 해고되었을 때 해야 할 일

광고 산업에서의 통계는 없지만, 분명한 것은 많은 광고인들이 언젠가는 해고된다는 것이다. 특히 광고업계는 그 수명이 짧기로 악명이 높다. 국내에서는 '3진 아웃 제도'라는 다소 공포스러운 불문율도 있다. 이러한 해고의 위험은 특별한 시기가 있는 것이 아니라 시시때때로 당신의 주위를 어슬렁거린다. 이제 막 광고를 시작하는 초기 단계라고 예외는 아니다. 어느 정도 봉급을 받고 있고 상대적으로 큰 명성을 가지고 있지 않은 중간 직원이라고 안심할 수는 없다. 그리고 당신이 팀의 시니어라면 사실 해고의 위험 수위는 더욱 높다고 할 수 있다. 왜냐하면 높은 연봉을 받고 있기 때문이다. 그리고 크리에이티브 디렉터의 수명은 이미 알려진 것처럼 그렇게 길지 않다. 회사의 성과가 업계 1%에 미치지 못했을 때 가장 책임에서 멀어질 수 없는 자리가 바로 크리에이티브 디렉터의 자리이다. 해고이든 자발적인 퇴사든 상관없이 크리에이터는 항상 바쁜 업무 가운데서도 스스로의 미래를 항상 준비하고 있을 필요는 있다. 가능하면 자신의 창의성과 열정을 배가시킬 수 있는 방향으로 그리고 행복한 방향으로….

12) 프리랜서로 일하는 것

일반적으로 크리에이터들이 직장에서 해고되어 새로운 일을 시작하기를 원하지 않거나 자신이 없을 때, 또는 자유로운 근무환경을 찾아서 '프리랜서(Freelancer)'를 시작한다.

◎ 프리랜서의 장점

- 일하고 싶을 때 일하고, 일하기 싫을 때 일하지 않을 수 있다
- 특정 회사의 정책이나 스타일에 따를 필요가 없다
- 자신이 수주한 업무 이외의 과중한 책임이 없다
- 자신의 창의성을 비교적 자유롭게 발휘할 수 있다
- 능력이 있다면 더 많은 수입이 보장된다

◎ 프리랜서의 단점

- 지속적인 일(수입)을 보장할 수 없다
- 대우나 처우가 회사마다 다르다
- 항상 우선적인 네고(negotiation)의 대상이다
- 업무에서 수금까지 모두를 스스로 챙겨야 한다
- 대부분 시급한 일이나 어려운 일을 맡기는 것은 당연하다
- 사실, 영업사원의 역할도 병행해야 한다.

〈성공적인 프리랜서를 위한 10가지 조건〉

① 회계사를 고용하라

② 네트워크를 챙겨라

③ 대행사에 직접 접촉하라

④ 자신의 포트폴리오를 항상 지참하라
⑤ 서비스의 가치보다 훨씬 많이 청구하라
⑥ 스스로 휴가를 챙겨라
⑦ 일과 일 사이의 시간을 효과적으로 활용하라
⑧ 조직적인 일과 창의적인 일을 병행하는 데 익숙하라
⑨ 자기 자신을 광고하라
⑩ 잔고는 항상 남겨 두어야 한다

8. 성공 뒤에 감추어진 것들
THE INTANGIBLE ASPECTS OF SUCCESS

1) 끈기

광고를 그만두고 싶은 유혹은 언제나 강하게 찾아온다. 크리에이터들에게 광고 전략을 세우는 일보다 더 어려운 일은 생각하는 일. 즉, 아이디어를 내는 일이다. 더 정확하게 말하면, 항상 더 새롭고, 더 강력한 아이디어를 뽑아내야 하는 심리적 압박이다. '지난해의 광고와 크게 다르지 않은 아이디어일 뿐이야' '이건 단지 OK 받기 위한 아이디어야'라고 들리는 마음의 소리를 무시하지 마라. 그리고 겉으로는 그 문제를 해결해 주는 아이디어 같지만 실제로는 그렇지 않은 '잘못된 아이디어(false idea)'를 구분 할 수 있는 안목을 가져라.

첫 번째 아이디어가 광고주에게 거절되었을 때 대부분의 크리에이터들은 이 시점에서 아이디어를 발전시키는 일을 원하지 않거나 멈춘다. 또는 화가 난 상태에서 억지로 그 일을 진행한다. 하지만 훌륭한 크리에이터들은 '거절된 아이디어'로 다시 돌아가 다르게 발전시킬 수 있는 방법을 찾고 이를 발전시킨다. 뿐만 아니라, 자신의 아이디어가 크리에이티브 디렉터나 광고주의 승인을 받은 후에도 그 아이디어를 발전시키는 일을 멈추지 않는다.

> "크리에이터의 최상의 아이디어는
> 처음 아이디어가 아니라 마지막 아이디어다."

비록 괴롭고 고통스럽게 보일지라도 지속적으로 아이디어를 생각하고 발전시키는 모습이 프로답게 일하는 모습이다. 훌륭한 아이디어의 주인이 되는 방법은 많은 아이디어의 주인이 되는 것이다.

2) 학습

'의문나면 문의하라'이 말은 필자가 창의적 사고와 관련하여 쓴 《로꾸거》라는 책에 나오는 말이다. 우리나라 학생들의 대표적인 특성 가운데 하나가 질문을 하지 않는 것이다. 광고 크리에이터 역시 질문에 익숙하지 않다. 어쩌면 질문보다는 비판이나 설득에 더 익숙할지도 모른다. 특히, 주니어들이 질문을 두려워하는 이유는 자신의 무지가 드러나는 것에 대한 두려움이다. 그러나 그 무지를 오래 소유하고 지내는 것보다 묻고 학습하여 자신의 지식으로 소유하는 것이 용기 있고 합리적인 크리에이터이다. 촬영 업무를, 녹음 업무를, 편집 업무를 모두 잘 안다면 주니어가 아니다.

다윈(Darwin, Charles)은 진화론을 '적자생존(適者生存, survival of the fittest)'으로 설명했다. 여기서의 '적자(適者)'는 가장 영리하거나 강력한 사람이 아니라, '가장 적응을 잘 하는 사람'을 의미한다. 그런데 어떤 경영자는 '적자생존'을 우스갯소리로 '적는 사람이 생존한다.'라고 해석하기도 한다. 이는 부단히 학습하고 메모하는 사람의 노력과 가치를 중요하게 여기는 말이다. 당신이 모르는 것을 아는 사람을 만나라. 당신이 해 본 적이 없는 일을 해 본 사람을 만나라. 지속적으로 만나고 배워라. 다양한 교육에 적극적으로 참여하라. 그렇지 않으면 당신의 아이디어 샘은 곧 마를 것이다.

> "매일 새로운 아이디어를 내는 일은 소모적인 일이다.
> 계속해서 새로운 것이 채워지게 하라.
> 그렇지 않으면 당신의 아이디어 샘은 언젠가는 마를 것이다."

3) 사교

광고 크리에이터로 더욱 크게 성공하기 위해서는 자신의 경력을 더욱 발전시킬 수 있는 '사교적인 측면'이 필요하다. 데이비드 오길비는 저서 《Ogilvy on Advertising》에서 "우울함을 퍼뜨리는 딱한 놈을 제거하라"라고 대행사의 매니저들에게 충고했다. 아무리 훌륭한 크리에이터라도 다른 사람과 시선을 맞추지 못하고, 신발만 바라보고, 우울하고, 투덜거리기만 하는 사람이 그렇지 않은 사람보다 성공할 확률은 적다. 광고대행사의 인력은 '문화적 자산'이기도 하기 때문이다. 당신을 알고 좋아하는 사람이 당신에게 일을 주거나 당신에게 유익한 정보를 줄 가능성이 더 많지 않은가? 또한 동료 크리에이터들의 사교도 매우 중요하다. 동료들로부터 많은 것을 배우고 얻어라. 업무 파트너나 선배들의 성향, 개인적인 정보, 연봉을 더 많이 받을 수 있는 방법 등.

기회가 된다면, 연말 모임 및 신년 모임, 각종 광고상 시상식 등의 행사에 적극적으로 참여하라. 이런 자리는 새로운 친구를 사귀는 자리가 될 뿐 아니라 다양한 회사의 정보를 교환하는 소중한 자리가 될 것이다. 요즘 핫한 감독이나 포토그래퍼에 대한 정보를 얻을 수도 있고, 당신이 알지 못하는 당신의 회사에 대한 정보를 얻을 수도 있다. 국제적인 광고 페스티벌에 참여할 수 있다면 적극적으로 기회를 잡아라.

자연스럽게 사교의 자리에서 친구를 사귀고, 생생한 정보를 얻고, 그런 자리를 즐겨라 당신의 경쟁력에 생각보다 큰 도움이 될 것이다.

4) 경력의 수준

조용히 있으면 아무도 당신을 모른다. 재미있는 일 가운데 하나는 광고를 하는 광고인들이 자신을 광고하는 일에는 서툴다는 것이다. 자신을 광고하고 PR하는 일에 당신은 어떤 노력을 하고 있는가? 자신의 업적이 알려지는 것을 원하지 않거나 저절로 알려지기를 원하는 사람도 있다. 그러나 그런 사람들 중에 ECD 라는 자리에 올라간 사람은 많지 않다. 주목받는 사람들은 어떤 방법을 통해서든지 자신의 능력을 자연스럽게 알리는 방법을 알고 있고 실천하는 사람들이고 그만큼의 카리스마를 지닌 사람들이다. 이들은 더욱 많은 연봉을 받게 될 것이며, 더욱더 자신의 재능을 발휘할 수 있는 기회를 얻게 될 것이다.

관련 전문지나 대중언론에서 자신의 작품에 관한 이야기를 하는 일을 두려워할 필요는 없다. 그러나 서두를 필요도 없다. 만약에 당신의 언론에 노출되는 욕심이 과해서 준비되지 않은 상태로 세상이 당신을 알게 된다면 역효과를 맞이할 수도 있기 때문이다. 소비자들이 익히 알려진 브랜드를 구매할 확률이 많은 것처럼 회사도 새롭게 ECD를 고용하고 싶다면 이미 업계에 유명하게 알려진 인재를 고용할 확률이 높지 않은가? 이러한 언급이 능력보다 자기PR이 중요하다는 의도의 이야기가 아니라는 것은 잘 알 것이다.

5) 크리에이터처럼 보여라

그 사람이 무엇을 입었는가는 사소한 문제이다. 그러나 실제로 중요하다. 전문가에게 '패션은 신경 쓸 만한 것이 아닌가?' 더 정확하게 말하자면 '패션은 중요하지 않은가?' 그 차이는 전문가의 패션은 본인이 신경 쓰지 않아도 그 개성이나 포스가 표출되기 때문에 사실은 '신경 쓰다'보다는 '중요한가?'가 정확한 질문이다. 개인적 의견은 '중요하다'이다. 이는 광고라는 비즈니스가 매우 '주관적 산업'이고 '표현의 직업'임과 동시에 '커뮤니케이션의 최선두'에 있는 직업이기 때문이다. 이는 괴짜처럼 입거나 과도하게 무엇을 시도하라는 것이 아니다. 그저 상대가 당신을 보는 순간 당신의 분야에서 느낄 수 있는 전문성과 내공을 느낄 수 있어야 한다는 것이다. 그 느낌은 바로 신뢰로 이어지는 가교 역할을 한다.

9. 카피라이터와 아트디렉터의 다른 성공의 길
THE DIFFERING CAREER PATHS OF ART DIRECTORS AND COPYWRITERS

1) 좋은 카피라이터가 되는 방법

카피라이터는 팀에서 말을 많이 하는 사람이 될 수밖에 없다. 그리고 당신이 리더라면 말하는 것만큼 듣는 일도 잘 해야 한다. 또한 당신이 카피라이터건 아니건 프레젠테이션을 잘해야 한다. 실질적인 업무에 있어서 카피라이터는 아트디렉터에 비해 일찍 전반적인 광고 업무에 관여한다. 카피라이터는 일반적으로 아트디렉터보다 전략적인 마인드를 지니고 있다. 이와는 반대로 아트디렉터는 광고를 만드는 마지막 과정에 관여한다. 일반적으로 카피라이터는 많은 양의 아이디어를 내기 위한 기본적인 기능, 즉 이성적이고 논리적인 사고를 하는 사람이다.

2) 좋은 아트디렉터가 되는 방법

위대한 아트디렉터는 평범한 수준의 아이디어를 좋은 아이디어로 바꿀 수 있으며, 좋은 아이디어를 위대한 광고로 업그레이드시킨다. 아트디렉터는 그림을 그리는 사람이 아니라 아이디어를 생각하는 사람이다. 오늘날 아트디렉터의 주요 업무는 아이디어를 발전시키는 일이다. 시각화하는 능력이 있는 사람은 업무에 보다 더 시각적으로 접근할 것이다. 아트디렉터의 역할은 포토그래퍼나 일러스트레이터를 선택하고 최종 광고물에 적용할 서체, 이미지, 제품 컷 등을 결정하는 일을 한다. 훌륭한 아트디렉터는 훌륭한 비주얼 커뮤니케이션의 세계에 접근하는 방법과 최선의 결과물을 얻어내는 많은 지혜를 가지고 있다.

10. 크리에이티브 디렉터가 되는 것
BECOMING A CREATIVE DIRECTORS

1) 왜, 어떤 크리에이터들은 크리에이티브 디렉터가 되고, 어떤 크리에이터들은 그렇지 못한가?

크리에이티브 디렉터는 1개 이상의 특정 광고주의 크리에이티브에 대한 책임을 진다. 그리고 크리에이티브 부서의 전체적인 업무를 책임지는 ECD(Executive Creative Director)에 의해 임명된다. 크리에이티브 디렉터가 되는 가장 중요한 자질은 '훌륭한 일을 해내는 것'이다. 일반적으로 '좋은 아이디어를 내는 사람'은 '좋은 아이디어를 볼 줄 아는 사람'이다. 또한 '크리에이터들의 신뢰'이다. 그리고 크리에이티브 디렉터의 일은 크리에이터의 일과는 다른 기술과 자질이 요구된다. 최고의 축구선수가 항상 최고의 감독이 되는 것이 아닌 것과 마찬가지로 최고의 크리에이터가 항상 최고의 크리에이티브 디렉터가 되는 것은 아니다.

2) 훌륭한 크리에이티브 디렉터가 되기 위한 자질

크리에이티브 디렉터는 플래너, 어카운트맨, 크리에이터의 모든 역할을 할 필요가 있다. 크리에이터는 자신의 톡톡 튀는 아이디어들을 자유롭게 주장할 수 있지만, 크리에이티브 디렉터는 광고주의 전반적인 문제점과 상황, 현실적인 표현 가능성 등 보다 큰 관점에서 생각하고 판단해야 한다. 또한 그 결과에 대한 책임을 져야 한다. 훌륭한 크리에이티브 디렉터가 되려면 훌륭한 카피를 쓰는 사람들을 보고 격려하는 것을 즐기고 그들이 아이디어를 발전시킬 수 있도록 도와주는 것을 즐길 줄 알아야 한다. 디텍터는 팀원들의 작업을 위해 싸우고, 방어하고, 그 아이디어가 최선의 것이 될 수 있도록 노력해야 한다. 그리고 당연한 말이지만, 좋은 아이디어를 볼 줄 아는 능력을 지니는 것이 크리에이티브 디렉터의 첫 번째 조건이다. 대부분의 아이디어들은 처음에 반쯤 완성된 상태거나 시작 상태이기 때문에 그 아이디어의 미래를 판단하기는 쉽지 않다. 대부분의 크리에이티브 디렉터들은 자신만의 강한 스타일을 가지고 있다. 그러나 자신이 하는 모든 작업에 자신의 스타일을 부여하려고 한다면 잘못된 일이다. 훌륭한 크리에이티브 디렉터라면 자신이 원하는 스타일이 아닌 일을 다른 사람들과 같이 하는 것에 대해 편안해질 필요가 있다. 또한 훌륭한 크리에이티브 디렉터들은 '설득의 재능'을 가지고 있다. 자신의 아이디어의 가능성에 대해 다른 사람들을 설득할 수 있어야 한다. 이를 위해서는 '타협의 규칙'을 배울 필요도 있다. 모든 전쟁에서 승리하려고 하지 마라. '그들이 원하는 것은 무엇인가? 어떻게 나는 그것들을 좋게 만들 수 있는가?'를 항상 반문하라.

3) ECD가 되는 것

크리에이티브 디렉터는 ECD가 임명한다. 그렇다면 ECD는 누가 임명할까? ECD는 기업의 CEO나 그룹의 회장 등과 같이 완전히 다른 특성을 지닌 사람들에 의해 임명된다. 몇몇의 예외는 있지만, 대부분 그들에게 인정받기 위한 노력이 필요하다. 이는 ECD가 되기 위해서는 자신의 크리에이티브를 보여줄 수 있는 크리덴셜(credential) 외에도 많은 것을 갖출 필요가 있다는 것을 의미한다. ECD가 되기 위해서는 회사를 경영하는 사람들과 광고 산업에 대해 논리적으로 이야기할 수 있는 능력이 필요하다. 즉, 광고 산업의 과거와 현재, 그리고 미래에 관한 충분한 견해가 필요하다. 또한 업계에 높은 인지도가 필요하기도 하다. 이는 회사의 크리에이티브에 공신력을 주고, 향후 인재영입에도 도움이 되기 때문이다. ECD는 크리에이티브가 잘 나오는 문화를 만들든, 회사에 비싼 바(Bar)를 설치하든, 어떤 방법을 동원해서라도 그의 부서로부터 최고의 크리에이티브를 끌어낼 수 있어야 한다. 대부분 좋은 광고를 만들어내는 일은 당신이 어떤 사람들을 채용했는가에 달려 있다.

"아무것도 없는 빈 종이에서 어떤 캠페인을 완성해 본 사람을 뽑아라."
이완 피터슨

본인이 아니라 다른 사람들이 만들어서 상을 받은 캠페인을 작업한 사람을 뽑지 말라. 잘 알려지지 않은 회사에 다니고 있지만 자신의 명성을 만들기 위한 열정을 지닌 사람을 뽑아라. 당신은 숨겨진 재능을 발견하는 능력을 발휘해야 한다. ECD의 업무 가운데 중요하고 어려운 일은 직원을 해고하는 일이다. ECD가 직원을 해고하는 데 있어서 너무 큰 죄책감을 가질 필요는 없지만 잘 해야 한다. 가장 좋은 자세는 다른 사람들이 당신을 대해 주기를 원하는 대로 당신이 그를 대해 주는 것이다.

11. 자신의 광고회사 창업하기
STARTING YOUR OWN AGENCY

자신의 회사를 창업하기 위한 적절한 시기를 이야기하라고 한다면 광고 업계에서 약 10년 정도의 경험을 쌓았을 때라고 이야기할 수 있다. 하지만 보다 젊었을 때 창업을 한 사람이 성공하기도 하고, 경력이 보다 많이 쌓인 사람이 성공하기도 하다. 즉, 좋은 사람들과 좋은 광고주, 그리고 전 직장에서의 적당한 해고수당 같은 것들이 잘 준비되었을 때가 적기라고 할 수 있다. 때로는 독립을 위해서 창업을 선택하기도 하지만, 결국 창업도 광고주의 결정과 승인에 종속될 수밖에 없다.

"창업에 특별히 좋은 시기가 있는 것은 아니다.
단지, 상대적으로 나쁘지 않은 시기가 있을 뿐이다."
조 터너(Jo Tanner)

창업을 준비하면서 당신을 깜짝 놀라게 할 만한 일들을 사전에 완벽하게 예상하고 검토할 수 있다고 생각하지 말라. 창업에 뛰어드는 것은 겨울에 차가운 바다에 뛰어드는 것과 같다. 그 물의 차가운 정도는 '상상 이상'이다.

누구와 함께 대행사를 시작해야 하는가? 당신이 좋아하는 사람인가? 일을 잘하는 사람인가? 가능하면 두 가지를 다 만족시키는 사람이다. 둘 중에 하나를 선택해야 한다면 당연히 일을 잘 하는 사람이다. 당신의 창업 파트너는 예전에 같이 일한 경험이 있는 사람들이라면 더욱 좋다. 그리고 당신이 신뢰할 수 있는 사람들과 함께하라. 창업할 때 중요한 것은 동료들과 잘 지내고 서로를 존중하는 것이다. 만약 당신이나 서로에 대해 정직할 수 없거나 사업을 하면서 어쩔 수 없이 생기는 실수들을 서로 겸허하게 받아들이고 배우려 하지 않는다면 당신의 사업은 실패할 확률이 높다.

당신이 창업이라는 선택을 하는 순간 스스로 아이디어를 내고, 카피를 쓰고, 광고주를 방문하는 일뿐만 아니라 화장실 상태를 점검하고, 복사지를 구입하고, 사무실을 유지하고 관리하는 소소한 일까지도 중요한 일이 된다. 뿐만 아니라 제대로 재무관리를 하는 일과 법률적 조언을 얻는 일들이 당신이 좋아하는 광고를 지속적으로 하기 위한 중요한 일들이 된다는 것을 기억하길 바란다.

12. 광고 일 그만두기 | GETTING OUT

광고업계에 나이가 많은 크리에이터들은 많지 않다. 그리고 그들이 광고를 떠나 어디로 가서 어떤 일을 하고 있는지에 대한 만족할 만한 대답은 없다. 그들은 잘 돼서 나갔거나, 잘 안 돼서 나갔거나, 다른 어떤 일을 하기 위해서 나갔다.

당신이 만약 크리에이티브 디렉터가 되었거나 자신의 광고회사를 시작한 크리에이터라면 업계의 정상에서 물러나는 것이다. 자신의 광고회사를 시작한 크리에이터들은 일반적으로 자율성을 만끽하면서 4~5년 정도 열정적으로 일한다. 다행히 회사가 성장했다면 매각의 제안을 받을 것이다. 당신의 선택은 더 높은 도전을 위한 '거절'이거나 매력적인 조건을 수용하는 '매각' 둘 중의 하나다. 당신이 매각을 결정했다면, 매각 이후 일정한 정산 기간을 갖고 회사에 근무하면서 운영에 도움을 주기도 한다.

어느 정도의 성공을 거둔 광고 크리에이터들의 경우 자신이 하던 일에 대한 행복감이 있고, 재정적으로나 정서적으로 더 이상 그 일을 할 필요가 없게 되어 그 동안 자신이 하고 싶었던 일로 편안하게 이동한다. 글을 쓰거나 여행을 하거나 전원생활에 몰두 하는 등…. 하지만 불행하게도 대부분의 크리에이터들에게 있어서 광고를 그만두게 되는 시기가 그다지 행복하지는 않다.

광고회사의 구조는 피라미드 구조로 되어 있다. 정확한 통계는 없지만 10명의 크리에이터 가운데 1명 정도만이 '크리에이티브 디렉터(Creative Director)'라는 직책에 오른다. 만일 당신이 상위 직급으로 진급하지 못한다고 하더라도 일정 기간 현재의 직급으로 근무는 가능하다. 그러나 결국 더 젊은 세대나 임금이 낮은 주니어들에 의해 추월되고 자리를 비켜 주어야 할 때가 온다. 그리고 당신이 광고를 계속 하고 싶다면 보다 작은 회사에 재취업이 가능하다. 그러나 그것도 일정 기간 가능할 뿐이다. 결국 당신은 다른 일을 찾아야 한다. 이것은 감정적인 문제가 아닌 대부분의 광고인들에게 현실이기 때문에 사전에 철저한 준비가 필요하다.

크리에이터들이 광고회사를 떠난 후에 할 수 있는 일들은 책 쓰기, 강의하기, 개인 사업하기 등 다양하다. 이는 기본적으로 광고를 하는 사람들이 다양한 재능과 능력을 가진 사람들의 집합체이기 때문이다. 그러나 이 역시도 철저한 준비가 필요한 것은 사실이다. 책을 쓰든, 강의를 하든, 개인 사업을 한다 하더라도 준비 없이 쉽게 할 수 있는 일은 단연코 없다. 주변에는 배우가 되거나, 작가가 되거나, 여행가가 되거나, 자신이 담당했던 분야의 제품에서 개인사업을 시작하여 성공한 선후배들을 심심찮게 볼 수가 있다.

마지막으로 하고 싶은 말은, 광고라는 일을 영원히 하는 사람은 없다. 그러나 거의 모든 광고인이 광고를 했던 것을 후회하지 않는다.

Question & Solution

표 목차

그림 목차

참고문헌

국내서

· 공선표(2008), 《생각 창조의 기술》, 리더스북
· 김동규(2003), 《카피라이팅론》, 나남출판
· 김병희(2007), 《광고카피창작론》, 나남출판
· 류진한(2018), 《로꾸거》, 가람과뫼
· 류진한(2015), 《슬로건, 짧은 카피 긴 호흡》, 커뮤니케이션북스
· 류진한(2012), 《슬로건 창작의 기술》, 한경사
· 송용섭, 이대룡(1996), 《현대광고론》, 무역경영사
· 오창일(2004), 《카피발 비주얼착》, 북코리아
· 이현우. 김병희(2002), 《광고 발상과 전략의 텍스트》, 북코리아
· 이희복(2014), 《광고론》, 한경사
· 정성훈(2011), 《새는 좌우의 날개로 난다》, 한길사
· 한광석. 백승록(2012), 《광고론》, 글로벌

번역서

· 마이클 미칼코(Michael Michalko, 1991), 《창의적 자유인, Thinkertoys》, 박종안 옮김(2003). 푸른솔
· 사이먼 벅스너(Simon Veksner, 2010), 《광고 크리에이터 성공백서, HOW TO MAKE IT AS AN ADVERTISING CREATIVE》, 류진한, 허정무, 김현정 옮김(2016), 한경사

· 알리스와 잭 트라우트(Al Ries & Jack Trout, 1993), 《마케팅 불변의 법칙, THE 22 IMMUTABLE LAWS OF MARKETING》, 이수정 옮김(2008) 비즈니스맵
· 톰 엘스틸 & 진 그로(Tom Altstiel & Jean Grow, 2006), 《광고 크리에이티브 전략, Advertising Stratege: Creative Tactics from the Outside/In》, 김병희, 김유경, 이귀옥, 이상훈, 한규훈 옮김(2008), 커뮤니케이션북스
· 헬 스테빈스(Hal Stebbins), 《카피캡슐, Copy Capsules》, 송도익 옮김(1991), 서해문집
· 西尾忠久(1963), 안준근 역(1989), 《효과적인 광고 카피》, 안준근 옮김(1989), 오리콤신서

국내논문

· 류진한(2011). 신제품광고의 소구유형에 따른 광고 정보처리 과정에 관한 연구: 자기감시와 사전지식 수준에 따른 영향력 차이 중심. 한양대학교대학원 박사학위 논문

해외서 및 연구논문

· Dunn, S. W & A. M. Barban(1978), Advertising: It's Role in Marketing, (Illinois: The Dryden Press)
· Felton, G(1994). Advertising: Concept and Copy, Englewood Cliffs, New Jersey: Prentice-Hall, Inc.
· Ogilvy, D(1983), Ogilvy on Advertising, New York: Random House, Inc.
· Ogilvy, D(1963). Confessions of an Advertising Man, New York, NY: Ballantine. p.104.
· Robert W. Bly(1985). The Copywriter's Handbook. New York, NY: Dodd, Mead & Company. pp.13~18.

· Thomas C. O'Guinn, Chris T. Allen, & Richard J. Semenik(2003). Advertising and Integrated Brand Promotion(3rd Ed). Mason, OH: Thomson South−Westen. pp.409~410.
· Tom Altstiel, & Jean Grow(2006). Advertising Strategy: Creative Tactics From the Outside / In. Thousand Oaks, CA: Sage. pp.178~179.

저자소개

류진한(Ryu, Jin Han)

계명대학교 언론광고학부 광고홍보학전공 교수. 광고학 박사. 한국광고PR실학회 제8대 회장, 서울브랜드위원회 부위원장, 문화체육관광부 자문교수, 중소벤처기업부 자문교수, 대구브랜드위원회 위원 및 수성구 작은문화공간 조성사업 자문위원장으로 활동하고 있다. 대한민국유공광고인 표창, 문화체육관광부장관 표창, 대한민국광고대상, 대한민국광고윤리대상 등을 수상하였다.

저서로 『로꾸거』, 『광고 지성과 철학의 지평선』, 『광고 크리에이터 성공 백서』, 『광고홍보학캡스톤디자인』 등이 있다. 광고 언어와 관련한 『슬로건 창작의 기술』은 대한민국학술원 사회과학분야 우수학술도서에 선정되었다. 한화그룹 ㈜한컴 등의 종합광고회사에서 21년간 카피라이터와 크리에이티브 디렉터로 근무했다.

현재는 한국광고PR실학회, 한국광고학회, 한국광고홍보학회, 한국OOH광고학회에서 정회원으로 활동하고 있으며, 한국음악저작권협회 회원으로 대중음악 작사가로 활동하고 있다.